Klausurtrainer

für das Wirtschaftsgymnasium im Fach Volks- und Betriebswirtschaftslehre (WGI)

zusammengestellt und bearbeitet von:
Stephan Dombrowski
Jan Köstler
Anton Wörner
Wolfgang Ulshöfer
Manfred Eberhardt
Anja Volz

1. Auflage 2016

Druck, Bestellung und Versand:
BAHNMAYER GMBH DRUCK + REPRO
Weißensteiner Straße 58, 73525 Schwäbisch Gmünd
Telefon 0 71 71 / 9 27 89-0
Telefax 0 71 71 / 9 27 89-33
www.bahnmayer.de · E-Mail: info@bahnmayer.de

ISBN 978-3-938538-26-5

Wir nehmen Umweltschutz ernst!

*Dieses Buch ist auf
chlorfrei gebleichtem Papier
gedruckt.*

Ihre

bahnmayer
druck & medien

und Autoren.

Gesamte Herstellung in Schwäbisch Gmünd/Ostalb

Vorwort zur 1. Auflage

Der Unterricht im Wirtschaftsgymnasium muss problemorientiert gestaltet werden und aktuelle Bezüge aufweisen. Die Analyse von Strukturzusammenhängen, Zielkonflikten und Dilemmasituationen ermöglicht das Aufzeigen von Problemlösungsansätzen aus ganzheitlicher Sicht und vernetztes Denken.[1)]
Dieser Lehrplanzielsetzung versucht das Buch mit folgenden Bausteinen gerecht zu werden:
Jedes Kapitel wird mit einer Grobstrukturskizze **„Strukturzusammenhang“** vorgestellt. Dabei werden wichtige Zusammenhänge verdeutlicht.
Detailwissen wird in den Abschnitten **„Kernwissen“** vermittelt. Die **„Fachbegriffe und Vokabeln“** sollen zu einem sicheren Umgang mit der Fachsprache befähigen.
Zahlreiche, nach Schwierigkeitsgraden gestufte **Aufgaben** ermöglichen sowohl eine Stoffnachbereitung als auch eine Testvorbereitung gemäß dem individuellen Lerntempo des Schülers.
Für die Investitionsrechnung finden Sie auf der hinteren Umschlagseite eine Tabelle mit Auf- und Abzinsungsfaktoren.
Für Hinweise auf Irrtümer, Unvollkommenheit und Lücken werden die Verfasser stets dankbar sein.

Wir Autoren wünschen Ihnen, liebe Schülerinnen und Schüler, viel Erfolg!

Im Oktober 2016 — Die Verfasser

Wie erreichen Sie uns?
Gerne kommunizieren wir mit Ihnen
unter info@bahnmayer.de

Wir antworten garantiert!

1) Vgl. Vorbemerkung zum Lehrplan Internationale Volks- und Betriebswirtschaftslehre, Baden-Württemberg, S. 2

A Betriebswirtschaftslehre

Inhaltsverzeichnis

Inhaltsverzeichnis

1 Internes Rechnungswesen – Vollkostenrechnung

Strukturzusammenhang

a) Von der Gewinn- und Verlustrechnung zur Vollkostenrechnung

Unternehmensergebnis **Geschäftsbuchführung (GuV)**		durch ① ——> Abgrenzungsrechnung	**Betriebsergebnis** **Kosten- und Leistungsrechnung**	
Aufwand	Ertrag		Kosten	Leistungen

↓ ②

Vorgehensweise in der KLR

zuerst in
↓ ③

Kostenarten-rechnung	➔	**Kostenstellen-rechnung**	➔	**Kostenträger-rechnung**
Kostenart **Einzelkosten**		④ direkte ——> Übernahme		Kalkulation mit den ermittelten Einzelkosten und
Kostenart **Gemeinkosten**	➔ ⑤	**Betriebs-abrechnungsbogen** Gemeinkosten werden verursachungsgerecht auf die Kostenstellen verteilt. Auf Basis der Einzelkosten werden Gemeinkosten-zuschläge ermittelt.	➔ ⑥	Kalkulation mit **Gemein-kostenzuschlagsätzen,** die auf der Basis der Einzelkosten berechnet werden. **Ziel:** • Angebotspreisermittlung (Normalgemeinkosten-kalkulation) • Kostenkontrolle (Istgemeinkostenkalkulation)

1.1 Geschäftsbuchführung und Kosten- und Leistungsrechnung

b) Unterschied Geschäftsbuchführung – Kosten- und Leistungsrechnung

Rechnungswesen

↙ ↘

Geschäftsbuchführung bzw. Unternehmensbuchführung		**Kosten- und Leistungsrechnung**
• externes Rechnungswesen • Zeitraumrechnung		• internes Rechungswesen • Zeitraum- bzw. Stückrechnung
↓		↓
Ziel: Ermittlung des Unternehmensergebnisses in der GuV-Rechnung; z.B. für steuerliche Zwecke		**Ziel:** Ermittlung des Betriebsergebnisses für interne Zwecke
↓		↓
Rechnungskreis I	**Abgrenzungen durch** ——> **Ergebnistabelle**	Rechnungskreis II

Kernwissen

Ausgaben	abfließende Geldbeträge
Einnahmen	zufließende Geldbeträge
Aufwendungen	Werteverzehr an Gütern und Dienstleistungen einer Periode; Aufwand wirkt gewinnmindernd
Erträge	Wertezugänge an Gütern und Dienstleistungen einer Periode; Ertrag wirkt gewinnerhöhend
Kosten	betrieblich bedingter Werteverzehr an Gütern und Dienstleistungen
Leistungen	betriebliche bedingte Wertezugänge

Aufgaben

1 Tragen Sie die Beträge der Vorgänge a) – k) in die jeweils zutreffende Spalte der Tabelle ein (vgl. Muster auf Seite 13).

a) Privatentnahme des Inhabers, bar, 2 000,00 €
b) Gehaltszahlung an kaufmännische Angestellte, 24 000,00 €
c) Arbeitgeberanteil an der Sozialversicherung, 4 800,00 €
d) Rohstoffverbrauch laut Materialentnahmeschein, 26 300,00 €
e) Betriebsbedingte Abschreibungen auf Sachanlagen, 55 000,00 €
f) Rohstoffeinkauf gegen Barzahlung, 18 000,00 € (bestandsrechn. Verfahren)[1]
g) Verlust aus Wertpapierverkauf 8 000,00 €
h) Verkauf eines Anlagegutes zu 4 000,00 € + USt. (Buchwert 10 000,00 €)
i) Kursverluste aus Wertpapiergeschäften des Umlaufvermögens, 7 500,00 €
j) Rohstoffeinkauf; JIT-Verfahren[2], 3 000,00 € + USt.

	Geschäftsbuchführung		**Kosten- u. Leistungsrechnung**
Vorgang	Ausgaben	Aufwendungen	Kosten
a)			
b)			
c) ...			

2 Tragen Sie die Beträge der Vorgänge a) – g) in die jeweils zutreffende Spalte der Tabelle ein (vgl. untenstehendes Muster).

a) Erträge aus dem Verkauf von Wertpapieren des Umlaufvermögens, 11 000,00 €
b) Umsatzerlöse für Fertigerzeugnisse, 188 000,00 € + USt.; Bankgutschrift
c) Privateinlage des Unternehmers, bar, 1 000,00 €
d) Mietertrag aus der Vermietung eines zum Unternehmen gehörenden Gebäudes, das zurzeit nicht betrieblich genutzt wird, 2 000,00 €
e) Barverkauf eines Anlagegutes für 6 000,00 € + USt. (Buchwert 4 200,00 €)
f) Selbst hergestellte Roboter werden im eigenen Betrieb verwendet, Herstellungskosten, 40 000 €

	Geschäftsbuchführung		**Kosten- u. Leistungsrechnung**
Vorgang	Einnahme	Ertrag	Leistung
a)			
b)			
c) ...			

1 Der Rohstoffbestand wird bis zum Verbrauch als Vorratsvermögen erfasst.
2 Der Rohstoffzugang wird sofort als Aufwand gebucht.

1.2 Kostenrechnerische Korrekturen

Kernwissen

Vollkostenrechnung bedeutet, dass **alle anfallenden Kosten berücksichtigt werden.**

1. Schritt der Vollkostenrechnung:

ABGRENZUNGSRECHNUNG

Rechnungskreis I betrifft die **Geschäftsbuchführung**	**Abgrenzungsrechnung** **aus RK I ————> RK II** durch Abgrenzungen und kostenrechnerische Korrekturen		**Rechnungskreis II** betrifft die **Kosten- und Leistungsrechnung**
ermittelt das **Unternehmensergebnis** ↓ durch Gegenüberstellung von **Aufwendungen** und **Erträgen**	ermittelt das **Abgrenzungsergebnis** ↓ • **betriebsbezogene** Aufwendungen und Erträge gehen in KLR ein • **unternehmensbezogene** Aufwendungen und Erträge gehen nicht in Kosten- und Leistungsrechnung ein, sie bleiben im **neutralen Ergebnis** **Sonderfälle:** • bilanzielle Abschreibungen (Aufwand) werden in **kalkulatorische Abschreibungen** (Kosten) „umbewertet" (Anderskosten) • bei OHG, KG und Einzelunternehmen kommt der **kalkulatorische Unternehmerlohn** in der KLR hinzu (Zusatzkosten)	→ → →	ermittelt das **Betriebsergebnis** ↓ durch Gegenüberstellung von **Kosten und Leistungen**
Erstellung nach HGB, AktG, GmbHG, EStG			ohne gesetzliche Vorschriften, da KLR nur für interne Adressaten

Vergleich: Bilanzielle Abschreibung und kalkulatorische Abschreibung

	Bilanzielle Abschreibung	Kalkulatorische Abschreibung
Auswirkung	wirkt sich auf das Unternehmensergebnis in der Geschäftsbuchführung aus	wirkt sich auf das Betriebsergebnis in der Kosten- und Leistungsrechnung aus
Zielsetzung	Unternehmensgewinn und damit Steuerbelastung beeinflussen	tatsächlichen Werteverzehr ermitteln und in Kalkulation einbeziehen
Berechnungsweise	lineare oder degressive Abschreibung von den Anschaffungs- oder Herstellungskosten	lineare Abschreibung von den Wiederbeschaffungskosten abzügl. Restwert am Ende der Nutzungsdauer
Bemessungsgrundlage	Anschaffungskosten	Wiederbeschaffungskosten
Nutzungsdauer	betriebsgewöhnliche bzw. lt. AfA-Tabelle	tatsächliche Nutzungsdauer

Zusammenfassung: Kalkulatorischer Unternehmerlohn

Einzelunternehmen und Personengesellschaften (OHG, KG)	Kapitalgesellschaften (AG, GmbH)
„Unternehmerlohn" für mitarbeitenden Unternehmer ist	Gehalt für mitarbeitenden Gesellschafter ist/sind
• Vergütung der Unternehmer-Arbeitsleistung erfolgt über den Gewinn; deshalb entstehen keine Personalaufwendungen hierfür; es findet ja auch keine Gehaltszahlung statt.	• Aufwand in der Geschäftsbuchführung (Betriebsausgabe = gewinnmindernd in HB und StB).
• kalkulatorischer Unternehmerlohn. Er wird in der Kosten- und Leistungsrechnung (Zusatzkosten bzw. aufwandslose Kosten) erfasst.	• aufwandsgleiche Kosten in der Kosten- und Leistungsrechnung

Ergebnistabelle

	Unternehmensergebnis (GuV)		Unternehmensbezogene Abgrenzungen		Kostenrechnerische Korrekturen		Kosten- und Leistungsrechnung	
	Aufwand	Ertrag	neutrale Aufwendungen	neutrale Erträge	Aufwand laut GuV	Verrechnete Kosten	Kosten	Leistungen
	Gesamtergebnis bzw. Unternehmensergebnis (Gewinn/Verlust)		Ergebnis aus unternehmensbezogenen Abgrenzungen		Ergebnis aus kostenrechnerischen Korrekturen		Betriebsergebnis (Betriebsgewinn/Betriebsverlust)	
			neutrales Ergebnis (Abgrenzungsergebnis)					
	Gesamtergebnis =		**neutrales Ergebnis**				**+ Betriebsergebnis**	
Umsatzerlöse		930 000						930 000
Verschiedene Kosten	700 000						700 000	
Wertpapiergewinn		88 000		88 000				
Wertpapierverlust	13 000		13 000					
Erträge aus dem Abgang AV		45 000		45 000				
Verluste aus dem Abgang AV	10 000		10 000					
Bil. Ab. 200 000 / Kalk. Ab. 120 000	200 000				200 000	120 000	120 000	
Kalk. Unterehmerlohn					0	100 000	100 000	
	923 000	1 063 000	23 000	133 000	200 000	220 000	920 000	930 000
	140 000		110 000		20 000		10 000	
	1 063 000	1 063 000	133 000	133 000	220 000	220 000	930 000	930 000

Auswertung der Ergebnistabelle

Situation	Mögliche Auswertung
Betriebsgewinn > Gesamtergebnis	Mit der Haupttätigkeit (betriebliche Tätigkeit) wird ein höherer Gewinn erreicht als mit der gesamten Tätigkeit des Unternehmens. Diese leistungsbezogenen Vorgänge sind normalerweise in den nächsten Jahren wiederholbar.
Betriebsgewinn < Gesamtergebnis	Betriebsfremde Aktivitäten haben zu dem höheren Gesamtergebnis beigetragen. Diese leistungsneutralen Vorgänge werden nur schwer wiederholbar sein.
bilanzielle Abschreibungen > kalkulatorische Abschreibungen	Aus steuerlichen Gründen (weniger Gewinnausweis, weniger Gewinnsteuern an Finanzamt) wird im RK I mehr abgeschrieben als die tatsächliche betriebliche Wertminderung ausmacht. Mindert das Gesamtergebnis stärker als das Betriebsergebnis. **(Normalfall bei guter Wirtschaftslage)**
bilanzielle Abschreibungen < kalkulatorische Abschreibungen	Überhöhte (degressive) Abschreibungen in der Vergangenheit und eine aktuelle Investitionszurückhaltung können dazu führen, dass im RK II mehr abgeschrieben wird als im RK I. Mindert das Betriebsergebnis stärker als das Gesamtergebnis. **(Entspricht dem Ausnahmefall)**

F

$$\text{Bilanzielle Abschreibung} = \frac{\text{Anschaffungskosten}}{\text{Nutzungsdauer AfA-Tabelle}}$$

F

$$\text{Kalkulatorische Abschreibung / Jahr} = \frac{\text{Wiederbeschaffungskosten} - \text{Restwert}}{\text{Nutzungsjahre}}$$

Aufgaben

1

Abschreibungen:

1. Jahr	Bilanzielle Abschreibung	50 000,00 €
	Kalkulatorische Abschreibung	50 000,00 €
2. Jahr	Bilanzielle Abschreibung	50 000,00 €
	Kalkulatorische Abschreibung	40 000,00 €
3. Jahr	Bilanzielle Abschreibung	55 000,00 €
	Kalkulatorische Abschreibung	60 000,00 €

a) Wie wirkt sich die Buchung dieser Beträge in jedem der drei Jahre in der Geschäftsbuchführung des Rechnungskreises I bzw. in der Kosten- und Leistungsrechnung des Rechnungskreises II aus? Tragen Sie die Beträge in eine Tabelle nach folgendem Muster ein:

	1. Jahr	2. Jahr	3. Jahr
Aufwendungen der Geschäftsbuchführung (Rechnungskreis I)			
Kosten der Kosten- und Leistungsrechnung (Rechnungskreis II)			
Unternehmensergebnis (RK I)			
Betriebsergebnis (RK II)			

2

a) Erläutern Sie die Berechnungsgrundlagen der
   - kalkulatorischen Abschreibungen
   - und des kalkulatorischen Unternehmerlohns.

b) Wie unterscheiden sich Anderskosten von Zusatzkosten?

3

Es liegen folgende Daten der KS–AG vor:

① Die Anschaffungs- oder Herstellungskosten einer Maschine betragen 400 000,00 €; die Wiederbeschaffungskosten werden auf 480 000,00 €; geschätzt.

② Die durchschnittliche Nutzungsdauer für das Anlagevermögen beträgt acht Jahre.

③ Intern werden die Vorstandsbezüge als „Unternehmerlohn“ bezeichnet. Der Vorstand erhält jährlich 1 800,00 €.

a) Begründen Sie, wie die Angaben ① bis ③ bei der Abgrenzungsrechnung (Gegenüberstellung GuV-Ansatz und Werte der KLR) verwendet werden.
b) Berechnen Sie die jährlichen bilanziellen Abschreibungen.
c) Berechnen Sie die jährlichen kalkulatorischen Abschreibungen.
d) Berechnen Sie die jährlichen kalkulatorischen Abschreibungen, wenn die Maschine am Ende der Nutzungsdauer einen Restwert von 40 000,00 € hat.

4

Rechnungskreis I				**Rechnungskreis II**					
Geschäftsbuchführung				Abgrenzungsbereich				**Kosten- und Leistungsrechnung**	
				unternehmensbezogene Abgrenzung		kostenrechnerische Korrekturen			
Kto.-Nr.	Kontenbezeichnung	Aufwand	Ertrag	neutraler Aufwand	neutraler Ertrag	Aufwand lt. GuV	Verr. Kosten	Kosten	Leistungen
5000	Umsatzerlöse		2 920 000						
5460	Erträge aus dem Abgang von Sachanlagevermögen		250 000						
6000	Aufwendungen für Rohstoffe	830 000						830 000	
6030	Aufwendungen für Betriebsstoffe	160 000						160 000	
6200	Fertigungslöhne	420 000							
6300	Gehälter und Hilfslöhne	180 000						180 000	
6500	Abschreibungen auf Sachanlagen	250 000							
6910	Verluste aus Wertpapieren des Umlaufvermögens	40 000							
7510	Zinsaufwendungen	50 000							
7600	sonstige Aufwendungen	380 000						380 000	
	Summen								

a) Berechnen Sie das Unternehmensergebnis.

b) Vervollständigen Sie die Ergebnistabelle hinsichtlich der Berücksichtigung der Umsatzerlöse im RK II.

c) Vervollständigen Sie die Ergebnistabelle hinsichtlich der Berücksichtigung der Erträge aus dem Abgang von Anlagevermögen.

d) Vervollständigen Sie die Ergebnistabelle hinsichtlich der Berücksichtigung der Fertigungslöhne.

e) Die berücksichtigte Abschreibung auf Sachanlagen wurde linear vom Anschaffungswert berechnet. Dabei wurde die steuerlich erlaubte Nutzungsdauer von 6 Jahren zu Grunde gelegt. Die jährliche lineare Abschreibung vom Anschaffungswert bezogen auf die tatsächliche Nutzungsdauer von 10 Jahren belief sich auf 150 000,00 €, vom Wiederbeschaffungswert auf 170 000,00 €.
Vervollständigen Sie die Ergebnistabelle hinsichtlich der Abschreibungen.

f) Die sonstigen Aufwendungen sind in voller Höhe kostenwirksam.

g) Berechnen Sie das neutrale Ergebnis und das Betriebsergebnis.

h) Analysieren Sie die einzelnen Ergebnisse und beschreiben Sie die wirtschaftliche Situation des Unternehmens.

5

Rechnungskreis I				Rechnungskreis II					
Geschäftsbuchführung				Abgrenzungsbereich				Kosten- und Leistungsrechnung	
				unternehmensbezogene Abgrenzung		kostenrechnerische Korrekturen			
Kto.-Nr.	Kontenbezeichnung	Aufwand	Ertrag	neutraler Aufwand	neutraler Ertrag	Aufwand lt. GuV	Verr. Kosten	Kosten	Leistungen
5000	Umsatzerlöse		6 940 000						6 940 000
6000	Aufwendungen für Rohstoffe	3 300 000						3 300 000	
6030	Aufwendungen für Betriebsstoffe	220 000						220 000	
6200	Fertigungslöhne	590 000						590 000	
6300	Gehälter und Hilfslöhne	180 000						180 000	
6500	Abschreibungen auf Sachanlagen	520 000				520 000	400 000	400 000	
6960	Verluste aus dem Abgang von Sachanlagevermögen	500 000		500 000					
6970	Verluste aus Wertpapieren des Umlaufvermögens	200 000		200 000					
7510	Zinsaufwendungen	70 000						70 000	
7600	sonstige Aufwendungen	380 000						380 000	
	Summen								

Ermitteln und analysieren Sie die einzelnen Ergebnisse und beschreiben Sie die wirtschaftliche Situation des Unternehmens.

6

Rechnungskreis I			Rechnungskreis II					
Geschäftsbuchführung			Abgrenzungsbereich				Kosten- und Leistungsrechnung	
Unternehmensergebnis			neutrales Ergebnis		Ergebnis der kostenrechnerischen Korrekturen		**Betriebsergebnis**	
Kontenbezeichnung	Aufwendungen	Erträge	neutrale Aufwendungen	neutrale Erträge	verrechnete Aufwendungen laut GB	Kosten laut KLR	Kosten	Leistungen
Umsatzerlöse		8 868 000						8 868 000
Erträge aus Wertpapierverkäufen		540 000		540 000				
Rohstoffverbrauch	2 300 000						2 300 000	
Hilfsstoffverbrauch	520 000						520 000	
Löhne	2 290 000						2 290 000	
Gehälter	1 110 000						1 110 000	
Abschreibungen	990 000				990 000	710 000	710 000	
Sonst. betr. Aufwendungen	740 000						740 000	
	7 950 000	9 408 000	0	540 000	990 000	710 000	7 670 000	8 868 000
	1 458 000		**540 000**			**280 000**	**1 198 000**	
	9 408 000	9 408 000	540 000	540 000	990 000	990 000	8 868 000	8 868 000

a) Wie hoch ist das Unternehmensergebnis?

b) Wie hoch ist das Betriebsergebnis?

c) Wie groß ist die Abweichung Unternehmensergebnis zu Betriebsergebnis in %?

d) Welche Ursachen hat diese Abweichung?

e) Ist die Abweichung eher einmalig oder langfristig zu erwarten?

f) Welche Konsequenzen sollten aus den Ergebnissen der Ergebnistabelle gezogen werden?

1.3 Kostenauflösung, Kosten- und Erlösfunktion

Strukturzusammenhang

FRAGESTELLUNG DER KOSTENANALYSE:

Wie wirken sich Beschäftigungsschwankungen (unterschiedliche Ausbringungsmengen) auf die Kosten aus?

Notwendige Voraussetzung

K o s t e n u n t e r t e i l u n g i n

↙ ↘

beschäftigungs-abhängige Kosten	**beschäftigungs-unabhängige Kosten**
vaiable Kosten	***fixe Kosten***
mitlaufende Kosten	konstante Kosten
zum Beispiel	zum Beispiel
• Fertigungsmaterial • Fertigungslöhne • Strom: Verbrauch	• kalkulatorische Abschreibungen • Zinsen • Miete • Strom: Grundpreis

Untersuchung der Auswirkungen von Anpassungsmaßnahmen auf:
• Gesamtgewinn • Nutzungsschwelle • Gewinnmaximum

Kernwissen

Beschäftigungsgrad in % $= \frac{\text{tatsächliche Produktion} \cdot 100}{\text{maximale Kapazität}}$

beschäftigungsunabhängige Kosten

Fixe Kosten
Die fixen Gesamtkosten **(K_f)** bleiben bei Beschäftigungsschwankungen unverändert.

Die fixen Stückkosten **(k_f)** sinken bei steigender Beschäftigung, da sich die Fixkosten auf mehr produzierte Einheiten verteilen (Gesetz der Massenproduktion bzw. Fixkostendegression).

beschäftigungsabhängige Kosten

Variable Kosten
Die variablen Gesamkosten **(K_v)** steigen bei zunehmender Beschäftigung.

Die variablen Stückkosten **(k_v)** bleiben konstant.

sprungfixe Kosten

Wird der Beschäftigungsgrad über die Kapazitätsgrenze hinaus erhöht, steigen die Fixkosten sprunghaft an und bleiben danach in dieser Höhe fix.

Zusammenhang zwischen Beschäftigungsgrad (Ausbringungsmenge) und fixen Kosten:

Mengenänderung	Fixe Gesamtkosten K_f	Fixe Stückkosten k_f
x steigt	**K_f bleibt konstant**	**k_f sinkt**
x fällt	**K_f bleibt konstant**	**k_f steigt**

Grafische Kostenaufspaltung

gesucht: K_f, k_v, K_3

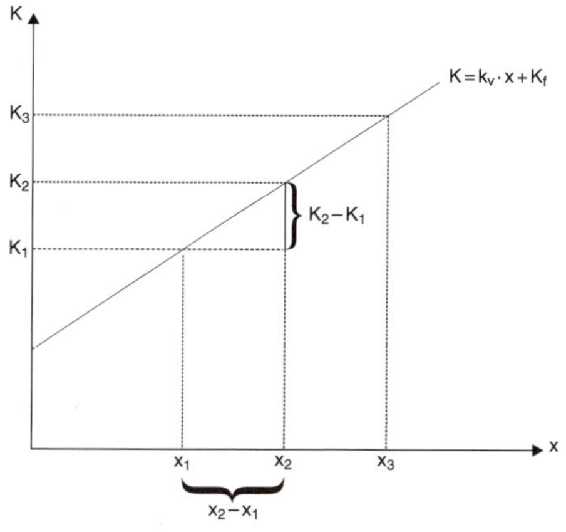

Kostenveränderung pro Stück (k_v)

$k_v = \frac{K_2 - K_1}{x_2 - x_1}$; $K_f = K - K_v$

Berechnung $K_3 = k_v \cdot x_3 + K_f$

Rechnerische Kostenaufspaltung

gesucht: K_f, k_v, K_3

x_1 = 10 000 K_1 = 90 000,00 €	x_2 = 18 000 K_2 = 106 000,00 €	x_3 = 20 000 K_3 = ?

$k_v = \frac{K_2 - K_1}{x_2 - x_1} = \frac{106\,000{,}00\,€ - 90\,000{,}00\,€}{18\,000 - 10\,000} = 2{,}00\,€$

$K_f = K_1 - (k_v \cdot x_1)$
$= 90\,000{,}00\,€ - (2{,}00\,€ \cdot 10\,000)$
$= 70\,000{,}00\,€$

$K_3 = k_v \cdot x_3 + K_f$
$= 2{,}00\,€ \cdot 20\,000 + 70\,000{,}00\,€$
$= 110\,000{,}00\,€$

Bestimmung von Nutzenschwelle, Gewinn und Gewinnmaximum

Nutzenschwelle (NS; Break-Even-Point): Erlös = Kosten

$E = K$

$p \cdot x = k_v \cdot x + K_f$

Gewinn: = Erlös − Kosten

= E − K

= $p \cdot x - (k_v \cdot x + K_f)$

Gewinnmaximum: liegt bei linearem Kosten- und Umsatzkurvenverlauf an der Kapazitätsgrenze

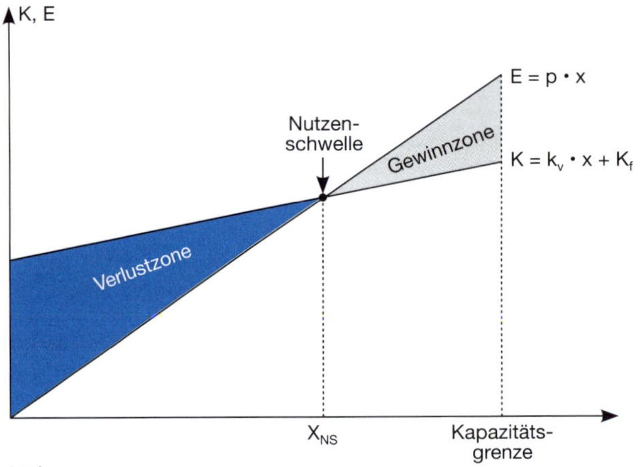

Gesamtbetrachtung:

Gesamtkosten:
$K = K_f + k_V \cdot x$

Umsatz:
$E = p \cdot x$

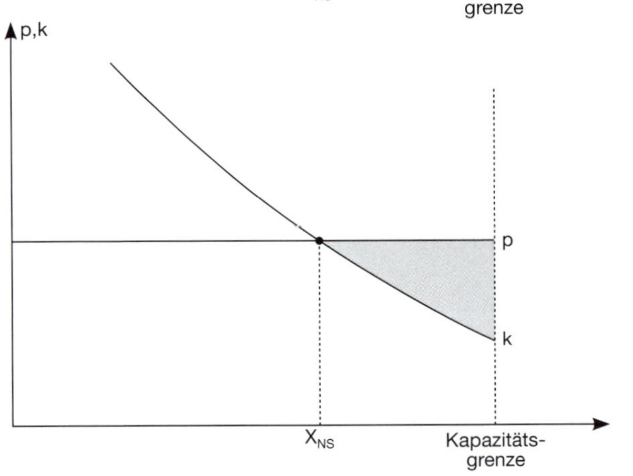

Stückbetrachtung:

Stückpreis = p

Stückkosten = k

F Kostenfunktion

$$K = K_v + K_f$$
$$= k_v \cdot x + K_f$$

F Erlösfunktion

$$E = e \cdot x$$

Beachte: e wird manchmal auch als „p" bezeichnet!
E wird manchmal auch als „U" bezeichnet!

F Nutzenschwelle

$$E = K$$
$$e \cdot x = k_v \cdot x + K_f \qquad \text{oder: } x = \frac{K_f}{e - k_v}$$

F variable Kosten (Kostenauflösung)

$$kV = \frac{K_2 - K_1}{x_2 - x_1}$$

Legende:

K	=	Gesamtkosten
K_v	=	variable Gesamtkosten
K_f	=	fixe Gesamtkosten
E bzw. U	=	Gesamterlöse/Gesamtumsatz
k	=	Stückkosten
k_v	=	variable Stückkosten
e bzw. p	=	Stückerlös / Stückpreis

Aufgaben

1 Im Oktober produziert die Middelhoff AG 83 Brennstoffzellen des Typs „BZ-Real“. Die Gesamtkosten belaufen sich auf 837 300,00 €. Im November werden 72 Zellen hergestellt. Die Gesamtkosten betragen 748 200,00 €. Die variablen Stückkosten sind konstant. Die Monatskapazität liegt bei 90 Zellen. Es wird mit einem Stückerlös von 11 400,00 € gerechnet.
Das Unternehmen geht davon aus, dass die Gewinnschwelle auf Dauer erreicht wird. Langfristig wird ein Gewinn in Höhe von mindestens 5 % der Gesamtkosten angestrebt.

a) Berechnen Sie die Gesamtkosten für 75 Brennstoffzellen, die im Dezember hergestellt werden.

b) Ermitteln Sie die Gewinnschwelle.

c) Bei welchem Beschäftigungsgrad wird das langfristige Mindest-Gewinnziel erreicht?

d) Ermitteln Sie die Stückgewinne für November und Dezember und erklären Sie die Abweichung.

e) Ein Großabnehmer erteilt einen Auftrag über 20 Brennstoffzellen des Typs „BZ-Real“, die im Januar des nächsten Jahres produziert werden müssen. Für diesen Zeitraum liegen schon andere Aufträge über insgesamt 80 Stück vor. Bei Ausführung aller Aufträge (einschließlich des Zusatzauftrags) entstehen Selbstkosten von insgesamt 987 150,00 €. Darin sind Überstundenzuschläge für die über die bisherige Kapazität hinausgehende Stückzahl enthalten.
Wie viel Prozent betragen diese Überstundenzuschläge, wenn bei Normalbeschäftigung die Hälfte der variablen Kosten aus Lohnkosten besteht?

2 Aufgrund des Konkurrenzdrucks plant die Unternehmensleitung eine Erhöhung der Arbeitszeit von 35 auf 40 Stunden pro Woche ohne Lohnausgleich. Für die zurückliegenden Monate stehen folgende Daten zur Verfügung:

Monat	Stückzahl	Gesamtkosten	Umsatz
Mai	52 000	804 000,00 €	790 400,00 €
Juni	66 000	972 000,00 €	1 003 200,00 €

a) Bei der bisherigen Arbeitszeit von 35 Stunden pro Woche hätten monatlich maximal 70 000 Drehteile produziert werden können.

1. Berechnen Sie die bisherigen Fixkosten und die variablen Stückkosten.

2. Wie hoch wäre die maximal produzierbare Menge nach der geplanten Erhöhung der wöchentlichen Arbeitszeit, wenn keine sonstigen Engpässe zu erwarten sind?
3. Ermitteln Sie die variablen Stückkosten nach der geplanten Arbeitszeitverlängerung, wenn davon auszugehen ist, dass bisher 30 % der variablen Kosten Fertigungslöhne waren.
4. Um welche Stückzahl würde sich nach Einführung der Arbeitszeitverlängerung die Gewinnschwelle bei unverändertem Verkaufspreis ändern?

b) Das Auftragsvolumen von 66 000 Stück (Juni) könnte auch für die folgenden Monate bei unverändertem Absatzpreis beibehalten werden. Es besteht die Aussicht, zusätzlich 14 000 Stück zu verkaufen.
1. Wie hoch wären die Gesamtkosten für die zusätzliche Produktionsmenge, wenn die Arbeitszeitverlängerung nicht eingeführt würde und bei einer Überschreitung der Normalarbeitszeit ein Überstundenzuschlag von 25 % auf den Lohnanteil zu verrechnen wäre?
2. Angenommen, die Arbeitszeitverlängerung würde durchgeführt. Die Unternehmensleitung möchte zur Gewinnung eines neuen Kunden die Konkurrenz mit einem niedrigen Verkaufspreis unterbieten und sich in den Folgemonaten mit demselben Ergebnis wie im Juni begnügen.
Zu welchem Stückpreis könnten unter diesen Bedingungen die 14 000 Teile verkauft werden?

3 Die Nähmaschinenmanufaktur Becker KG stellt elektrische Nähmaschinen verschiedener Typen her:

Typ A: einfache Ausführung mit Nutzstichen
Typ B: gehobene Ausführung mit Nutz- und Zierstichen
Typ C: Luxusausführung

Für Maschinen Typ A, von der maximal 5 000 Stück pro Periode produziert werden können, fallen folgende Kosten (linearer Kostenverlauf) in den einzelnen Kostenstellen an:

Kosten / Kostenstelle	Einzelkosten für 1 000 Stück	fixe Gemeinkosten	Gemeinkosten proportional-variabel für 1 000 Stück
Material	180 000,00 €	30 000,00 €	22 000,00 €
Fertigung Verwaltung und Vertrieb	70 000,00 €	25 800,00 €	20 000,00 €

Die Becker KG hat keine marktbeherrschende Stellung. Sie verkauft die Maschinen Typ A für 340,00 € je Stück.

a) Wie hoch ist für Maschine A die gewinnmaximale Angebotsmenge und der dazugehörige Gewinn?

b) Bei welcher Angebotsmenge liegt die Nutzenschwelle?

c) Bei welcher Ausbringungsmenge liegt für Typ A das Stückkostenminimum? Veranschaulichen Sie Ihre Antwort durch eine Skizze!

d) Eine geplante Ersatzinvestition zur Herstellung von Typ A erhöht die Kapazität um 20 %, verdoppelt aber die fixen Kosten und vermindert die variablen Kosten um 25 %.

1. Wie verändern sich dadurch bei Ausnutzung der neuen Kapazität die Stückkosten?
2. Wie viel Gewinn je Stück ergibt sich dann ?
3. Warum kann eine Ersatzinvestition zu einer Erhöhung der Kapazität führen? Geben Sie ein Beispiel an!
4. Bis zu welcher Ausbringungsmenge erzielt das Unternehmen keinen Gewinn, wenn es die neue Maschine voll ausnutzt und der Preis auf dem Nähmaschinenmarkt um 30 % sinkt?

4 Ein Kaufhauskonzern hat einen Fertigungsbetrieb erworben, der die Filialen beliefert und das Sortiment in den einzelnen Verkaufsstätten ergänzt. Der Fertigungsbetrieb rechnet selbstständig ab, das Ergebnis wird an die „Muttergesellschaft" abgeführt. Die Kapazität konnte zu 80 % ausgelastet werden. Kapazitätsgrenze 500 Stück.

Folgende Tabelle des Einproduktbetriebes liegt vor:

x	K_f	K_v	K	k	E	k_v	G/V
0	1 000	—	1 000	—	—	—	− 1 000
100	1 000	1 500	2 500	25,0	1 900	15	− 600
200	1 000	3 000	4 000	20,0	3 800	15	− 200
300	1 000	4 500	5 500	18,3	5 700	15	+ 200
400	1 000	6 000	7 000	17,5	7 600	15	+ 600
500	1 000	7 500	8 500	17,0	9 500	15	+ 1 000

a) Bestimmen Sie anhand der Tabelle
- das Gewinnmaximum (maximaler Nutzenpunkt)
- das Stückkostenminimum

b) Berechnen Sie den Break - Even - Point (Nutzenschwelle)!

c) Welcher Gewinn ergab sich bei der bisherigen 80 %igen Kapazitätsauslastung?

Fachbegriffe zur Kostenanalyse

fixe Kosten	*beschäftigungsunabhängige Kosten*
variable Kosten	*beschäftigungsabhängige Kosten*
Nutzenschwelle	*Übergang von Verlustzone in Gewinnzone (Break-Even-Point)*
Beschäftigungsgrad	*Auslastungsgrad der Gesamtkapazität*
Übergangsmenge (kritische Menge)	*höhere Fixkosten moderner Anlagen werden durch niedrigere variable Kosten ausgeglichen*
Gewinnmaximum	*maximal möglicher Gewinn; liegt bei linearem Kostenverlauf an der Kapazitätsgrenze*

1.4 Verrechnung der Gemeinkosten

Kernwissen

2. Schritt der Vollkostenrechnung:

ÜBERNAHME DER KOSTEN AUS DEM BETRIEBSERGEBNIS

Kostenspalte des Betriebsergebnisses (RK II) enthält:

- Einzelkosten:

  dem einzelnen Kostenträger direkt zurechenbar:
  z.B. (Materialverbrauch/Fertigungsmaterial)
  (Löhne für Fertigung/Fertigungslöhne)

- Gemeinkosten:

  nicht oder nur mit unverhältnismäßigem Aufwand
  dem Kostenträger direkt zurechenbar:
  z.B. (kalk. Abschreibungen, kalk. Zinsen, Steuern ...)

Die Gemeinkosten der Kostenspalte werden in den Betriebsabrechnungsbogen (BAB) zur Ermittlung von Zuschlagsätzen für Gemeinkosten auf der Basis von Einzelkosten übernommen. Im BAB werden die Gemeinkosten verursachungsgerecht auf die Kostenstellen verteilt. Auf Basis der Einzelkosten werden Gemeinkostenzuschlagsätze gebildet.

3. Schritt der Vollkostenrechnung:

BERECHNUNG DER GEMEINKOSTENZUSCHLAGSÄTZE IM BAB

Gemeinkosten aus der KLR (Betriebsergebnis)	KOSTENSTELLEN			
	Material	**Fertigung**	**Verwaltung**	**Vertrieb**
z.B. kalk. Abschreibungen	anteilige kalk. Abschreibungen	anteilige kalk. Abschreibungen	anteilige kalk. Abschreibungen	anteilige kalk. Abschreibungen
z.B. kalk. Zinsen	anteilige kalk. Zinsen	anteilige kalk. Zinsen	anteilige kalk. Zinsen	anteilige kalk. Zinsen
z.B. Steuern	anteilige Steuern	anteilige Steuern	anteilige Steuern	anteilige Steuern
= Gemeinkostensumme insgesamt	= Gemeinkostensumme Kostenstelle Material bzw. **Materialgemeinkosten** (MGK) ≙ x %	= Gemeinkostensumme Kostenstelle Fertigung bzw. **Fertigungsgemeinkosten** (FGK) ≙ x %	= Gemeinkostensumme Kostenstelle Verwaltung bzw. **Verwaltungsgemeinkosten** (VwGK) ≙ x %	= Gemeinkostensumme Kostenstelle Vertrieb bzw. **Vertriebsgemeinkosten** (VtrGK) ≙ x %
Basis zur Berechnung des Gemeinkostenzuschlagsatzes (GKZ)	Einzelkosten Fertigungsmaterial ≙ 100 %	Einzelkosten Fertigungslöhne ≙ 100 %	Herstellkosten (der Produktion) ≙ 100 %	Herstellkosten (der Produktion)[1] ≙ 100 %

Aufgaben

1 Die „Femme-design“ Pforzheim GmbH stellt Damenmäntel her. Eine Kalkulation wurde bisher nur annäherungsweise durchgeführt. Der Verkaufspreis richtet sich bislang nach den Marktpreisen. Aufgrund der immer stärker werdenden ausländischen Konkurrenz und fallender Gewinne entschloss man sich zur Einführung einer exakten Kostenrechnung. Angefallene Einzelkosten:
FL 140 000,00 € und FM 120 000,00 €.
Der aufgestellte Betriebsabrechnungsbogen weist am Ende der ersten Periode folgende Zahlen aus: (siehe Lösungsblatt auf nächster Seite).

a) Vervollständigen Sie den Betriebsabrechnungsbogen, und ermitteln Sie die Istgemeinkostenzuschläge (auf eine Dezimale)!

Verteilungsgrundlagen: Sonstige Kosten entsprechen der genutzen Quadratmeter-Fläche.

b) Erläutern Sie zwei Probleme, die bei der Erstellung eines Betriebsabrechnungsbogens auftauchen.

1 da laut Lehrplan keine Bestandsveränderungen behandelt werden

c) Erläutern Sie kritisch den Zusammenhang zwischen Betriebsabrechnungsbogen und Beschäftigungsschwankungen im Hinblick auf die Gemeinkostenzuschlagsätze.

Lösungsblatt zu Aufgabe 1

Betriebsabrechnungsbogen

Kostenstellen / Gemeinkosten	Zahlen der Buchführung	Materialstelle	Fertigungsstelle I	Verwaltungsstelle	Vertriebsstelle
genutzte Fläche/qm		200	1 000	150	100
Hilfslöhne	25 000,00 €	5 000,00 €	16 000,00 €	4 000,00 €	———
Gehälter	30 000,00 €	3 000,00 €	16 000,00 €	8 000,00 €	3 000,00 €
Abschreibungen	50 600,00 €	5 800,00 €	35 400,00 €	5 600,00 €	3 800,00 €
Soziale Leistungen	9 500,00 €	1 500,00 €	5 500,00 €	1 500,00 €	1 000,00 €
Steuern	4 900,00 €	400,00 €	4 100,00 €	300,00 €	100,00 €
Sonstige Kosten	145 000,00 €				
	265 000,00 €				
	Gemeinkosten				
	Zuschlagsgrundlage				
	Ist-Zuschlagsätze				

2 Die Schmalbach AG Ravensburg stellt Verpackungsmaterial (bedruckt und unbedruckt) her. Für die Betriebsabrechnung stehen folgende Zahlen zur Verfügung:

Umsatzerlöse	1 179 110,00 €
Fertigungsmaterial	366 400,00 €
Hilfs- und Betriebsstoffverbrauch	8 000,00 €
Fertigungslöhne	162 819,00 €
Gehälter	150 000,00 €
kalk. Abschreibungen	63 000,00 €
kalk. Zinsen	60 000,00 €
verschiedene Gemeinkosten	177 000,00 €

a) Verteilen Sie die Summe der Gemeinkosten auf die vier Kostenstellen des Betriebsabrechnungsbogens nach folgendem Schlüssel 80 : 625 : 162 : 133.

b) Erstellen Sie eine Gesamtkalkulation und ermitteln Sie die Zuschlagsätze für die Gemeinkosten. (Ergebnis auf 1. Dez. genau)

1.5 Kostenträgerzeitrechnung, Gesamtkalkulation

Kernwissen

4. Schritt der Vollkostenrechnung:

KALKULATIONSSCHEMA ZUR ERMITTLUNG DER SELBSTKOSTEN

GESAMTKALKULATION

	Fertigungsmaterial	
+	Materialgemeinkosten	
+	Sondereinzelkosten Material	
+	Fertigungslöhne	
+	Fertigungsgemeinkosten	
+	Sondereinzelkosten Fertigung	
=	Herstellkosten	
+	Verwaltungsgemeinkosten	(bezogen auf Herstellkosten)
+	Vertriebsgemeinkosten	(bezogen auf Herstellkosten)
=	Selbstkosten	

5. Schritt der Vollkostenrechnung:

ERMITTLUNG KOSTENUNTER-/ÜBERDECKUNG

Aus den tatsächlich entstandenen Gemeinkosten (Istgemeinkosten) werden zur Ermittlung von Angebotspreisen die durchschnittlich zu verrechnenden Gemeinkosten (Normalgemeinkosten) ermittelt. In der Nachkalkulation werden die durch den Auftrag verursachten Istgemeinkosten ermittelt und mit dem vorkalkulierten Angebotspreis (auf Basis der Normalgemeinkosten) verglichen.

Kostenüberdeckung: Normalgemeinkosten > Istgemeinkosten
(Ø verrechnete Gemeinkosten sind höher als die tatsächlich entstandenen)

Kostenunterdeckung: Normalgemeinkosten < Istgemeinkosten
(Ø verrechnete Gemeinkosten sind geringer als die tatsächlich entstandenen)

Aufgaben

1 Die Saldenbilanz I der Maschinenbau GmbH, Hamburg, weist zum Jahresende folgende Zahlen aus:

	Soll	Haben
Fertigungsmaterial	40 200,00 €	
Fertigungslöhne	120 000,00 €	
Umsatzerlöse		460 000,00 €

Die Hauptkostenstellen (Kostenbereiche) des BAB ergeben zum gleichen Zeitpunkt folgende Gemeinkostensummen

Materialgemeinkosten	5 800,00 €	Verwaltungsgemeinkosten	42 000,00 €
Fertigungsgemeinkosten	180 000,00 €	Vertriebsgemeinkosten	17 500,00 €

Bei der Angebotsabgabe wurde mit folgenden Normalzuschlagsätzen kalkuliert:

Materialgemeinkosten	15 %	Verwaltungsgemeinkosten	11 %
Fertigungsgemeinkosten	140 %	Vertriebsgemeinkosten	6 %

a) Ermitteln Sie die Ist-Zuschlagsätze (auf eine Dezimale auf- bzw. abgerundet). Die Ergebnisse der folgenden Aufgaben sind in eine Tabelle lt. folgendem Muster einzutragen (Kostenträgerzeitblatt).

Bezeichnung	Istkosten		Normalkosten		Über- bzw. Unterdeckung
	€	%	€	%	

b) Erstellen Sie ein vollständiges Kostenträgerzeitblatt mit Kostenüber- und Unterdeckung und ermitteln Sie das Betriebsergebnis. (auf ganze Euro-Beträge auf- bzw. abrunden)

2 Die Einzelunternehmung Franz Fuchs e.K., Fahrradmanufaktur, hat sich in den letzten Jahren mit ihrem Modell „CLIMB FEVER" bei hochwertigen Mountainbikes eine gute Marktposition erworben. Aufgrund der stark gestiegenen Nachfrage produziert das Unternehmen an der Kapazitätsgrenze. Marktforscher prognostizieren für die nächsten Jahre weiterhin eine zunehmende Nachfrage nach Mountainbikes.

Der BAB für das 1. Quartal 01 liefert folgende Daten:

Kostenstellen	Material	Fertigung	Verwaltung	Vertrieb
Summe Gemeinkosten	86 800,00 €	1 703 850,00 €	?	293 866,30 €
Zuschlagsgrundlagen	?	925 000,00 €	?	?
Zuschlagsätze in %	17,5	?	12,0	?

a) Errechnen Sie die Werte der in der Tabelle mit „?“ gekennzeichneten Felder.

b) Beschreiben Sie den Einfluss der nachfolgend aufgeführten Situationen auf alle Ist-Zuschlagsätze (steigt, fällt, verändert sich nicht) jeweils im Vergleich zu der o.g. Ausgangssituation a) und begründen Sie Ihre Antworten.

1. Aufgrund der Überproduktion auf dem Stahlmarkt sinken die Preise für Fertigungsmaterial für die Fahrradherstellung um 15 %.
2. Die Stadtwerke erhöhen die Strom- und Gaspreise. Dadurch steigen die Gemeinkosten der Kostenstelle Material um 5 %, die der Kostenstelle Fertigung um 12 % und die der Kostenstelle Verwaltung um 3,5 %.

3

a) In einem Industriebetrieb werden Stanzelemente hergestellt. Aus den nachstehenden Angaben ist der Betriebsabrechnungsbogen zu ergänzen:

BAB	Zahlen der KLR	Fertigung	Materialstelle	Verwaltung	Vertrieb
versch. Gemeinkosten	18 900,00 €	14 000,00 €	1 700,00 €	1 710,00 €	1 490,00 €
Abschreibungen	7 850,00 €				
Summe der Ist-GK	26 750,00 €				

Die Abschreibungen sind nach den Anlagewerten zu verteilen. Durchschnittlich werden 10 % vom Buchwert des Anlagevermögens abgeschrieben.
Bücherwerte des Anlagevermögens:
Fertigung 40 000,00 €; Materialstelle 13 000,00 €; Verwaltung 17 000,00 € und Vertrieb 8 500,00 €

b) Erstellen Sie eine Jahreskalkulation zur Errechnung aller Zuschlagsätze; in einer Parallelaufstellung dazu eine Kalkulation mit Normalkostenzuschlägen.
Fertigungslöhne 36 000,00 €; Fertigungsmaterialverbrauch 60 000,00 €

Der Betrieb verwendete bisher folgende Normalkostenzuschläge:

Materialgemeinkosten	6 %	Verwaltungsgemeinkosten	4 %
Fertigungsgemeinkosten	45 %	Vertriebsgemeinkosten	3 %

c) Für die Erzeugnisgruppe „Stanzpro“ mit den Einzelkosten FM 30 000,00 € und FL 22 000,00 € ist die Gesamtkostenabrechnung (Kostenträgerzeitblatt) unter Berücksichtigung folgender Angaben zu erstellen:

- Nettoverkaufserlöse für die Erzeugnisgruppe „Stanzpro“ 91 000,00 €
- Sondereinzelkosten des Vertriebs für Erzeugnisgruppe „Stanzpro“ 557,00 €
- Weitere notwendige Zahlen sind der Aufgabenstellung zu entnehmen.
- Kostenüber- und Kostenunterdeckungen bleiben außer Acht.

Wie groß ist der Gewinn?

1.6 Kostenträgerstückrechnung

Vorwärtskalkulation im Industriebetrieb

Vorwärtskalkulation: Von den Kosten zum Listenverkaufspreis!
Gegeben: Kosten; Gesucht: Listenverkaufspreis
Anwendung, wenn der Listenverkaufspreis beeinflussbar ist.

Kalkulationsschema	Beispielsrechnung				
Fertigungsmaterial		160,00		100%	
+ Materialgemeinkosten	25% v.H.	40,00		25%	
= Materialkosten **(MK)**			**200,00**	125%	
Fertigungslöhne		200,00			100%
+ Fertigungsgemeinkosten	100% v.H.	200,00			100%
= Fertigungskosten **(FK)**			**400,00**		200%
Herstellkosten (MK + FK)			**600,00**	100 %	
+ Verwaltungsgemeinkosten	10,4% v.H.		**62,40**	10,4%	
+ Vertriebsgemeinkosten	6% v.H.		**36,00**	6 %	
= Selbstkosten			**698,40**	116,4%	100%
+ Gewinnzuschlag	25% v.H.		**174,60**		25%
= Barverkaufspreis			**873,00**	97%	125%
+ Kundenskonto	3% i.H.		**27,00**	3%	
= Zielverkaufspreis			**900,00**	100%	90%
+ Kundenrabatt	10% i.H.		**100,00**		10%
= Listenverkaufspreis (ohne USt)			**1 000,00**		100%

Daten für die Beispielsrechnung

Ein Industriebetrieb ermittelt 160,00 € Kosten für Fertigungsmaterial und 200,00 € Fertigungslöhne. Das Unternehmen rechnet mit 25% Materialgemeinkosten, 100 % Fertigungsgemeinkosten, 10,4 % Verwaltungsgemeinkosten und 6% Vertriebsgemeinkosten.
Der Gewinnzuschlag beträgt 25 %. Den Kunden werden 10 % Rabatt und 3 % Skonto gewährt. Berechnen Sie den Listenverkaufspreis.

Rückwärtskalkulation im Industriebetrieb

Rückwärtskalkulation: Vom Listenverkaufspreis zu den Kosten!
Gegeben: Listenverkaufspreis; Gesucht: Kosten
Anwendung wenn der Listenverkaufspreis nicht beeinflussbar ist.[1]

Kalkulationsschema	Beispielsrechnung				
Fertigungsmaterial		320,00		100%	
+ Materialgemeinkosten	25% a.H.	80,00		25%	
= Materialkosten **(MK)**			**400,00**	125%	
Fertigungslöhne		400,00			100%
+ Fertigungsgemeinkosten	100% a.H.	400,00			100%
= Fertigungskosten **(FK)**			**800,00**		200%
Herstellkosten **(MK + FK)**			**1 200,00**	100%	
+ Verwaltungsgemeinkosten	10,4% a.H.		**124,80**	10,4%	
+ Vertriebsgemeinkosten	6% a.H.		**72,00**	6%	
= Selbstkosten			**1 396,80**	116,4%	100%
+ Gewinnzuschlag	25% a.H.		**349,20**		25%
= Barverkaufspreis			**1 746,00**	97%	125%
+ Kundenskonto	3% v.H.		**54,00**	3%	
= Zielverkaufspreis			**1 800,00**	100%	90%
+ Kundenrabatt	10% v.H.		**200,00**		10%
= Listenverkaufspreis (ohne USt)			**2 000,00**		100%

Daten für die Beispielsrechnung

Ein Industriebetrieb ermittelt 400,00 € Fertigungslöhne. Das Unternehmen rechnet mit 25 % Materialgemeinkosten, 100 % Fertigungsgemeinkosten, 10,4 % Verwaltungsgemeinkosten und 6 % Vertriebsgemeinkosten, Gewinnzuschlag 25 %, Kundenskonto 3 %, Kundenrabatt 10 %. Das Produkt kann höchstens zum Listenverkaufspreis von 2 000,00 € abgesetzt werden. Wie hoch dürfen die Kosten für das Fertigungsmaterial höchstens sein?

Differenzkalkulation

Bei der Differenzkalkulation wird sowohl mit der Vorwärts- als auch mit der Rückwärtskalkulation gerechnet. Ist beispielsweise der zu erzielende Gewinn die gesuchte Größe, wird bis zu den Selbstkosten mit der Vorwärtskalkulation gerechnet. Die Rückwärtskalkulation wird vom Listenverkaufspreis zum Barverkaufspreis durchgeführt. Die sich dann ergebende Differenz stellt den Gewinn dar.

1 wenn der Listenverkaufspreis „ein Datum ist" (unveränderbar vom Markt vorgegeben).

Zusammenfassende Aufgaben zur Vollkostenrechnung

1 Die Jan Kern GmbH stellt Büromöbel serienmäßig überwiegend in **Maschinenarbeit** und Stilmöbel überwiegend in **Handarbeit** her.

Die GmbH hat am Ende der ersten Rechnungsperiode einen einstufigen BAB aufgestellt, der nach Aufteilung der Gemeinkosten auf drei Hauptkostenstellen folgende Endsummen ausweist:

Kostenarten	Zahlen der KLR	Stoffbereich (Material)	Fertigungsbereich	Verw. und Vertriebsbereich
Summe der Gesamtkosten	86 500,00 €	8 000,00 €	38 000,00 €	40 500,00 €

Einzelkosten:
Fertigungsmaterial 64 000,00 €, Fertigungslöhne 40 000,00 €.

a) Ermitteln Sie die Gemeinkostenzuschläge für die drei Kostenstellen.

b) Berechnen Sie den Selbstkostenpreis für

1. eine komplette Büroeinrichtung
   Materialverbrauch 2 400,00 €, Fertigungslöhne 1 000,00 €
2. ein Wohnzimmer
   Materialverbrauch 1 600,00 €, Fertigungslöhne 1 500,00 €

Lösung hierzu nach folgender Darstellung:

Text	Büroeinrichtung	Wohnzimmer

2 Für eine Fräs- und Schleifmaschine ist ein Kostenvoranschlag zu machen. Es ist mit den nachstehenden Kosten zu rechnen:

Fertigungsmaterial	7 500,00 €
Fertigungslöhne	15 700,00 €
Sondereinzelkosten der Fertigung	1 500,00 €

Zuschläge:

Materialgemeinkostenzuschlag	4 %
Fertigungsgemeinkostenzuschlag	70 %
Verwaltungsgemeinkostenzuschlag	10 %
Vertriebsgemeinkostenzuschlag	4 %
Gewinnzuschlag	10 %
Kundenskonto	3 %

a) Berechnen Sie den Verkaufspreis!

b) Um wie viel Euro und Prozent ändert sich der Gewinn, wenn der Kunde auf den vorkalkulierten Preis einen Rabatt von 4 % erhält?

3 Ein Hersteller von Elektro-Haushaltsgeräten ermittelt in der Vorkalkulation für den Geschirrspülautomaten CS einen Listenpreis von 1 625,00 €.

a) Überprüfen Sie das Ergebnis der Vorkalkulation.
Verwendete Kalkulationssätze:

Fertigungsmaterial	400,00 €
Materialgemeinkostenzuschlag	10 %
Fertigungslöhne	180,00 €
Fertigungsgemeinkosten	200 %
Verwaltungs- und Vertriebsgemeinkostenzuschlag	25 %
Gewinnzuschlag	4 %
Kundenskonto	2 %
Kundenrabatt	20 %

b) Wie viele Euro für Fertigungsmaterial dürfen höchstens aufgewendet werden, wenn aus Konkurrenzgründen der Automat nur für 1 560,00 € abgesetzt werden kann? (Der Gewinnzuschlag gilt als Untergrenze.)
Wie hoch wären die aufwendbaren Fertigungslöhne, wenn der Fertigungsmaterialaufwand nicht gesenkt werden kann?

4 Die Möbel-AG kann über einen Vertreter 10 Büroeinrichtungen „Completto" verkaufen. Der Kunde des Vertreters erwartet 14 % Rabatt und 3 % Skonto. Der Kunde akzeptiert nur insgesamt einen maximalen Bruttolistenpreis (einschließlich USt) von 89 250,00 €.
Die Möbel-AG ermittelt folgende Daten:

Selbstkosten	6 400,00 €
Gewinnzuschlag	10 %

Skonto und Rabatt nach Kundenerwartung (siehe oben)

a) Überprüfen Sie rechnerisch, ob die Möbel-AG den Auftrag annehmen sollte.

b) Die Möbel-AG geht auf die im Sachverhalt genannten Bedingungen ein und möchte 5 % Gewinn erzielen. Dabei ist zu berücksichtigen, dass die Fertigungsgemeinkosten sowie die Verwaltungs-, Vertriebs- und Materialgemeinkosten je Stück nicht verändert werden können. Welcher Betrag müsste bei welcher Kostenposition eingespart werden?

Fachbegriffe zur Vollkostenrechnung

Ausgabe	*abfließende Geldbeträge*
Einnahme	*zufließende Geldbeträge*
Aufwand	*Werteverzehr des Unternehmens an Gütern und Dienstleistungen in einer Periode*
Ertrag	*Wertezugänge des Unternehemens an Gütern und Dienstleistungen in einer Periode*
Kosten	*betrieblich bedingter Werteverzehr an Güter und Dienstleistungen*
Leistungen	*betrieblich bedingte Wertezugänge*
Unternehmensergebnis	*Ergebnis aus der Gegenüberstellung von Aufwand und Ertrag*
Betriebsergebnis	*Ergebnis aus der Gegenüberstellung von Kosten und Leistungen*
bilanzielle Abschreibungen	*wirken sich auf das Unternehmensergebnis gewinnmindernd aus; beeinflussen Unternehmensgewinn und damit Steuerbelastung des Unternehemns (Gestaltung durch Abschreibungswahlrechte)*
kalkulatorische Abschreibungen	*wirken sich auf das Betriebsergebnis aus; der tatsächliche betrieblich bedingte Werteverzehr soll erfasst werden*
kalkulatorischer Unternehmerlohn	*darf bei der steuerlichen Gewinnermittlung nicht berücksichtigt werden; (kein Aufwand!) stellt im Betriebsergebnis (Zusatz-)Kosten dar*
Einzelkosten	*können dem einzelnen Kostenträger direkt zugerechnet werden*
Gemeinkosten	*können dem einzelnen Kostenträger nicht oder nur mit unverhältnismäßigen Aufwand direkt zugerechnet werden*

Betriebsabrechnungsbogen (BAB)	*dient der Erfassung und verursachungsgerechten Verteilung der Gemeinkosten auf die Kostenstellen. Weiterhin werden Gemeinkostenzuschlagsätze errechnet*
Kostenstelle	*Ort der Kostenentstehung*
Gemeinkostenzuschlagsätze	*auf Basis der Einzelkosten (=100%) werden Gemeinkostenzuschlagsätze gebildet, die in der Kalkulation verwendet werden*
Normalgemeinkosten	*durchschnittlich zu verrechnende Gemeinkosten. Werden aus den durchschnittlichen Istgemeinkosten vergangener Abrechnungsperioden unter Berücksichtigung zukünftiger Entwicklungen berechnet (Basis für Angebotspreisermittlung)*
Istgemeinkosten	*tatsächlich entstandene Gemeinkosten; sind erst nach der Produktion durch die Nachkalkulation feststellbar*
Kostenunterdeckung	*Istgemeinkosten > Normalgemeinkosten*
Kostenüberdeckung	*Istgemeinkosten < Normalgemeinkosten*
Einstufiger BAB	*BAB mit ausschließlich Hauptkostenstellen*

2 Internes Rechnungswesen – Deckungsbeitragsrechnung

Strukturzusammenhang

Vollkostenrechnung	Deckungsbeitragsrechnung (Teilkostenrechnung)
kostenrechnerischer Ansatz: berücksichtigt **alle** Kosten, deshalb **Voll**kostenrechnung	***kostenrechnerischer Ansatz*:** berücksichtigt zunächst **nur die variablen** Kosten, deshalb **Teil**kostenrechnung
Aufteilung der Kosten in Einzel- und Gemeinkosten	***Aufteilung der Kosten*** in variable und fixe Kosten
***Rechenweg*:** Einzelkosten + anteilige Gemeinkosten = Selbstkosten + Gewinn = Verkaufspreis (ohne USt)	***Rechenweg*:** Verkaufspreis (ohne USt) – variable Kosten = Deckungsbeitrag (Beitrag des jeweiligen Produkts zur Deckung der fixen Kosten) – fixe Kosten = Gewinn
***Preisuntergrenze*:** $p = k$ Stückpreis, auch als „e" bezeichnet, muss Kosten **voll** decken	***Preisuntergrenzen*:** • kurzfristige Preisuntergrenze: $p = kv$ Stückpreis, auch als „e" bezeichnet muss die variablen Kosten (also einen **Teil** der Kosten) decken • langfristige Preisuntergrenze: $p = k$

Vollkostenrechnung	Deckungsbeitragsrechnung (Teilkostenrechnung)
Entscheidung über Ausscheiden des Produkts: $p < k$ Stückpreis darf nicht unter den **Stückkosten** (Vollkosten) liegen Diese Entscheidung kann eine Fehlentscheidung sein! → daher	***Entscheidung über Ausscheiden des Produkts:*** $p < kv$ Stückpreis darf nicht unter den **variablen** Kosten liegen Bei $p > kv$ liegt eine Verbesserung des Betriebsergebnisses vor. Das Produkt leistet einen Beitrag zur Deckung der fixen Kosten.

Vollkostenrechnung	Deckungsbeitragsrechnung
***Anwendungsbereiche*:** • **Anbietermarkt** (Verkäufermarkt) Markt akzeptiert die mit Hilfe der Vollkostenrechnung errechneten Preise	***Anwendungsbereiche*:** • **Nachfragermarkt** (Käufermarkt) Preis wird vom Markt vorgegeben • Bestimmung des **gewinnoptimalen Sortiments** • Ermittlung des **gewinnoptimalen Sortiments** bei Produktionsengpässen • **Bestimmung** von kurz- und langfristigen **Preisuntergrenzen** • Entscheidung über die Annahme von **Zusatzaufträgen** • Entscheidung über **Eigenfertigung** oder **Fremdbezug**
Gefahr der Vollkostenrechnung bei Beschäftigungsgradschwankungen werden durch Proportionalisierung der Fixkosten die Selbstkosten falsch ausgewiesen	***Gefahr der Deckungsbeitragsrechnung*** durch Orientierung an variablen Kosten kann die vollständige Kostenrechnung vernachlässigt werden und eine zu nachgiebige Preispolitik betrieben werden

F Gesamter Deckungsbeitrag $DB = E - K_v$

F Stückdeckungsbeitrag $db = e - k_v$

2.1 Einstufige Deckungsbeitragsrechnung

Kernwissen

Deckungsbeitragsrechnung als

	Stückbetrachtung				Gesamtbetrachtung		
	Stückpreis		p		Umsatzerlöse		E
–	variable Stückkosten	–	kv	–	variable Gesamtkosten	–	Kv
=	Deckungsbeitrag je Stück	=	db	=	Deckungsbeitrag insgesamt	=	DB

Schema der Deckungsbeitragsrechnung:

		Produkt A	Produkt B	Insgesamt
	Umsatzerlöse	130 000,00 €	200 000,00 €	330 000,00 €
–	variable Kosten	145 000,00 €	150 000,00 €	295 000,00 €
=	Deckungsbeitrag	– 15 000,00 €	50 000,00 €	35 000,00 €
–	Fixkosten[1)]			25 000,00 €
=	Betriebergebnis (BE)			10 000,00 €

Produkt A hat einen **negativen Deckungsbeitrag:** Die Verkaufserlöse reichen nicht aus, um die laufenden Kosten (variablen Kosten) auszugleichen. Weiterhin bleiben die Fixkosten ungedeckt. Aus streng kostenrechnerischer Sicht wird man Produkt A nicht mehr produzieren.

Beachte:
Trotz **negativem Dekungsbeitrag** kann ein Produkt weiterproduziert werden, wenn

- die Sortimentsvielfalt erhalten bleiben soll bzw. muss (Sortimentsverbund!),
- das Produkt am Markt eingeführt wird,
- die Arbeitsplätze nicht gefährdet werden sollen,
- es sich um einen „Vorzeigeartikel“ handelt.

Aufgaben

1 Entscheidung über Produktionsprogramme auf Voll- und Teilkostenbasis
Ein Industriebetrieb stellt Rollläden und Jalousien her. Aufgrund der Ergebnisse des BAB ergibt sich folgende Ist-Kostenrechnung für die beiden Kostenträger (Beträge in €):

	insgesamt	Rollläden	Jalousien
Fertigungsmaterial	74 000,00	52 000,00	22 000,00
Materialgemeinkosten	4 070,00	2 860,00	1 210,00
Fertigungslöhne	350 000,00	247 000,00	103 000,00
Fertigungsgemeinkosten	374 000,00	266 470,00	107 530,00
Sondereinzelkosten der Fertigung	8 130,00	8 130,00	—
Herstellkosten	810 200,00	576 460,00	233 740,00
Verwaltungsgemeinkosten	152 700,00	108 793,20	43 906,80
Vertriebsgemeinkosten	78 780,00	56 132,93	22 647,07
Selbstkosten	1 041 680,00	741 386,13	300 293,87

a) Ermitteln Sie das Betriebsergebnis mithilfe der Vollkostenrechnung.
Nettoverkaufserlöse Rollläden: 808 800,00 €
Nettoverkaufserlöse Jalousien: 272 100,00 €
b) Berechnen Sie den Erfolgsanteil der beiden Erzeugnisgruppen am Betriebsergebnis! Welchen Entschluss legt die Vollkostenrechnung bei „Jalousien" nahe?
c) Das Produkt „Rolläden" verursache 441 350,00 € variable Kosten; das Produkt „Jalousien" 219 330,00 €. Die fixen Kosten betragen insgesamt 381 000,00 €. Berechnen und überprüfen Sie die Deckungsbeiträge beider Produkte.

2.2 Kurz- und langfristige Preisuntergrenze

Kernwissen

langfristige Preisuntergrenze = **Deckung der gesamten (vollen) Kosten**
$E = Kf + kv \cdot x$
bzw. $p = k$

kurzfristige Preisuntergrenze = **Deckung der variablen Kosten**
$E = kv \cdot x$
bzw. $p = kv$

Aufgaben

1 Ein Betrieb kann in einer Abrechnungsperiode 100 000 Handys erzeugen. Der Auftragsbestand für diesen Zeitraum beläuft sich auf 90 000 Stück. Auf Grundlage der Vollbeschäftigung wurde die folgende Stückkalkulation aufgestellt:

fixe Kosten	7,00 €
variable Kosten	32,00 €
Selbstkosten	39,00 €
Gewinn	5,00 €
Verkaufspreis	44,00 €

a) Ermitteln Sie Gesamt- und Stückergebnis des Betriebs bei einem Auftragsvolumen von 90 000 Stück. Stellen Sie die Vollkosten- und die Teilkostenrechnung einander gegenüber.

b) Im Verlauf der Abrechnungsperiode geht eine weitere Bestellung über 20 000 Stück ein. Der Kunde akzeptiert nur einen Stückpreis von 37,00 €. Wegen Überschreitens der Kapazität müssen Überstunden geleistet werden, für die Ausgaben von 20 000,00 € anfallen. Stellen Sie die Vollkosten- und Teilkostenrechnung für die weitere Bestellung einander gegenüber.

2 Die Kempf GmbH möchte den Stückpreis auf die Selbstkosten beim derzeitigen Beschäftigungsgrad (siehe folgende Teilkostenrechnung) für einen Kleinartikel herabsetzen.

Umsatzerlöse (16 000 Stück · 6,00 €)	96 000,00 €
variable Kosten	40 000,00 €
Deckungsbeitrag	56 000,00 €
fixe Kosten	52 000,00 €
Gewinn	4 000,00 €

Der Absatz steigt auf 24 000 Stück an. Allerdings sind durch Zusatzinvestitionen die fixen Kosten ab 20 000 Stück um 30 000,00 € höher (quantitative Anpassung).

a) Bestimmen Sie das Ergebnis bei 24 000 Stück.

b) Welche Auswirkungen sind zu erwarten, wenn der Stückpreis bis auf die kurzfristige Preisuntergrenze gesenkt wird?

2.3 Entscheidung über Zusatzaufträge

Kernwissen

Ein **Zusatzauftrag** ist ein Auftrag, der zu einem Preis unterhalb des derzeitigen Verkaufspreises angenommen wird.

Bedingungen für Annahme eines Zusatzauftrages:
Liegt der Verkaufspreis **über den variablen Kosten** ($p > kv$) wird der Zusatzauftrag einen Deckungsbeitrag leisten und

- damit das Betriebsergebnis verbessern,
- die zurzeit nicht ausgelasteten Produktionsanlagen besser nutzen,
- zur Arbeitsplatzerhaltung beitragen.

Liegt der Verkaufspreis **unter den variablen Kosten** ($p < kv$) wird der Zusatzauftrag **nicht angenommen;** es sei denn, es wird eine nicht ergebnisorientierte Zielsetzung wie beispielsweise Erhaltung der Marktpräsenz verfolgt.

Aufgaben

1 Die Geschäftsleitung der Expoxitec GmbH beschließt die Deckungsbeitragsrechnung einzuführen. Das Unternehmen erwartet für das nächste Quartal folgende Daten:

	Produkt A	Produkt B
Absatzmenge	360 Stück	800 Stück
Verkaufspreis je Stück	450,00 €	325,00 €
variable Kosten je Stück (ausschließlich proportional-variabel)	300,00 €	200,00 €
Unternehmensfixkosten	74 000,00 €	

a) Ermitteln Sie das voraussichtliche Betriebsergebnis mithilfe der Deckungsbeitragsrechnung.

b) Mit der Absatzmenge des Produktes A ist die Kapazität des Produktbereiches A nicht ausgelastet. Daher kann noch ein Zusatzauftrag über 40 Einheiten A angenommen werden.

- Ermitteln Sie für diesen Zusatzauftrag den Preisspielraum. Auf keinen Fall soll der bisherige Betriebsgewinn gemindert werden (Minimalziel). Angestrebt werden soll aus diesem Auftrag ein Gewinn von 5 000,00 € (Maximalziel).
- Der Zusatzauftrag wurde zu je 350,00 € je Stück erteilt. Zu wie viel Prozent wurde das angestrebte Maximalziel erreicht?

c) Die Deckungsbeitragsrechnung ermöglicht eine marktorientierte Mengenplanung und Preispolitik. Begründen Sie diese Aussage.

2 Die Ulmer Brunnen GmbH kalkulierte bisher nur nach dem System der Vollkostenrechnung. Konkurrenzdruck und Konjunkturschwankungen zwingen die Geschäftsleitung zur Einführung der Deckungsbeitragsrechnung.

a) Eine Kundenbefragung ergab, dass neben dem Eigenprodukt Mineralwasser auch 15 000 Kästen Bier pro Jahr abgesetzt werden könnten. Ermitteln Sie das voraussichtiche Betriebsergebnis mittels Deckungsbeitragsrechnung, wenn folgende Daten erwartet werden:

	Mineralwasser	Bier
Absatzmengen in Kästen	120 000	15 000
Verkaufspreis je Kasten	3,50 €	12,00 €
Variable Kosten je Kasten	1,81 €	
Einstandspreis je Kasten		6,00 €
Fixkosten des Betriebes	185 000,00 €	

b) Preiserhöhungen verteuern den Einstandspreis bei Bier je Kasten um 1,50 €. Gleichzeitig wäre ein Großabnehmer bereit, pro Jahr zusätzlich 30 000 Kästen Bier zu einem Preis von 8,00 € je Kasten abzunehmen.

1. Soll die Ulmer Brunnen GmbH diese Lieferverpflichtung eingehen? Begründen Sie rechnerisch Ihre Entscheidung.
2. Erläutern Sie, wie sich das Betriebsergebnis verändert.
3. Warum wird in der Praxis dieses theoretische Ergebnis nicht zutreffen?

c) **Erweiterter Sachverhalt:**
Die Tochtergesellschaft der Ulmer Brunnen GmbH vertreibt auch die Fremdprodukte A, B, C und D. Es liegen folgende Zahlen vor:

Fremdprodukte		A	B	C	D
variable Kosten	je 100 Liter	100,00 €	100,00 €	100,00 €	100,00 €
Erlöse	je 100 Liter	200,00 €	170,00 €	270,00 €	285,00 €

Nennen Sie die Rangfolge der Produktförderung

1. unter Vernachlässigung der Absatzmengen,
2. wenn folgende Absatzmengen zugrundegelegt werden:

Produkte	A	B	C	D
Verkaufsmengen in 100 Liter je Rechnungsperiode	2 000	500	2 200	1 000

d) Der Kostenrechner schlägt vor, Produkte, die nur mit Verlust zu verkaufen sind, aus dem Sortiment zu nehmen. Welche Gründe sprechen dagegen?

e) Erläutern Sie den Zusammenhang zwischen Teilkostenrechnung und Gewinnmaximierung!

2.4 Sortimentsentscheidungen bei freien Kapazitäten

Kernwissen

Zusammenstellung des gewinnoptimalen Sortiments:

- Die Rangfolge der Produkte („Ranking") erfolgt nach den Deckungsbeiträgen.
- Mögliche Mengensteigerungen bei nicht ausgelasteter Kapazität orientieren sich an den jeweiligen Stückdeckungsbeiträgen (db).
- Produkte mit negativem Stückdeckungsbeitrag (db) werden aus dem Sortiment gestrichen und durch Produkte mit entsprechend höherem db ersetzt.

Beachte:
Beim Sortimentsverbund kann ein Produkt mit negativem Stückdeckungsbeitrag (db) nicht ohne Weiteres aus dem Sortiment gestrichen werden.

Aufgaben

1 Die Fensterbau Graf AG führt in ihrem Sortiment Fenster, Türen und Garagentore. Die Kostenrechnungsabteilung hat für den Monat Dezember folgendes Zahlenmaterial zusammengestellt.

Werke	Produkte	Stück	Verkaufserlöse	variable Kosten
A	Fenster	250	200 000,00 €	84 000,00 €
A	Türen	100	160 000,00 €	108 000,00 €
B	Garagentore	30	72 000,00 €	19 000,00 €

a) Bestimmen Sie für das Produkt **Türen** rechnerisch den Deckungsbeitrag insgesamt und je Stück.

b) Im November brachte die Türenproduktion einen Gesamtdeckungsbeitrag von 27 000,00 €. Um wie viel Prozent ist der Absatz im Monat Dezember gestiegen?

c) Stellen Sie in einem Koordinatensystem (X-Achse: 2 Stück = 1 cm, Y-Achse: 10 000,00 € = 2 cm) die Entwicklung der Kosten und der Verkaufserlöse für das Produkt **Garagentore** dar. Kennzeichnen Sie die Zonen für den Gewinn, den Verlust und die variablen Kosten.

Die fixen Kosten des Werkes B belaufen sich auf 44 000,00 €.

d) Markieren Sie bei den Absatzmengen 14 und 30 Stück zeichnerisch den Deckungsbeitrag sowie den Verlust bzw. Gewinn.

e) Das Produkt **Fenster** wird aus dem Fertigungsprogramm genommen.

Um wie viel Prozent müsste sich der Absatz von Türen erhöhen, wenn sich die Gesamtdeckungsbeitragsumme der Unternehmung nicht verschlechtern soll?

f) Welches absatzpolitische Argument spricht gegen die Herausnahme des Produkts Fenster aus dem Programm?

2 Die Hausgeräte Löffelhardt AG stellt elektrische Nähmaschinen verschiedener Typen her: Typ A – einfache Ausrüstung mit Nutzstichen. Typ B – gehobene Ausführung mit Nutz- und Zierstichen, Typ C – Luxusausführung.

Die Verkaufspreise ab Werk liegen im Augenblick bei 340,00 €, 395,00 € und 445,00 € je Stück.

In der abgelaufenen Periode wurden hergestellt und verkauft:

Typ A:	5 000 Stück	zu	1 515 800,00 € Selbstkosten
Typ B:	7 000 Stück	zu	2 658 000,00 € Selbstkosten
Typ C:	4 000 Stück	zu	1 773 000,00 € Selbstkosten

Die Selbstkosten wurden aufgrund der Vollkostenrechnung ermittelt. Bei jedem Typ ist der Gesamtkostenverlauf linear.

a) Wie hoch waren für die abgelaufene Periode das Ergebnis je Typ und das Betriebsergebnis?

b) Für die kommende Periode rechnet man – bei noch unveränderten Absatzpreisen – wegen der rückläufigen Konjunktur im Inland mit einem Absatzrückgang von 10 % bei jedem Typ.
Die Gesamtkosten je Typ werden sich dann auf 1 369 800,00 € (Typ A), 2 399 000,00 € (Typ B) und 1 621 000,00 € (Typ C) belaufen.

1. Wie verändern sich dadurch die Ergebnisse von Aufgabe a)?
2. Worauf führen Sie den überproportionalen Rückgang des Betriebsgewinnes zurück?

c) Die Geschäftsleitung überlegt, ob sie das Produkt C aus dem Produktionsprogramm nehmen soll, um dadurch ein besseres Betriebsergebnis zu erreichen. Die für Produkt C anfallenden Fixkosten sind kurzfristig nicht abzubauen.

1. Wie würden Sie entscheiden, wenn die Fixkostenverteilung je Produktart aufgrund der Werte der Vollkostenrechnung vorgenommen würde? Rechnerischer Nachweis ist erforderlich.
2. Ermitteln Sie für die Produkte A, B und C die Deckungsbeiträge je Stück und insgesamt für die unter b) angegebenen Produktionsmengen.

   Hinweis:
   Wenn Sie die bisherigen Werte rechnerisch nicht ermitteln konnten, gehen Sie von folgenden Werten aus:

Typ	variable Stückkosten
A	292,00 €
B	370,00 €
C	380,00 €

3. Welche Empfehlung geben Sie der Geschäftsleitung für Produkt C, wenn Sie die Deckungsbeitragsrechnung verwenden?

d) **Entscheidung über Eigenfertigung oder Fremdbezug**
Die Geschäftsleitung zieht auch in Erwägung, das Produkt C weiterhin im Verkaufsprogramm zu belassen, aber von außen zu beziehen. Die Fixkosten für C können kurzfristig nicht abgebaut werden. Der Bezugspreis von C beträgt 443,00 €/Stück (bei 3 600 Stück/Periode).
Wie verändert sich das Gesamtergebnis, und wozu raten Sie der Geschäftsführung?

3 Der Sportartikelhersteller „Tie Break AG" hat sich auf die Fabrikation von Tennisschlägern spezialisiert. Gefertigt werden die Modelle Miniwing, Woodwing und Graphitwing.
In der letzten Rechnungsperiode wurden 1 000 Miniwing, 2 000 Woodwing und 1 500 Graphitwing hergestellt und verkauft. Dies entsprach einer Auslastung von ca. 70 % der Fertigungskapazität.
Die Einzelkosten und Verkaufspreise betrugen:

	Fertigungsmaterial je Stück	Fertigungslöhne je Stück	Verkaufspreis je Stück
Miniwing	20,00 €	30,00 €	80,00 €
Woodwing	25,00 €	40,00 €	120,00 €
Graphitwing	40,00 €	60,00 €	210,00 €

Die Gemeinkosten verteilen sich in der letzten Rechnungsperiode gemäß Betriebsabrechnungsbogen auf diese Kostenbereiche wie folgt:

Materialbereich:	13 000,00 € (davon fix 100 %)
Fertigungsbereich:	160 000,00 € (davon fix 80 %)
Verwaltung-/Vertriebsbereich:	100 600,00 € (davon fix 50 %)

a) Ermitteln Sie die Gemeinkostenzuschlagsätze für den Material-, Fertigungs- und Verwaltungs-/Vertriebsbereich.

b) Berechnen Sie das Betriebsergebnis der letzten Abrechnungsperiode insgesamt und je Kostenträger. Wählen Sie dazu eine geeignete tabellarische Form.

c) Herr Abele, der Verkaufsleiter der Tie Break AG, schlägt vor, die Produktion des Verlustartikels Miniwing einzustellen.

- Weisen Sie Herrn Abele rechnerisch nach, um welchen Betrag sich das Umsatzergebnis der Unternehmung in der Abrechnungsperiode verändert, wenn die Unternehmensleitung seinem Vorschlag folgt.
- Erläutern Sie die Ursache der von Ihnen gefundenen Ergebnisveränderung.
- Führen Sie zwei Argumente an, weshalb die Sportgerätefabrik den Tennisschläger Miniwing im Fertigungsprogramm belässt, unabhängig vom Ergebnis Ihrer Rechnung.

d) Ein Auslandskunde ist bereit, 500 Woodwing zum Preis von 110,00 €/Stück abzunehmen. Herr Abele lehnt ab, da der Verkaufspreis nicht die Selbstkosten decken würde.
Prüfen Sie rechnerisch, ob der Auftrag angenommen werden sollte, um das Unternehmensergebnis insgesamt zu verbessern.

2.5 Sortimentsentscheidung bei einer Engpasssituation

Kernwissen

In einer **Engpasssituation** können nicht alle Produkte hergestellt werden, weil beispielsweise die verfügbare Fertigungszeit einer Maschine nicht ausreicht.

Folge der Engpasssituation:
Die Rangfolge der Produkte wird nicht mehr durch den absoluten, sondern durch den **relativen Deckungsbeitrag** (Deckungsbeitrag an der Engpassstelle) bestimmt.

Zusammenstellung des gewinnoptimalen Sortiments bei Produktionsengpässen:
Bestimmung der Rangfolge der Produkte mithilfe des relativen Stückdeckungsbeitrags (db rel.).

F **Berechnung db rel.** $= \dfrac{\text{absoluter db}}{\text{Engpassbelastung pro Stück}}$

z.B.:
Deckungsbeitrag je Stunde $= \dfrac{\text{absoluter db}}{\text{Fertigungszeit je Stück in Stunden}}$

Deckungsbeitrag je Minute $= \dfrac{\text{absoluter db}}{\text{Fertigungszeit je Stück in Minuten}}$

Beachte:
Die berechnete Rangfolge muss bei Einschränkungen, wie z.B. einem Sortimentsverbund gegebenenfalls korrigiert werden.

TIPP: Unbedingt Aufgabe 4 lösen!

Aufgaben

1 Der Backkultur GmbH – Hersteller von Toastbrot – erscheint eine Erschließung weiterer Märkte durch Produktdifferenzierung sinnvoll. Zum einen könnte hochwertiges Vollkornbrot über Spezialitätenläden vertrieben werden, zum anderen könnte eine „Catering-Brot-Packung“ (abgepackte Kleinportionen für Hotels, Luftfahrtgesellschaften usw.) auf den Markt gebracht werden.

	max. Prod. auf vorh. Maschinen Stück/Jahr	voraus-sichtliche Absatz-menge Stück/Jahr	Stück-preis	variable Kosten je Stück	Fixkosten insgesamt
Toastbrot	2,4 Mio	2,0 Mio	0,55 €	0,32 €	
oder	– – –	– – –	– – –	– – –	
Vollkornbrot	1,2 Mio	0,4 Mio	0,80 €	0,55 €	390 000,00 €
oder	– – –	– – –	– – –	– – –	
„Catering“	2,66 Mio	1,0 Mio	0,35 €	0,15 €	

Die Fertigungsdauer für das Vollkornbrot (aufwändigeres Verfahren) ist doppelt so hoch anzusetzen wie beim Toastbrot. Für die Catering-Packung kann bei der Fertigungsdauer ein Abschlag von 10 % gegenüber dem Toastbrot angesetzt werden.
Bestimmen Sie das gewinnmaximale Produktionsprogramm bei der vorhandenen Kapazität und berechnen Sie das Betriebsergebnis.

2 In der Ziegelei Luft GmbH wurden im Produktionsbereich „Mauerziegel“ im letzten Jahr 264 000 Mauerziegel der Serien MZ mit Kosten von 316 800,00 € für Fertigungsmaterial, Fertigungslöhne und variable Gemeinkosten hergestellt.
Im neuen Jahr werden zusätzlich die Energiesparvarianten MZE mit variablen Stückkosten von 1,40 € und die „Sparvariante DZ“ mit variablen Stückkosten von 0,40 € produziert. Die Fixkosten in der gesamten Ziegelei betragen 600 400,00 €/Jahr.

Produkt	MZ	MZE	DZ
Nettoverkaufspreis pro Stück	2,70 €	3,40 €	1,30 €
Dauer eines Brennvorgangs	2 1/2 Std.	2 1/2 Std.	1 1/4 Std.
max. jährliche Absatzmenge	250 000 Stück	200 000 Stück	320 000 Stück

Die Tunnelöfen stehen dem Unternehmen im Jahr insgesamt 1 400 Stunden zur Verfügung. Während eines Brennvorganges können jeweils 1 000 Stück eines der drei Produkte gebrannt werden.

a) Ermitteln Sie das optimale Produktionsprogramm.

b) Berechnen Sie das im neuen Jahr zu erwartende Betriebsergebnis.

3 In einer Armaturenfabrik werden Druckminderer in drei Ausführungen (A, B, C) hergestellt. Die folgende Plantabelle bezieht sich auf die **erste** Woche. Änderungen des Produktprogramms sind möglich, jedoch stehen als zeitliche Kapazität nur drei Facharbeiter mit je 40 Stunden pro Woche zur Verfügung. Die Fixkosten betragen 1 000,00 € und können nur der Gesamtheit der Produkte zugerechnet werden.

Produktart	geplante Stückzahl	Produktions-zeit in Minuten je Stück	variable Stückkosten	Reinerlöse je Stück
A	120	30	20,00 €	28,00 €
B	60	40	32,00 €	45,00 €
C	25	48	42,00 €	60,00 €

a) Ermitteln Sie den Deckungsbeitrag je Stück und insgesamt für jede Produktart unter Verwendung einer Tabelle (Produkt A, B, C, Summe).
Wie hoch ist der Betriebsgewinn?

b) Welche Stückzahl könnte von jeder Produktart höchstens hergestellt werden, wenn jeweils auf die Fertigung der übrigen Produktarten verzichtet würde?

c) Wie hoch wäre dann der Gesamtdeckungsbeitrag einer jeden Produktart?

d) Welche betriebswirtschaftliche Folgerung ist unter dem Gesichtspunkt der Gewinnmaximierung aus diesen Ergebnissen zu ziehen?

Erweiterter Sachverhalt:
Für die **zweite** Woche ist folgendes Produktionsprogramm vorgesehen: Produktart A 60 Stück, B 15 Stück, C 100 Stück. Stückzeiten, Stückkosten und Stückerlöse bleiben, wie im Sachverhalt angegeben.
Vor Beginn der Produktion erklärt sich ein Kunde bereit, 100 Stück einer Sonderanfertigung (Produktart S) zum Stückpreis von 30,00 € abzunehmen. Die variablen Stückkosten würden hierfür 23,00 €, die Stückzeit 24 Minuten betragen. Der Auftrag müsste lt. Order in der zweiten Woche ausgeführt werden.

e) Begründen Sie mit rechnerischem Nachweis, ob der Betrieb diesen Auftrag annehmen soll.

f) Wie würde bei Annahme des Auftrags das endgültige Poduktionsprogramm für die zweite Woche lauten?

4 Die Aalener Mabau GmbH stellt Schleifmaschinen vom Typ S her. Im Mai betrug der Umsatz 50 Mio. €, das Betriebsergebnis 5 Mio. €. Im April wurde ein Umsatz von 40 Mio. € bei Kosten von 37 Mio. € erzielt.
Die Schleifmaschinen vom Typ S sind zum Listenpreis von 20 000,00 €/Stück absetzbar. Die maximale Produktionskapazität beträgt 3 000 Stück pro Monat.

a) Berechnen Sie den Stückdeckungsbeitrag für eine Schleifmaschine.

b) Es ist beabsichtigt, im nächsten Jahr die Schleifmittel A, B und C in das Sortiment aufzunehmen. Dazu soll ein neues Zweigwerk errichtet werden.
Es wird von folgender Produktions- und Absatzsituation ausgegangen:

Schleifmittel	A	B	C
Verkaufspreis je Packung in Euro	300,00	400,00	500,00
Absetzbare Packungen pro Jahr in Stück	5 000	6 000	4 000
Materialeinsatz pro Packung in kg	10	12	18
Sonstige variable Kosten pro Packung in Euro	100,00	154,00	176,00
Fertigungsdauer pro Packung in Stunden	3	2	4

Für das nächste Jahr stehen in der Fertigung maximal 48 000 Stunden zur Verfügung. Für die Schleifmittel A, B und C wird derselbe Grundstoff benötigt. Sein Marktpreis liegt bei 10,00 € pro Kilo. Die Einkaufsabteilung kann für das nächste Jahr maximal 159 800 kg von diesem Material beschaffen.
Bestimmen Sie das gewinnmaximale Produktionsprogramm für Schleifmittel im nächsten Jahr.

2.6 Eigenfertigung oder Fremdbezug?

Kernwissen

Für die Entscheidung, ob Eigenfertigung oder Fremdbezug ist der Einstandspreis (Bezugspreis; „ep“) mit den eigenen variablen Kosten zu vergleichen.

Einstandspreis (ep) > variable Kosten —> Eigenfertigung
Einstandspreis (ep) < variable Kosten —> Fremdbezug

Beachte:
Falls für die Eigenfertigung eine Kapazitätserweiterung notwendig wird, müssen auch die zusätzlichen fixen Kosten berücksichtigt werden.
Berechnung der Übergangsmenge bei erforderlicher Kapazitätsausweitung:
Kosten der Eigenfertigung = Kosten für Fremdbezug

F Übergangsmenge $Kf + kv \cdot x = ep \cdot x$

Eigenfertigung ist günstiger als Fremdbezug:
$Kf + kv \cdot x < ep \cdot x$
Fremdbezug ist günstiger als Eigenfertigung:
$Kf + kv \cdot x > ep \cdot x$

Aufgaben

1 Im Werk wird das Produkt „Palmasteel“ mit variablen Stückkosten von 40,00 € hergestellt. Die anteiligen Fixkosten betragen 24 000,00 €/Monat. Dasselbe Produkt könnte von einem Lieferanten aus Lettland bezogen werden. In diesem Falle ergäbe sich ein Bezugspreis von umgerechnet 48,00 €/Stück.

a) Bis zu welcher monatlichen Bedarfsmenge lohnt sich der Fremdbezug?

b) Nennen Sie neben den Kosten zwei weitere Kriterien, die bei der Entscheidung zwischen Eigenfertigung und Fremdbezug zu berücksichtigen sind.

2 Einer Maschinenfabrik wurde ein Zubehörteil zu einer Werkzeugmaschine zum Preis von 32,00 € angeboten. Die Maschinenfabrik hat bisher dieses Zubehörteil selbst hergestellt, je nach Bedarf wurden von Zeit zu Zeit verschiedene Mengen angefertigt. Die Nachkalkulation der Innenaufträge ergab folgende Gesamtkosten, die sich aus fixen und proportionalen Kosten zusammensetzen:

Monat	Stückzahl	Gesamtkosten
Januar	50	2 500,00 €
Februar	150	5 500,00 €
April	130	4 900,00 €
Juni	300	10 000,00 €
September	110	4 300,00 €
November	100	4 000,00 €

a) Berechnen Sie den Anteil der fixen und proportionalen Kosten an den Gesamtkosten und an den Stückkosten in jedem Monat.

b) Von welcher Produktmenge an könnte der Betrieb die Zubehörteile billiger produzieren, als sie ihm von dem fremden Betrieb angeboten wurden?

c) Wie hoch wäre die Ersparnis gegenüber dem Fremdbezug, wenn der Betrieb den gesamten durchschnittlichen Jahresbedarf von 800 Stück selbst auf einmal herstellen könnte?

d) Welche Gründe könnten den Betrieb veranlassen, den Artikel trotzdem wie bisher in kleineren Mengen selbst herzustellen?

3 Eine Sanitärartikel-Fabrik stellt ein Kunststoffteil zum Einbau in das Hauptprodukt selbst her. Augenblicklich werden auf zwei Mehrzweckmaschinen (M 1 und M 2) 30 000 Teile je Monat hergestellt. Eine Steigerung auf 40 000 Teile/Monat ist laut Absatzplanung zu erwarten. Die Anschaffung eines Spezialautomaten (M 3) wird deshalb erwogen. Die Daten der Maschinen lauten:

Maschine	Kapazität/Monat	Fixkosten/Monat	variable Stückkosten
	Teile	Euro	Euro
M 1	16 000	2 000,00	0,50
M 2	22 000	3 000,00	0,40
M 3	50 000	5 000,00	0,35

a) Ermitteln Sie die Produktionsmenge, von der ab M 2 kostengünstiger arbeitet als M 1.

b) Berechnen Sie unter der Bedingung kostengünstigster Produktion die beim augenblicklichen Maschinenpark anfallenden Gesamtkosten
- für die augenblickliche Produktionsmenge (30 000 Teile/Monat),
- für eine Produktionsmenge von 8 000 Teilen/Monat, die wegen eines Absatzeinbruchs (Dauer etwa ein Monat) nur möglich ist.
- Begründen Sie die von Ihnen gewählte Lösung.

Erweiterter Sachverhalt:
Um den zukünftigen Bedarf zu decken, kann der Betrieb alternativ zur Anschaffung der M 3 (und Veräußerung von M 1 und M 2) die Spitzenmenge dieses Teils auch zu 0,70 €/Stück fremdbeziehen.

c) Erläutern Sie knapp (jeweils mindestens drei Argumente), was hier in diesem Falle für und wider den Fremdbezug spricht.

d) Welche Mehrkosten muss der Betrieb bei der Entscheidung für den Fremdbezug neben der Eigenproduktion auf dem vorhandenen Maschinenpark gegenüber einer Produktion auf M 3 allein in Zukunft monatlich hinnehmen? Die erwartete Menge von 40 000 Stück je Monat wird tatsächlich benötigt.

Fachbegriffe zur Deckungsbeitragsrechnung

Vollkostenrechnung	*berücksichtigt alle Kosten*
Deckungsbeitragsrechnung (Teilkostenrechnung)	*berücksichtigt* **zunächst** *nur die variablen Kosten*
fixe Kosten	*beschäftigungsgradunabängige Kosten*
– erzeugnisfixe Kosten	*Fixkosten des jeweiligen Erzeugnisses*
– unternehmensfixe Kosten	*Fixkosten, die nicht den jeweiligen Erzeugnissen, sondern nur dem gesamten Unternehmen zugeordnet werden können*
variable Kosten	*beschäftigungsgradabhängige Kosten*
Deckungsbeitrag	*Betrag, der zur Deckung der fixen Kosten zur Verfügung steht*
Zusatzauftrag	*Auftrag, der zu einem Preis unterhalb des derzeitigen Verkaufspreises angenommen wird*
Sortimentsverbund	*bestimmte Produkte müssen gemeinsam im Sortiment des Unternehmens sein*
absoluter Stückdeckungsbeitrag	*Deckungsbeitrag in* Euro*, den ein Produkt liefert (db)*
relativer Stückdeckungsbeitrag	*Deckungsbeitrag in* Euro*, den ein Produkt in der Engpasseinheit (z.B. pro Fertigungsstunde) liefert (db rel.)*

Zusammenfassende Aufgaben zur Deckungsbeitragsrechnung

1 Dr. Keller GmbH stellt neben Hochdruckreinigungsgeräten Pumpen derTypen HW 1 000, HW 1 300 und HW 1 500 her.

a) Für das erste Quartal ergeben sich für den Pumpentyp HW 1 000 folgende Zahlen:

	Januar	Februar	März
Umsatz	56 050,00 €	88 500,00 €	112 100,00 €
Menge	190 Stück	300 Stück	380 Stück
Gesamtkosten	57 250,00 €	82 000,00 €	100 000,00 €

Der Typ HW 1 000 wird auf der Montageanlage I zusammengebaut. Die variablen Stückkosten und der Stückpreis sind konstant. Alle produzierten Pumpen werden abgesetzt.

1. Berechnen Sie den Verkaufspreis je Stück, die fixen Gesamtkosten je Monat und die variablen Stückkosten.
2. Um wie viel Euro hätten im ersten Quartal bei unverändertem Umsatz die Kosten sinken müssen, um wie im letzten Quartal des Vorjahres eine Umsatzrendite von 8 % zu erreichen?
3. Für März hatte das Unternehmen einen Gewinn von 17 700,00 € erwartet. Wie viele Pumpen vom Typ HW 1 000 hätten dann im betreffenden Monat produziert und abgesetzt werden müssen?
4. Für April ist die Produktion von 480 Pumpen des Typs HW 1 000 geplant. Ein Heimwerkermarkt ist bereit, zusätzlich 160 Stück dieser Pumpen zum Stückpreis von 240,00 € abzunehmen. Die Kapazitätsgrenze liegt bei 600 Stück pro Monat. Darüber hinausgehende Mengen müssen deshalb in Überstunden produziert werden, wobei die Mehrkosten 30,00 € pro Stück betragen.
   - Entscheiden Sie mit rechnerischem Nachweis, ob der Zusatzauftrag angenommen werden soll.
   - Welchen Nachteil könnte die Annahme des Zusatzauftrags für die Dr. Keller GmbH mit sich bringen?

b) Die Pumpen HW 1 300 und HW 1 500 können ausschließlich auf der Montageanlage II gefertigt werden. Ihre Maximalkapazität beträgt 375 Fertigungsstunden pro Monat. Die fixen Kosten betragen 18 000,00 € je Monat.

Im April können 350 Stück HW 1 300 und 470 Stück HW 1 500 hergestellt und verkauft werden. Auf Grund zunehmender Nachfrage könnten im Mai jeweils zusätzlich 30 Stück des Typs HW 1 300 und 40 Stück des Typs HW 1 500 verkauft werden. Für diese Pumpentypen gelten die folgenden Angaben:

Typ	Montagezeit	var. Stückkosten	Stückpreis
HW 1 300	24 Minuten	265,00 €	330,00 €
HW 1 500	30 Minuten	285,00 €	355,00 €

1. Ermitteln Sie das gewinnoptimale Produktionsprogramm für den Monat Mai.
2. Ermitteln Sie für den Monat Mai das Betriebsergebnis beim gewinnoptimalen Produktionsprogramm.

c) Die Dr. Keller GmbH hat von der Lärcher AG die Lizenz zum Bau von Hochdruckreinigungsgeräten erworben.
Eine Heimwerkermarktkette bestellt für eine Sonderaktion 1 200 Hochdruckreiniger zum Preis von 520,00 € netto. In diesem Fall dürfen die Selbstkosten je Stück maximal 432,00 € betragen.

Folgende Angaben sind zu berücksichtigen:

Fertigungslöhne je Stück	40,20 €
Materialgemeinkostensatz	12 %
Fertigungsgemeinkostensatz	200 %
Verwaltungsgemeinkostensatz	5 %
Vertriebsgemeinkostensatz	3 %
Sondereinzelkosten der Fertigung je Stück	66,60 €

1. Ermitteln Sie, wie viel Euro unter diesen Umständen der Fertigungsmaterialverbrauch je Stück maximal betragen darf.
2. Berechnen Sie die kurzfristige Preisuntergrenze, wenn der Anteil der Fixkosten an den gesamten Gemeinkosten 40 % beträgt.

2 Die BIKE GmbH, ein mittelständisches Industrieunternehmen, stellt drei Grundtypen von Fahrrädern her:
- preisgünstiges City-Rad (Typ 1)
- hochwertiges Touren-Rad (Typ 2)
- Mountainbike (Typ 3)

a) In letzter Zeit nimmt der Wettbewerb auf dem Fahrradmarkt ständig zu. Vor allem im Billigpreissegment der City-Räder werden von der Konkurrenz Preise unter 350,00 € verlangt. Die Verkaufszahlen bei City-Rädern der BIKE GmbH sind als Folge davon seit einiger Zeit rückläufig.
Die Abteilung Rechnungswesen stellt für die Analyse der Ursachen das folgende Zahlenmaterial und den Betriebsabrechnungsbogen auf der nächsten Seite zur Verfügung.

Daten aus der KLR des letzten Monats:

Bezeichnung	**City-Rad** Typ 1	**Touren-Rad** Typ 2	**Mountainbike** Typ 3
Verkaufspreis	400,00 €	700,00 €	600,00 €
Produktionsmenge	500 Stück	250 Stück	150 Stück
variable Stückkosten	229,00 €	412,00 €	350,00 €
Fertigungsmaterial/Stück	100,00 €	200,00 €	150,00 €
Fertigungslöhne/Stück	75,00 €	120,00 €	110,00 €

Monats-Betriebsabrechnungsbogen

	Zahlen der Kosten- und Leistungsrechnung	Material-stelle	Fertigungs-stelle	Verwaltungs-stelle	Vertriebs-stelle
Summe der Gemeinkosten	223 700,00 €	12 250,00 €	140 250,00 €	42 720,00 €	28 480,00 €

1. Berechnen Sie die Ist-Zuschlagsätze in einer Gesamtkalkulation.
2. Die Geschäftsleitung prüft, ob der Preis für das City-Rad (Typ 1) gesenkt werden kann.
   - Ermitteln Sie die Selbstkosten für das City-Rad (Typ 1) je Stück.
   - Erläutern Sie auf dieser Grundlage, ob eine Senkung des Preises auf das Niveau der Konkurrenzpreise unter kostenrechnerischen Gesichtspunkten vertretbar wäre.

3. Auf Grund der harten Konkurrenz bei den Fahrrädern des Billigpreissegments (City-Rad) ist damit zu rechnen, dass die Verkaufszahlen in der nächsten Zeit weiter sinken werden.
   Begründen Sie anhand der Vollkostenrechnung, wie sich ein sinkender Beschäftigungsgrad auswirkt, wenn weiterhin mit den bisherigen Gemeinkostenzuschlagsätzen kalkuliert wird.

b) Der Leiter des Rechnungswesens behauptet, dass es möglich sei, das CityRad unter den Selbstkosten zu verkaufen und gleichzeitig einen Betriebsgewinn von 10 000,00 € zu erwirtschaften.

1. Zu welchem Preis könnte in diesem Fall die BIKE GmbH das City-Rad anbieten, wenn die im Sachverhalt angegebenen Stückzahlen auch in Zukunft bei allen drei Typen produziert und vollständig verkauft werden können?
2. Aus Konkurrenzgründen könnte eine weitere Preissenkung bis zur kurzfristigen Preisuntergrenze erforderlich werden. Auf welchen Betrag müsste die BIKE GmbH den Verkaufspreis des City-Rades herabsetzen?

c) Der Leiter der Marketingabteilung schlägt vor, durch eine Werbemaßnahme die Verkaufszahlen beim Typ 3 (Mountainbike) zu erhöhen, um damit die sinkenden Verkaufszahlen bei den City-Rädern auszugleichen.

1. Die geschätzten Kosten dieser Werbemaßnahme belaufen sich auf 10 000,00 € monatlich. Um wie viel Stück im Monat müsste sich der Absatz an Mountainbikes erhöhen, wenn das Ziel die Werbekosten zu decken vorliegt?
2. Der Leiter der Marketingabteilung möchte das City-Rad langfristig aus dem Fertigungsprogramm nehmen und dafür die Produktion und den Verkauf von Mountainbikes erhöhen.
   Um wie viel Prozent müsste der Absatz von Mountainbikes gesteigert werden, wenn sich der Gesamtdeckungsbeitrag der Unternehmung nicht verschlechtern soll?

3

Die Schneider GmbH, Aalen, fertigt unter anderem Spezialbremsscheiben für die Automobilindustrie. Die Fertigung erfolgt auf sechs Drehmaschinen gleichen Typs. Eine Drehmaschine hat eine Monatskapazität von 200 Stück. Die Kapazitätsauslastung schwankt sehr stark. Die variablen Kosten verlaufen proportional.

- bei 50 %iger Kapazitätsauslastung liegen Stückkosten von 250,00 € vor
- bei 100 %iger Kapazitätsauslastung liegen Stückkosten von 200,00 € vor

a) Berechnen Sie die variablen Kosten je Stück und die Fixkosten pro Monat.

b) Bei welcher Ausbringungsmenge pro Monat liegt die Gewinnschwelle (Nutzenschwelle), wenn der Stückpreis 210,00 € beträgt?

c) Die Automobilindustrie ist nur noch bereit, 200,00 € je Stück zu zahlen. Die zu erwartenden Bestellmengen sind auf 900 Stück pro Monat zurückgegangen.
- Berechnen Sie das Betriebsergebnis pro Monat.
- Begründen Sie, ob die Schneider GmbH solche Aufträge annehmen sollte.
- Bis zu welcher kurzfristigen Preisuntergrenze pro Stück könnte sie gehen? Begründung.

Erweiterter Sachverhalt:
Angenommen, die Schneider GmbH führt die Aufträge der Automobilindustrie zu den Bedingungen der Aufgabe c) aus.
Um die Restkapazität von 300 Stück auszunutzen, beschließt die Schneider GmbH zukünftig auch den Zubehörhandel zu beliefern.
Es ergibt sich folgendes Bild der Nachfragesituation:

Preis/Stück		absetzbare Menge/Monat
Fall 1:	300,00 €	100 Stück
Fall 2:	240,00 €	200 Stück
Fall 3:	210,00 €	300 Stück

d) Berechnen Sie mit Hilfe der Deckungsbeitragsabrechnung, um wie viel Euro sich das Betriebsergebnis in den obigen Fällen verbessert!

e) Erläutern Sie zwei weitere Gesichtspunkte, die die Schneider GmbH berücksichtigen sollte.

f) Welche Voraussetzungen müssen grundsätzlich erfüllt sein, wenn sich ein Unternehmen für die Annahme von Zusatzaufträgen zu unterschiedlichen Preisen entscheidet? Begründung.

Erweiterter Sachverhalt:
Der Einstieg der Schneider GmbH in das Geschäft mit dem Zubehörhandel hat sich als Erfolg erwiesen. Deshalb soll zusätzlich eine computergesteuerte Drehmaschine angeschafft werden. Diese Maschine hat die doppelte Kapazität einer alten Maschine, verursacht aber dreimal so hohe fixe Kosten. Die variablen Kosten sinken auf 100,00 € je Stück.

g) Erläutern Sie je drei Argumente, die für und die gegen die Einführung einer kapitalintensiveren Fertigunsmethode sprechen.

h) Berechnen Sie durch Kostenvergleich der neuen Maschine mit zwei Maschinen des alten Typs, ab wie viel Stück die neue Maschine kostengünstiger arbeitet.

Erweiterter Sachverhalt:
Nachdem der neue Automat angeschafft wurde, muss entschieden werden, in welcher Reihenfolge die Maschinen eingesetzt werden sollen.

Es stehen folgende Alternativen zur Wahl:

Fall A: zuerst Vollauslastung der neuen Maschine,
danach Einsatz der alten Maschine

Fall B: zuerst Vollauslastung der alten Maschinen, danach Einsatz der neuen Maschine

Der Verkaufspreis beträgt in beiden Fällen 210,00 €.

i) Wie wird sich die Rollau GmbH entscheiden, wenn sie weiterhin mit schwankender Nachfrage rechnen muss?
Errechnen Sie das jeweilige Betriebsergebnis mit Hilfe der vorgegebenen Tabelle:

Stück	Stück im Fall	Kosten fix (Kf)	Kosten variabel (Kv)	Kosten gesamt (K)	Erlöse (E)	BE
1 600	A: 400					
	1 200					
	B: 1 200					
	400					
1 400	A:					
	B:					
1 200	A:					
	B:					

j) Stellen Sie den Fall A in einem Diagramm dar.
Zeichnen Sie die Fixkosten, Gesamtkosten, Erlöse und die Kapazitätsgrenze.
Ermitteln Sie aus der Grafik den ungefähren Wert für die Gewinnschwelle (Nutzenschwelle).
(100 Stück = 1 cm; 20 000,00 € = 1 cm)

4 Nach Verteilung der Gemeinkosten der Spielhansel KG im letzten Quartals-BAB ergaben sich folgende Summen in den einzelnen Kostenstellen:

	Materialbereich	Fertigungsstelle	Verwaltungsbereich	Vertriebsbereich
Summe der Gemeinkosten	16 000,00 €	170 000,00 €	75 000,00 €	26 000,00 €
Zuschlagsgrundlage	Fertigungsmaterial 320 000,00 €	Fertigungslöhne 145 000,00 €	Herstellkosten	Herstellkosten
Ist-Gemeinkostenzuschläge	5 %	117,24 %	?	?

a) Berechnen Sie
   - die Zuschlagsgrundlage und den Ist-Gemeinkostenzuschlagsatz für den Verwaltungsbereich (zwei Dezimalen).
   - die Zuschlagsgrundlage für den Vertriebsbereich.

b) Warum weichen die aus den Betriebsabrechnungsbögen ermittelten Gemeinkostensätze besonders bei Beschäftigungs- und Absatzschwankungen von denen der Angebotskalkulation ab?

Erweiterter Sachverhalt:
Die Spielhansel KG fertigte u.a. im vergangenen Quartal Holzbaukästen in zwei Ausführungen. Dabei enthält der Erweiterungskasten weniger, aber kompliziertere Teile als der Grundkasten.

Folgende Daten wurden ermittelt:

	Grundkasten	Erweiterungskasten
Nettoerlös je Stück	60,00 €	48,00 €
Absatzmenge	2 300 Stück	3 750 Stück
Fertigungsmaterial	31 500,00 €	26 000,00 €
Fertigungslöhne	22 500,00 €	34 000,00 €
variable Gemeinkosten	50 % von Fertigungsmaterial und -löhnen	25 % von Fertigungsmaterial und -löhnen
Produktionsdauer	72 Min./Stück	210 Min./Stück

c) Errechnen Sie den Deckungsbeitrag insgesamt und je Stück für diese Holzbaukästen.

d) Durch Wegfall eines anderen Erzeugnisses stehen im Quartal zusätzlich 300 Stunden freie Kapazität für die Herstellung dieser Holzbaukästen zur Verfügung.
- Welchen Holzbaukasten empfehlen Sie zur Produktion, wenn für beide Bedarf vorhanden ist? Rechnerische Begründung.
- Um welchen Betrag verbessert sich das Betriebsergebnis, wenn das andere weggefallene Erzeugnis einen Deckungsbeitrag von 5,00 € je Stunde lieferte?

e) Herr Spielhansel schlägt vor, auf die Vollkostenrechnung ganz zu verzichten, da die Deckungsbeitragsrechnung aussagefähigere Ergebnisse bringe.
Setzen Sie sich mit diesem Vorschlag kritisch auseinander.

5 Die Electronic-GmbH, Heilbronn, baut ausschließlich Personalcomputer vom Typ „Amigo AT“. Bei normaler Ausnutzung der Kapazität können 3 000 Stück/Monat gebaut werden. Das Unternehmen kalkuliert den Preis auf der Basis der Selbstkosten bei einer Produktion von 2 400 Stück/Monat zuzüglich eines Gewinnzuschlages von 16 2/3 %. Es liegt ein linearer Gesamtkostenverlauf vor.

Folgende Zahlen sind gegeben:

Monat	Produktion	Gesamtkosten
März	760 Stück	1 240 000,00 €
April	1 000 Stück	1 480 000,00 €

a) Berechnen Sie das Betriebsergebnis für den Monat April.

b) Bei welcher Stückzahl/Monat arbeitet der Betrieb kostendeckend?

c) Die Unternehmensleitung strebt eine Eigenkapitalrentabilität von 8 % jährlich bei einem Eigenkapital von 75 Mio. € an.
Berechnen Sie den dafür erforderlichen Beschäftigungsgrad.

Erweiterter Sachverhalt:
Nach einigen Monaten wird eine Kapazitätsauslastung von 80 % erreicht. Ein Kunde bietet einen Auftrag über 1 000 Personalcomputer an. Er ist bereit, einen Preis von 1 100,00 €/Stück zu zahlen. Er besteht auf Lieferung innerhalb eines Monats. Für die Dauer dieses Auftrages könnte die Gesamtkapazität kurzfristig auf 120 % erhöht werden. Die Mehrkosten bei einer Kapazitätsauslastung über 100 % betragen 150,00 €/Stück.

d) Entscheiden Sie über die Annahme dieses Zusatzauftrages (rechnerischer Nachweis mittels der Deckungsbeitragsrechnung).

e) Wie würde sich der Deckungsbeitrag für diesen Zusatzauftrag ändern, wenn die Unternehmensleitung mit dem Kunden für die Electronic-GmbH eine längere Lieferzeit aushandeln könnte (rechnerischer Nachweis)?

f) Die Mehrkosten bei einer Produktion über 100 % sind vor allem auf Überstundenzuschläge zurückzuführen. Warum ist bei vorübergehend erhöhter Nachfrage nur diese Anpassungsmöglichkeit sinnvoll?

g) Ab September erweitert die Electronic-GmbH ihr Produktionsprogramm und produziert je Monat zusätzlich 1 000 Stück des neu entwickelten Personalcomputers „Micro XT“. Dieser Typ wird zu folgenden Bedingungen produziert und auf den Markt abgesetzt:

variable Kosten/Stück	800,00 €
Verkaufspreis/Stück	1 100,00 €

Die Fixkosten haben sich durch die Anpassung der Fertigungsanlagen um 1,8 Mio. €/Jahr erhöht. Dabei werden vom Typ „Amigo AT“ zur Zeit 2 400 Stück/Monat hergestellt.
- Berechnen Sie mit Hilfe der Deckungsbeitragsrechnung das neue Betriebsergebnis je Monat.
- Begründen Sie rechnerisch, wie sich das Betriebsergebnis durch die Aufnahme des Modells „Micro XT“ verändert hat.

h) Im November werden 2 400 Stück „Amigo AT“ und 1 000 Stück „Mikro XT“ hergestellt. Im Engpassbereich „Endmontage“ stehen maximal 2 000 Stunden/Monat zur Verfügung. Der Typ „Amigo AT“ belastet die Endmontage mit 1 600 Stunden, der „Micro XT“ mit 400 Stunden je Monat. Die Nachfrage nach dem Modell XT steigt. Im Dezember könnten 1 400 Stück „Mikro XT“ verkauft werden.
- Stellen Sie das gewinnoptimale Produktionsprogramm für den Monat Dezember auf.
- Errechnen Sie das Betriebsergebnis, das beim optimalen Produktionsprogramm erzielt werden könnte.

3 Kostenrechnungssysteme

Strukturzusammenhang

Kostenrechnungssysteme

Vollkostenrechnung		Teilkostenrechnung (Deckungsbeitragsrechnung)
sind die **Kosten**	Ausgangspunkt	ist der **erzielbare Marktpreis**
Anbietermarkt	Marktform	Nachfragermarkt
ohne Trennung in variable und fixe Kosten	Kostenrechnung	mit Trennung in variable und fixe Kosten
werden *proportional* auf Bezugsgröße berechnet (mit Zuschlagsätzen)	Gemeinkosten	Aufteilung in Gemeinkosten und Einzelkosten unerheblich
als Instrument zur Gewinnoptimierung ungeeignet	Gewinnoptimierung	entscheidungsorientiertes Instrument zur Gewinnoptimierung; insbesondere bei Entscheidung über Zusatzaufträge und Entscheidungen in einer Engpasssituation

Zusammenfassende Aufgaben zu Kostenrechnungssystemen

1

Von der Chemie AG liegen der Quartals-BAB und weitere Angaben vor:

	Zahlen aus dem Rechnungswesen	Material	Fertigung	Verwaltung	Vertrieb
Summe der Gemeinkosten	371 130,00 €	12 000,00 €	225 000,00 €	98 280,00 €	35 850,00 €
Zuschlags-grundlage in €					
Istgemein-kostensätze		6 %	118,421 %		
Normal-gemein-kostenzu-schlagsätze		7 %	115 %	14 %	7 %
Normalge-meinkosten			218 500,00 €		43 575,00 €
Kostenüber-deckung					7 725,00 €
Kostenunter-deckung					

a) Vervollständigen Sie den Quartals-BAB.

b) Wie kann die Kostenabweichung in der Fertigungsstelle begründet werden? Geben Sie zwei mögliche Ursachen für die Kostenabweichung an.

c) Die Chemie AG könnte ihren Kunden den Artikel „X-Plus“ für netto 500,00 € verkaufen. Aus der Kalkulation liegen folgende Daten vor:

Fertigungslöhne	68,90 €
Kundenskonto	3 %
Rabatt	17 %

Normalgemeinkostenzuschlagsätze aus BAB

Wie hoch dürfen die Kosten des Fertigungsmaterials höchstens sein, wenn die Chemie AG bei „X-Plus“ einen Stückgewinn von 42,00 € erzielen will?

d) Für die Produkte Y und Z werden folgende Daten ermittelt:

	Produkt Y	Produkt Z
hergestellte Menge	1 500	2 500
Fertigungslöhne	15 000,00 €	22 500,00 €
Fertigungsmaterial	21 000,00 €	17 500,00 €
variable Gemeinkosten	18 000,00 €	20 000,00 €
Nettostückerlöse	40,00 €	32,00 €
produktbezogene Fixkosten	7 500,00 €	15 000,00 €

1. Ermitteln Sie den Deckungsbeitrag je Stück und das Betriebsergebnis für jeden Artikel.
2. Bisher standen im Fertigungsbereich 8 000 Maschinenstunden zur Verfügung. Wegen eines Brandschadens stehen in der nächsten Zeit nur noch 7 000 Maschinenstunden zur Verfügung. Produkt Y benötigt eine Maschinenstunde, Produkt Z 2,5 Maschinenstunden. Berechnen Sie das Produktionsprogramm, wenn das Betriebsergebnis optimiert werden soll.

e) Ein neuartiger Cholesterinsenker wird für Apotheken und Kliniken kalkuliert. Die Herstellkosten pro Arzneimittelpackung betragen 54,00 €. In der traditionellen Vollkostenrechnung wird mit einem Verwaltungs- und Vertriebsgemeinkostenzuschlagsatz von 15 % kalkuliert.

Berechnen Sie die Stückkosten.

2 Die Manuel Neuer GmbH fertigt hochwertige Torwarthandschuhe und Lederfußbälle. In der Kostenrechnung wird mit der traditionellen Vollkostenrechnung und der Deckungsbeitragrechnung gearbeitet.

Auszug aus dem Monats-BAB:

Summe GK	Material	Fertigung	Verwaltung	Vertrieb
229 000,00 €	23 000,00 €	119 000,00 €	52 000,00 €	35 000,00 €

a) Ermitteln Sie die Gemeinkostenzuschlagsätze.
Folgende Einzelkosten sind bekannt:

Fertigungsmaterial	350 000,00 €
Fertigungslöhne	215 000,00 €

b) Für 320 Lederfußbälle „magic fly“ liegen folgende Daten vor:

Fertigungsmaterial	8 500,00 €
Fertigungslöhne	3 900,00 €
Gewinnzuschlag	5 %
Skonto	3 %
Rabatt	20 %
Materialgemeinkostenzuschlagsatz	12 %
Fertigungsgemeinkostenzuschlagsatz	85 %
Verwaltungsgemeinkostenzuschlagsatz	10 %
Vertriebsgemeinkostenzuschlagsatz	6 %

In Südafrika möchte man den Lederfußball testen und interessiert sich für 80 Bälle.

1. Erstellen Sie die Kalkulation für den südafrikanischen Fußballbund und ermitteln Sie dabei den Listenverkaufspreis und den Gewinn in Euro je Fußball.
2. Südafrika ist allerdings nur bereit, zu einem Listenpreis von 75,00 € zu bestellen. Die Skonto- und Rabattregelung wird akzeptiert.
   Ermitteln Sie mithilfe der Vollkostenrechnung, ob die Manuel Neuer GmbH den südafrikanischen Auftrag annehmen sollte.

c) Für den Torwarthandschuh „Elfmeterkiller“ soll mit Hilfe der Deckungsbeitragsrechnung entschieden werden, ob ein zusätzlicher Auftrag in Höhe von 24 000,00 € für 400 Stück angenommen werden soll.
Folgende Daten stehen zur Verfügung:

Fertigungsmaterial	10 000,00 €	
Materialgemeinkosten	1 500,00 €	davon 25 % fix
Fertigungslöhne I	2 000,00 €	
Fertigungsgemeinkosten I	7 000,00 €	davon 70 % fix
Verwaltungsgemeinkosten	1 500,00 €	davon 100 % fixe Kosten
Vertriebsgemeinkosten	1 000,00 €	davon 100 % fixe Kosten

1. Berechnen Sie Deckungsbeitrag insgesamt und je Stück.
2. Begründen Sie, ob die Manuel Neuer GmbH den Auftrag annehmen sollte.
3. Aus Prestigegründen möchte man den Auftrag annehmen. Allerdings soll versucht werden, die Absatzmenge bis zur vollen Kostendeckung zu erhöhen. Wie groß müsste die entsprechende Auftragsmenge sein?

d) Im spanischen Zweigwerk werden Fußballschuhe produziert. Es liegen folgende Daten vor:

	Modell „Torres“	Modell „Messi“	Modell „Özil“	Modell „Gomez“
Stückpreis	59,00 €	79,00 €	70,00 €	99,00 €
variable Kosten	39,00 €	45,00 €	55,00 €	61,00 €
Verkaufmenge	1 900	1 600	3 800	2 000
Bearbeitungszeit Fertigung „Sohle und Stollen“	12 min	12 min	10 min	15 min
Bearbeitungszeit Fertigung „Lederbezug“	20 min	25 min	15 min	25 min

Für den Fertigungsbereich „Sohle und Stollen“ liegt die Maximalkapazität bei 1 400 Fertigungsstunden, für den Fertigungsbereich „Lederbezug“ sind maximal 3 100 Fertigungsstunden möglich. Die fixen Kosten betragen 95 000,00 €.

1. Bestimmen Sie das gewinnoptimale Produktionsprogramm.
2. Ermitteln Sie das Betriebsergebnis beim gewinnoptimalen Produktionsprogramm.

4 Rechtsformen der Unternehmung

4.1 Entwicklungsstufen der Rechtsformen

Strukturzusammenhang

Ein Unternehmer trägt das gesamte Unternehmensrisiko allein. →	Einzelunternehmung
Erweiterung um Mitunternehmer, die Kapital einbringen, mit im Unternehmen tätig sind und unbeschränkt haften. →	Personengesellschaft als ***OHG***
Erweiterung um beschränkt haftende Gesellschafter, die lediglich Kapital einbringen. →	Personengesellschaft als ***KG***
Gründung einer Gesellschaft, wobei keiner der Gesellschafter persönlich haftet. Die Anteile an der Gesellschaft werden nicht an der Börse gehandelt. Möglichkeit der Geschäftsführung durch Manager (Fremdgeschäftsführung). →	Kapitalgesellschaft als ***GmbH; auch UG***
Gründung einer Gesellschaft, wobei keiner der Gesellschafter persönlich haftet. Die Anteile an der Gesellschaft können in kleiner Stückelung am Markt (z.B. Börse) gehandelt werden. Üblicherweise Geschäftsführung durch Manager (Fremdgeschäftsführung). →	Kapitalgesellschaft als ***AG***

4.2 Handelsrechtliche Grundlagen der Unternehmung

Kernwissen

Kaufmann nach HGB (Kaufmannseigenschaft)

Kaufmann kraft Handelsgewerbe = Istkaufmann § 1 HGB

Merkmal: ein in kaufmänn. Weise eingerichteter Geschäftsbetrieb erforderlich

→ Eintragung in das Handelsregister deklaratorisch

Kaufmann kraft freiwilliger Eintragung = Kannkaufmann

- Kleingewerbe § 2 HGB

  Merkmal: **kein** in kaufmänn. Weise eingerichteter Geschäftsbetrieb erforderlich

- Land- und Forstwirtschaft[1] oder Nebenbetrieb § 3 HGB

  Merkmal: ein in kaufmänn. Weise eingerichteter Geschäftsbetrieb erforderlich

→ **ohne Eintragung** in das Handelsregister handelt es sich um **Nichtkaufleute**. Für diese gilt nur das BGB.

Kaufmann kraft Rechtsform = Formkaufmann § 6 HGB

- Kapitalgesellschaften (AG, GmbH, UG) → Eintragung in das Handelsregister immer konstitutiv
- Personenhandelsgesellschaften (OHG, KG) → Eintragung in das Handelsregister deklaratorisch i.d.R. Istkaufmann

Kaufmannseigenschaft

- Kaufmann nach HGB ist, wer ein Handelsgewerbe betreibt. (§ 1 HGB)
- Entscheidend ist, ob der Gewerbebetrieb einen in kaufmännischer Weise eingerichteten Geschäftsbetrieb (kaufmännische Organisation) erfordert.
- Ist die Kaufmannseigenschaft gegeben, wird für den Kaufmann neben dem Bürgerliches Gesetzbuch das Handelsgesetzbuch (HGB) (Recht der Kaufleute) angewandt.
- Das HGB unterscheidet zwischen Formkaufleuten, Istkaufleuten und Kannkaufleuten.
- Für „Kleingewerbetreibende“ (deren Gewerbe keinen in kaufmännischer Weise eingerichteten Geschäftsbetrieb erfordert) gilt grundsätzlich das BGB. Der Kleingewerbetreibende kann sich jedoch freiwillig in das Handelsregister eintragen lassen und erwirbt damit die Kaufmannseigenschaft. Nach der Eintragung ins Handelsregister gilt für ihn das HGB.

---

1 nicht prüfungsrelevant

HANDELSREGISTER

- Handelsregister ist das öffentliche Verzeichnis aller Kaufleute eines Amtsgerichtsbezirks
- in Abteilung A werden Einzelunternehmen und Personengesellschaften erfasst
- in Abteilung B werden Kapitalgesellschaften erfasst

WIRKUNG DER HANDELSREGISTEREINTRAGUNG

konstitutiv = rechts**er**zeugend	**deklaratorisch** = rechts**be**zeugend
Durch Eintragung ins Handelsregister wird ein Rechtsvorgang rechtswirksam. ***Beispiel:*** Durch Eintragung ins Handelsregister **entsteht** die AG.	Durch Eintragung ins Handelsregister wird ein bereits rechtswirksamer Vorgang bestätigt. ***Beispiel:*** Ein Istkaufmann ist bereits durch die Geschäftsaufnahme Kaufmann nach HGB. Die Eintragung ins Handelsregister **bestätigt** lediglich die Kaufmannseigenschaft.

FIRMA

- Firma ist der Name, unter dem der Kaufmann sein Geschäft betreibt („Handelsname"), unter dem er vor Gericht klagen und verklagt werden kann (§ 17 HGB)
- Firma kann eine Personenfirma, Sachfirma, Mischfirma oder Phantasiefirma sein
- **Notwendige Firmenzusätze**

bei Einzelunternehmern	z.B. eingetragener Kaufmann: „e.K.", „e.Kffr."
bei OHG	z.B. offene Handelsgesellschaft: „OHG"
bei KG	z.B. Kommanditgesellschaft: „KG"
bei GmbH	z.B. Gesellschaft mit beschränkter Haftung: „GmbH"
bei „Mini-GmbH"	z.B. Unternehmergesellschaft: „UG" (haftungsbeschränkt)
bei AG	z.B. „Aktiengesellschaft" „AG"

- **Firmengrundsätze**

Firmenausschließlichkeit	deutliche Unterscheidbarkeit von anderen Firmen muss gegeben sein (§ 18 (1) HGB)
Firmenwahrheit	keine Täuschung der Allgemeinheit (§ 18 (2) HGB)
Firmenbeständigkeit	Fortführung der Firma auch bei Inhaberwechsel (§§ 21, 22 HGB) Firmenkern darf beibehalten werden

Aufgaben

1 Welche Kaufmannseigenschaft liegt vor? Begründen Sie Ihre Meinung!

a) Klaus Vogelmann betreibt in Heilbronn das „Autohaus Klaus Vogelmann“ in der Rechtsform der Einzelunternehmung. Vogelmann beschäftigt insgesamt 14 Arbeitnehmer, davon zwei in der Verwaltung. Der Umsatz beträgt jährlich ca. 4 Mio. Euro.

b) Beate Richter ist Inhaberin eines Kosmetikgeschäfts. Sie verschönert ihre Kundinnen und verbessert ihre Kassenlage durch den Verkauf von Kosmetikprodukten. Beate Richter beschäftigt keine Mitarbeiter.

c) Aus Prestigegründen möchte sich Beate Richter in das Handelsregister eintragen lassen. Begründen Sie, ob und gegebenenfalls mit welchen Konsequenzen dies möglich wäre.

d) Nachdem Beate Richter im Handelsregister eingetragen ist, lehnt der Kosmetiklieferant „belle de jour GmbH“ ihre Schadensersatzforderung (die aufgrund eines Rechtsgeschäftes nach der HR-Eintragung entstanden ist) ab, da sie als Kaufmann (Kauffrau) die unverzügliche Prüf- und Rügepflicht gemäß § 377 HGB habe. Beate Richter beruft sich auf ihre Tätigkeit als Kleingewerbetreibende und nimmt § 477 BGB für sich in Anspruch. Prüfen Sie die Rechtslage.

2 Welche Wirkungen haben die Eintragungen folgender Kaufleute in das Handelsregister?

a) Istkaufmann

b) Kleingewerbetreibender

c) Formkaufmann (GmbH, AG, UG)

d) Personenhandelsgesellschaft (OHG, KG)

3 Prüfen und begründen Sie, ob folgende Firmierungen dem HGB entsprechen:

a) Karin Wolf möchte ihr Sonnenstudio unter der Firma „Lady Sunshine e.Kffr. Bräunungsstudio“ betreiben.

b) Alternativ zu a) denkt Karin Wolf an „Sonnenstudio Heidi Klum e.K“

c) Felix Müller betreibt als Selbstständiger ohne Mitarbeiter eine Inlinerreparaturwerkstatt. Er möchte als „Elite-Inliner e.K.“ firmieren.

d) Alternativ zu c) denkt Felix Müller an „Europäische Inlinerzentrale e.K.“

e) Müllers Freundin schlägt „Europäische Inlinerzentrale Müller e.K.“ vor.

f) Hans Meier möchte seinen Pizza-Service unter „Pizza-Meier UG (haftungsbeschränkt)“ betreiben.

4.3 Kriterien für die Wahl der Rechtsform der Unternehmung

Durch die Wahl der Rechtsform wird die juristische Struktur des Unternehmens festgelegt. Grundsätzlich ist eine Rechtsform frei wählbar. Die einmal gewählte Rechtsform kann später geändert werden.

Kernwissen

Entscheidungs-kriterium	Bedeutung	Fragen
Haftung	Haftung ist möglich als • **persönliche** Haftung ➔ direkte Inanspruchnahme • **solidarische** Haftung ➔ Haftung für Mitgesellschafter • **unbeschränkte** Haftung ➔ Haftung mit dem gesamten, auch privaten Vermögen • **keine** Haftung ➔ Haftungsbefreiung	• Wird unbeschränkt, also mit Privatvermögen gehaftet? • Ist die Haftung auf die Höhe der Kapitaleinlage beschränkt? • Wie ist die Haftung gegenüber Kunden und Lieferanten (Außenverhältnis) geregelt?
Kapitalauf-bringung	Kapitalaufbringung als Verstärkung der Kapitalbasis durch – zusätzliches EK – evtl. weiteres FK	• Gibt es ein vorgeschriebenes Mindestkapital? • Wie leicht ist der Zufluss neuen Kapitals möglich? • Welches Finanzpotenzial bietet die Rechtsform? • Kann der Kapitalmarkt zur Kapitalaufbringung beitragen?
Geschäfts-führung (Innenverhältnis)	Geschäftsführung bestimmt das Verhältnis der Gesellschafter untereinander (Innenverhältnis)	• Führen die Gesellschafter die Geschäfte? (Gesellschaftergeschäftsführung) • Führen Nichtgesellschafter die Geschäfte? (Fremdgeschäftsführung durch Manager)
Kontrolle der Geschäfts-führung	Geschäftsführung kann bei Gesellschafterversammlungen (AG Hauptversammlung) und im laufenden Geschäft kontrolliert werden	• Welche Möglichkeit hat der Gesellschafter, die Geschäftsführung zu kontrollieren? • Welche Möglichkeit hat der Gesellschafter, die Geschäftsführung zu beeinflussen?

Entscheidungs-kriterium	Bedeutung	Fragen
Vertretung (Außenverhältnis)	Rechtswirksamer Geschäftsabschluss mit Kunden und Lieferanten (Außenverhältnis)	• **Wer** darf **welche** Geschäfte rechtswirksam im Außenverhältnis abschließen? • Dürfen Geschäfte im Außenverhältnis allein rechtswirksam abgeschlossen werden?
Mitbestimmung der Arbeitnehmer	keine alleinige Entscheidung der Unternehmer; Arbeitnehmer bestimmen mit!	Mit welchem Anteil sind die Arbeitnehmer im Kontrollorgan der Gesellschaft (Aufsichtsrat) vertreten?
Publizität	• Veröffentlichung von Jahresabschluss und anderen Daten große Transparenz, auch für die • Konkurrenz zusätzlicher Aufwand; aber auch • die Möglichkeit das Unternehmen zu präsentieren	Fordert die Rechtsform, dass Jahresabschluss und andere Daten veröffentlicht werden müssen?

4.4 Einzelunternehmung und Personengesellschaft

Kernwissen

EINZELUNTERNEHMUNG

Vorteile der Einzelunternehmung	*Nachteile der Einzelunternehmung*
• schnelle Entscheidungsmöglichkeit, da keine Abstimmung	• keine Arbeitsteilung
• keine Gewinnaufteilung	• keine Risikoteilung
• keine Streitigkeiten in der Unternehmensführung	• begrenzte Eigenkapitalbeschaffungsmöglichkeiten

Bei Eintritt in eine bisherige Einzelunternehmung kann die Haftung für die bei Eintritt bestehenden Schulden ausgeschlossen werden (§ 28 HGB), durch

- Eintragung ins HR und Bekanntmachung dieser Tatsache
- Mitteilung an alle Gläubiger

OFFENE HANDELSGESELLSCHAFT (OHG)

Gesellschaftsvertrag	HGB	formfrei; notarielle Beurkundung erforderlich, wenn Grundstücke eingebracht werden *(§ 311b BGB)*
Inhalt des Gesellschaftsvertrages		• im Innenverhältnis (Geschäftsführung, Gewinnverteilung und Wettbewerbsverbot) frei gestaltbar §§ 110-122 HGB stellen für das Innenverhältnis fertig bereitliegende Regelungen dar. Diese Paragrafen gelten nur dann, wenn im Gesellschaftsvertrag nichts bzw. nichts anderes vereinbart wurde. (dispositives, d.h. nachgiebiges Recht) • im Außenverhältnis stellt das HGB zwingendes Recht dar. Soweit im Gesellschaftsvertrag etwas anderes vereinbart wurde, so gilt dies nicht im Außenverhältnis.
Firma		Rechtsformzusatz „OHG" oder ein gleich bedeutender Zusatz
Haftung der Gesellschafter	§ 105 (1) § 128 § 128	• **unbeschränkt**: auch mit Privatvermögen. • **unmittelbar (direkt)**: Gläubiger kann direkt vom Gesellschafter Geld fordern • **gesamtschuldnerisch (solidarisch)**: Jeder Gesellschafter haftet auch für die von Mitunternehmer eingegangenen Geschäftsverbindlichkeiten
Vermögen der OHG		Gesamthandsvermögen (gemeinschaftliches Vermögen) § 718 BGB
Geschäftsführung (Innenverhältnis)	 § 115 (1) § 116 (2) § 114 § 116 (2)	*betrifft das Rechtsverhältnis der Gesellschafter untereinander* *§§ 114-116 HGB* stellen **nachgiebiges Recht** dar; gelten nur, wenn im Gesellschaftsvertrag nicht etwas anderes bestimmt ist • gewöhnliche Geschäfte (Handlung) → Einzelgeschäftsführung • außergewöhnliche Geschäfte (Handlungen) → Gesamtgeschäftsführung • Ausschluss von Geschäftsführung möglich → bei außergewöhnlichen Geschäften trotzdem Zustimmung notwendig
Vertretung (Außenverhältnis)	§ 125 § 126 § 125 (2)	betrifft das Rechtsverhältnis der Gesellschafter zu Dritten (Außenstehenden) HGB stellt bei Regelung der Vertretungsmacht **zwingendes Recht** dar; der Schutz des Dritten ist vorrangig. **Einzelvertretung** bei gewöhnlichen und außergewöhnlichen Geschäften. Inhaltliche Begrenzungen der Vertretungsmacht (zum Beispiel „nur Geschäfte bis 20 000,00 €" sind gegenüber Dritten nicht wirksam). Im Gesellschaftsvertrag kann statt Einzelvertretung auch **Gesamtvertretung** oder Vertretungsausschluss vereinbart werden. Gemäß § 106 Abs. 2 Nr. 4 HGB ist die Vertretungsmacht im Handelsregister einzutragen.

Beginn der OHG	§ 123 (2)	• im Innenverhältnis laut Gesellschaftsvertrag • im Außenverhältnis spätestens mit Geschäftsaufnahme • OHG kann bereits vor der Eintragung ins Handelsregister entstehen (Eintragung hat bei OHG deklaratorische Wirkung, sofern bei Geschäftsaufnahme ein Handelsgewerbe vorliegt)
Haftung neu eintretender Gesellschafter	§ 128 § 130	Er haftet im Außenverhältnis für alle bestehenden Schulden. Im Außenverhältnis ist keine Haftungsbegrenzung möglich. Im Innenverhältnis kann die Haftung eingeschränkt oder ausgeschlossen werden.
Haftung austretender Gesellschafter	§ 160	weitere fünf Jahre für die bei seinem Austritt bestehenden Verbindlichkeiten der Gesellschaft

KOMMANDITGESELLSCHAFT (KG)

Vollhafter (Komplementär)	**Teilhafter (Kommanditist)**	
	Haftung	
siehe OHG-Gesellschafter	§ 161 (1)	• haftet nur mit seiner Einlage (Risikohaftung)
	§ 171	• unmittelbare Haftung nur in Höhe der noch nicht geleisteten Einlage
	§ 176	• falls er vor der Eintragung als Kommanditist ins Handelsregister in die KG eintritt, haftet er für diesen Zeitraum wie ein Vollhafter
	Geschäftsführung und Vertretung	
	§ 164	Ausschluss von Geschäftsführung und Vertretung; allerdings Widerspruchsrecht bei außergewöhnlichen Geschäften (Handlungen).

Aufgaben

1 Der Umsatz des Einzelunternehmers Axel Feist e.K. hat sich so vergrößert, dass es der Inhaber für zweckmäßig hält, den Betrieb zu erweitern. Sein technischer Mitarbeiter Düren könnte ein geeignetes Grundstück einbringen und einen nennenswerten Barbetrag zur Verfügung stellen. Derzeit werden 14 Mitarbeiter beschäftigt.
Feist bietet Düren an, ihn als Gesellschafter aufzunehmen. Der Gesellschaftsvertrag sieht u. a. folgende Bestimmungen vor:

§ 1 Herr Feist nimmt Herrn Düren als Gesellschafter in sein Unternehmen auf. Die dadurch entstehende OHG wird unter der bisherigen Firmenbezeichnung „Axel Feist“ weitergeführt.

§ 2 Herr Feist bringt in die OHG seinen Betrieb ein, und zwar so wie er bis zum 31. Dezember 01 geführt wurde. Der Einbringung wird die berichtigte Bilanz zum 31. Dezember 01 zugrunde gelegt. In ihr ist ein Eigenkapital von 480 000,00 € ausgewiesen. Herr Düren bringt sein Grundstück in der Jahnstraße ein. Der Wert wird mit 78 000,00 € festgelegt. Außerdem leistet er eine Bareinlage von 132 000,00 €. Er haftet nicht für die bisherigen Verbindlichkeiten der Firma „Axel Feist e.K.“.

§ 3 Die OHG beginnt am 1. Januar 02. Sie soll zunächst bis zum 31. Dezember 05 bestehen. Das Gesellschaftsverhältnis verlängert sich jeweils um ein Jahr, wenn es nicht von einem der beiden Gesellschafter mit neunmonatiger Frist gekündigt wird.

§ 4 Kündigt ein Gesellschafter, ist der andere berechtigt, das Unternehmen ohne Liquidation zu übernehmen und unter der bisherigen Firma weiterzuführen.

§ 5 Für die Gewinn- und Verlustverteilung sowie für die Verzinsung der ausstehenden Einlagen gelten die gesetzlichen Bestimmungen. Für die Privatentnahmen besteht keine Verzinsungspflicht.

a) Ist die in § 1 des Gesellschaftsvertrags vorgesehene Firmierung zulässig? Nehmen Sie dazu Stellung.

b) Begründen Sie an Hand des Gesetzes, welche Formvorschrift für diesen Gesellschaftsvertrag vorgeschrieben ist.

c) Die Eintragung im Handelregister hat hier nur deklaratorische Wirkung. Was besagt das?

d) Düren ist kaufmännisch nicht vorgebildet. Machen Sie ihm den Unterschied zwischen der Verlustbeteiligung und der unbeschränkten, persönlichen Haftung klar.

e) Was besagt „solidarische (gesamtschuldnerische) Haftung“?

f) Kann Düren die Haftung für die bei seinem Eintritt in die Gesellschaft bestehenden Verbindlichkeiten ausschließen? Nehmen Sie dazu Stellung.

g) Das eingebrachte Grundstück geht in das Gesellschaftsvermögen ein. Welche rechtlichen Konsequenzen ergeben sich daraus für Düren?

h) Warum wird in der Regel beim Ausscheiden eines Gesellschafters ein gesundes Unternehmen nicht liquidiert?

i) Warum wird in Gesellschaftsverträgen oftmals festgelegt, dass beim Tod eines OHG-Gesellschafters seine Erben Kommanditisten werden?

j) Düren, der von Buchführung nichts versteht, überlässt Feist die Aufstellung des Jahresabschlusses der OHG am Ende des ersten Geschäftsjahres. Muss auch Düren die Verantwortung für die Richtigkeit des Jahresabschlusses übernehmen? Nehmen Sie dazu Stellung.

k) Geben Sie in Stichworten an, welche Punkte im Gesellschaftsvertrag der OHG neben den in den §§ 1–5 genannten Vereinbarungen noch geregelt werden sollten.

2 Der Kaufmann Peter Adler hat vor 20 Jahren ein Unternehmen für Betriebs- und Laboreinrichtungen gegründet und dieses Unternehmen in den vergangenen Jahren stetig vergrößern und ausbauen können.
Für eine Betriebserweiterung im Jahre 02 soll die Einzelunternehmung in eine OHG umgewandelt werden. Als Gesellschafter bieten sich sein technischer Mitarbeiter Klaus Bauer und sein Sohn Wolfgang Adler an, der soeben sein Ingenieurstudium beendet hat.
Als Firma soll die bisherige Bezeichnung „Betriebs- und Laboreinrichtungen Peter Adler e.K." beibehalten werden.
Peter Adler bringt seine Unternehmung (Gebäude, sonst. Anlagevermögen, Umlaufvermögen) im Wert von 800 000,00 € ein, Bauer leistet eine Bareinlage von 100 000,00 € und Wolfgang Adler stellt seine Arbeitskraft zur Verfügung.
Die OHG beginnt laut Gesellschaftsvertrag, der am 15.12.01 abgeschlossen wurde, am 01.01.02; die Eintragung in das Handelsregister erfolgte am 10.01.02.

a) Welcher Form muss der Gesellschaftsvertrag für diese OHG genügen? Begründen Sie Ihre Antwort.

b) Prüfen und begründen Sie, ob die OHG die vorgesehene Firma übernehmen kann.

c) Der Sohn Wolfgang Adler leistet keine Einlage, sondern stellt seine Arbeitskraft zur Verfügung.
Beurteilen Sie diese Vereinbarung im Gesellschaftsvertrag:
- im Hinblick auf die Einlagepflicht des OHG-Gesellschafters;
- in bilanztechnischer Sicht;
- aus der Sicht der Mitgesellschafter;
- aus der Sicht der Gläubiger.

d) Erläutern Sie die Bedeutung der Daten 15.12.01, 01.01.02 und 10.01.02 im Hinblick auf die Entstehung der OHG.

3 Die Schober und Schwarz KG in Leinfelden-Echterdingen ist Herstellerin von Wärmepumpen. Die Verwertung eigener Patente und die Marktlage auf dem Energiesektor ermöglichten in den vergangenen Jahren der Gesellschaft eine erhebliche Geschäftsausweitung.

Die Bilanz der KG zum 31.12.01 zeigte zusammengefasst folgende Zahlen (in €):

Aktiva		Bilanz zum 31.12.01	Passiva
Ausstehende Kommanditeinlage Berner	40 000,00	Kapital Schober	280 000,00
Anlagevermögen	1 010 000,00	Kapital Schwarz	420 000,00
Umlaufvermögen	550 000,00	Kommanditkap. Berner	100 000,00
		Kommanditkap. Renner	160 000,00
		Fremdkapital	640 000,00
	1 600 000,00		1 600 000,00

02 wurde ein Umsatzvolumen von 12,3 Millionen Euro erzielt und ein Reingewinn von 339 546,00 € erwirtschaftet.

a) Erklären Sie die Geschäftsführungs- und Vertretungsbefugnisse der Komplementäre Schober und Schwarz, wenn der Gesellschaftsvertrag hierzu keine Regelungen enthält.

b) Kommanditist Berner wird vom Finanzamt aufgefordert, die für die KG fällige Umsatzsteuerschuld in Höhe von 56 720,00 € zu überweisen. Muss er zahlen? Begründung.

c) Schober und Schwarz haben in Verhandlungen mit der Commerzbank AG die Zusage für einen Investitionskredit in Höhe von 250 000,00 € erhalten. Kreditlaufzeit sechs Jahre, Festzinssatz 10 % p. a. Mit diesem Kredit und eigenen Mitteln der KG soll der Betrieb eines Elektromotorenherstellers übernommen werden.
Kommanditist Renner widerspricht:
Die Kreditkonditionen der Commerzbank seien ungünstig, und von der Eingliederung eines neuen Produkts in das Herstellungsprogramm der KG halte er nichts. Er habe seinerseits aber ein sehr günstiges Kreditangebot der Sparda Bank eG für die KG angenommen, das einen Vorzugszinssatz von 5 % p. a. gewähre.
Beurteilen Sie die Handlungsweise des Kommanditisten Renner
- im Hinblick auf den Kreditantrag bei der Commerzbank;
- im Hinblick auf die Übernahme des Betriebes des Elektromotorenherstellers;
- im Hinblick auf den Kreditvertrag mit der Sparda Bank eG.

4 Peter Laun ist Alleininhaber einer Schmuckwarenfabrik. Durch vermehrte Geschäftskontakte mit verschiedenen Versandhäusern und den Bezug von Schmuckwaren aus Fernost hat er die Grenzen seiner persönlichen Belastbarkeit erreicht.

Er nimmt seinen Sohn Andreas und seine Schwägerin Käthe Laun, die bisher als Angestellte in dem Unternehmen tätig waren, als gleichberechtigte Gesellschafter auf, weil nachhaltig mit der Erweiterung des Geschäftsbetriebs gerechnet werden kann.

Handelsregisterauszug:

	Amtsgericht				HR.....224
Nr. der Ein-tra-gung	**a) Firma b) Ort der Nieder-lassung c) Gegenstand des Unter-nehmens**	**Geschäfts-inhaber Persönlich haftender Gesellschafter Abwickler**	**Prokura**	**Rechtsverhältnisse**	**a) Tag der Ein-tragung und Unterschrift b) Bemerk-ungen**
1	a) **Peter Laun** e.K. b) **Pforzheim** c) **Schmuck-warenfabrik**	**Peter Laun Kaufmann Pforzheim**	——	——	a) Eingetragen am 30. Juni 2004 .... b) ———
2	a) Peter Laun b) Pforzheim c) Schmuck-warenfabrik	Peter Laun Kaufmann, Pforzheim Andreas Laun Kaufmann, Pforzheim Käthe Laun Kauffrau, Pforzheim	——	Die Firma wird fortgeführt; als Peter Laun OHG. Die Gesellschaft hat am 15.12.2014 begonnen. Peter Laun ist stets allein-vertretungsberechtigt. Andreas Laun vertritt mit einem Gesellschafter. Käthe Laun ist von der Vertretung ausgeschlossen.	a) Eingetragen am 18. Febr. 2015 .... b) ———

a) Zu welchem Zeitpunkt ist die OHG entstanden?
Begründen Sie Ihre Antwort!

b) In welche Abteilung des Handelsregisters ist das Unternehmen einzutragen, und welche Wirkung hat die Eintragung?

c) Beurteilen Sie die Zulässigkeit der Firmierung.

d) Geben Sie an, wer laut Handelsregisterauszug kraft Gesetzes und wer kraft Rechtsgeschäft dieses Unternehmen vertreten kann.

e) Nennen Sie drei Vorteile, die Peter Laun durch die Aufnahme neuer Gesellschafter hat.

f) Am 03.02.2015 schließt Käthe Laun einen Kaufvertrag über Schmucketuis im Werte von 20 000,00 €. Peter Laun möchte den Vertrag nicht erfüllen.
Ist die OHG an den Vertrag gebunden? Begründung.

g) Am 22.03.2015 verlangt ein Gläubiger von Andreas Laun die Zahlung von 50 000,00 € aus einer Lieferung vom 11.10.2014. Kann er die Zahlung verweigern? Begründung.

h) Da die Kunden überraschend pünktlich zahlen, hat die Gesellschaft für ca. drei Wochen freie Liquidität in Höhe von 180 000,00 €.

Andreas Laun möchte den Gesamtbetrag spekulativ in Wertpapiertermingeschäften anlegen. Käthe Laun widerspricht.
Beurteilen Sie die Rechtslage.

i) Wäre es Peter Laun möglich gewesen, mit seinen Mitgesellschaftern, eine Gesellschaftskonstruktion zu finden, die folgenden Bedingungen entspricht:
- Rechtsform der Personengesellschaft,
- die Haftung aller Gesellschafter soll auf die Einlage beschränkt bleiben,
- die Geschäftsführung und Vertretung soll letztlich von Peter und Andreas Laun ausgeübt werden,
- das Kapital soll durch das Betriebsvermögen des Peter Laun und durch weitere Geldeinlagen von Andreas und Käthe Laun aufgebracht werden,
- der Name von Peter Laun soll in der Firma enthalten sein.

Schildern Sie die Entstehung einer solchen Unternehmensform.

5 Fritz Haas, Alleininhaber eines Unternehmens für Wasser- und Sanitärinstallation, hat zwei Typen von Wasserenthärtungsanlagen entwickelt: Typ WE 10 S und Typ WE 10 P. Die Marktkonzeption sieht in der ersten Stufe Eigentümer von Einfamilienhäusern als Zielgruppe. Bei erfolgreicher Markteinführung ist die Herstellung von größeren und leistungsstärkeren Anlagen für mittlere und große Wohneinheiten, eventuell auch für den industriellen Bedarf geplant. Das erforderliche Kapital wird wie folgt beschafft:
- Gründung einer KG, in die Fritz Haas sein Unternehmen einbringt.
- Sein Bruder Klaus wird teilhaftender Gesellschafter.

Beide einigen sich auf den (nächste Seite!) beigefügten Vertragsentwurf.

a) Erläutern Sie, in welcher Form der Gesellschaftsvertrag abzuschließen ist.

b) Prüfen Sie die Regelung des § 2 Ziff. 3 des Vertragsentwurfs auf ihre rechtliche Wirksamkeit. Machen Sie gegebenenfalls einen Vorschlag, wie der Teilhafter mit Vertretungsbefugnissen ausgestattet werden kann.

c) Der Vertragsabschluss erfolgt am 01.12.01. Die Handelsregistereintragung wird am 15.12.01 vorgenommen. Fritz Haas beginnt das Geschäftsjahr 01 mit folgenden Geschäftsaktivitäten:
  - Kauf von zwei Maschinen im Gesamtwert von 2,0 Mio. €
  - Kauf von Fertigungsmaterial im Wert von 0,04 Mio. €

  Erörtern Sie:
  - ob diese Aktivitäten im Rahmen der Geschäftsführungsbefugnis des Vollhafters Fritz Haas liegen;
  - welche Auswirkung ein berechtigter nachträglicher Widerspruch des Teilhafters Klaus Haas hätte.

d) Komplementär Fritz Haas verweigert Teilhafter Klaus Haas jeglichen Einblick in die Geschäftsentwicklung.
Erörtern Sie, welche rechtlichen Möglichkeiten Klaus Haas hat.

VERTRAGSENTWURF (Auszug)

§ 1 Allgemeines

1. Fritz Haas wird Vollhafter der Gesellschaft.
2. Klaus Haas wird Teilhafter.
3. Die Unternehmung firmiert unter dem Namen Fritz Haas KG
4. Der Sitz des Unternehmens ist Lörrach.
5. Gegenstand des Unternehmens ist die Herstellung und Installation von Wasser- und Sanitärtechnik.
6. Beginn des Geschäftsbetriebs: 02.01.02

§ 2 Pflichten der Gesellschafter

1. Der Vollhafter bringt sein Einzelunternehmen ein.
   Vermögen:

– Produktionsgebäude und Grundstück	3,9 Mio. €
– Maschinen	2,1 Mio. €
– Betriebs- und Geschäftsausstattung	0,1 Mio. €
– Vorräte	0,2 Mio. €
– Forderungen und Barmittel	0,54 Mio. €

   Schulden:

– Darlehen	1,65 Mio. €
– Verbindlichkeiten aus L u. L	0,35 Mio. €

2. Der Teilhafter verpflichtet sich zu einer Beteiligung in Höhe von 1,5 Mio. €, davon werden 80 % sofort, der Rest in zwei Jahresraten fällig; eventuelle Gewinnanteile werden angerechnet.
3. Der Teilhafter ist bei Verträgen, die den Wert von 20 000,00 € nicht übersteigen, zur Vertretung berechtigt.
4. Alle übrigen Pflichten der Gesellschafter regeln sich nach den gesetzlichen Bestimmungen.

§ 3 Rechte der Gesellschafter

1. Gewinnverteilung

1.1 Der Vollhafter erhält im Voraus eine Tätigkeitsvergütung in Höhe von 120 000,00 €, die er in Monatsraten entnimmt.

1.2 Jeder Gesellschafter erhält nach den gesetzlichen Bestimmungen eine Kapitalverzinsung. Ausstehende Kapitaleinlagen werden in gleicher Höhe verzinst.

1.3 Der verbleibende Restgewinn wird im Verhältnis 4:1 aufgeteilt.

2. Privatentnahmen
   Der Vollhafter ist zu Privatentnahmen in Höhe der Tätigkeitsvergütung/Jahr berechtigt.

– – – – – – – – –

6 Ingenieur Thomas Adorf betreibt als Einzelunternehmer die industrielle Herstellung und den Vertrieb von Geschenkartikeln. Das Unternehmen firmiert unter **Geschenkartikel Thomas Adorf e.K.** und ist in das Handelsregister eingetragen. Der Abschluss eines langfristigen Liefervertrags mit einer Kaufhauskette erfordert eine umfangreiche Betriebserweiterung. Zur Bewältigung der zusätzlichen finanziellen Belastung und der Mehrarbeit nimmt Thomas Adorf den Diplomkaufmann Ralf Bissinger und die Designerin Heide Crux als Gesellschafter auf. Am 21.11.01 wird der Gesellschaftsvertrag abgeschlossen (siehe Auszug). Die Eintragung in das Handelsregister erfolgt am 27.12.01.

a) Begründen Sie, ob der Gesellschaftsvertrag einer Formvorschrift unterliegt.

b) Erläutern Sie, ob die festgelegte Firmierung für die gewählte Gesellschaftsform zulässig ist.

c) Ralf Bissinger schließt am 03.03.02 mit der Westermann GmbH einen Kaufvertrag über Osterartikel im Werte von 72 500,00 € ab. Als Adorf von der Lieferung erfährt, verweigert er die Bezahlung der Rechnung, da die Ware so kurz vor Ostern nicht mehr absetzbar sei. Außerdem sei Bissinger nicht zum Abschluss der Kaufvertrags befugt gewesen. Die Westermann GmbH solle daher die Bezahlung direkt von Bissinger einfordern.
Erläutern Sie die Rechtslage.

d) Heide Crux möchte im Mai 02 für ihre Sammlung ein Gemälde für 30 000,00 € erwerben. Sie beabsichtigt, den Betrag aus dem Gesellschaftsvermögen zu entnehmen.
Beurteilen Sie die Rechtslage.

e) Nach wiederholten Meinungsverschiedenheiten zwischen den Gesellschaftern beschließt Adorf im Juni 02 aus der Gesellschaft auszuscheiden.
- Prüfen Sie, zu welchem Zeitpunkt Adorf frühestens aus der OHG ausscheiden kann.
- Erläutern Sie, welche Auswirkungen sich dadurch auf die Haftung von Adorf ergeben.

Auszug aus dem Gesellschaftsvertrag

§1 Gegenstand des Unternehmens ist die Herstellung und der Vertrieb von Geschenkartikeln.

§2 Sitz der Gesellschaft .....

§3 Gesellschafter: Thomas Adorf, wohnhaft .....
Ralf Bissinger, wohnhaft .....
Heide Crux, wohnhaft .....

§4 Die Gesellschaft wird unter der Firma **Geschenkartikel Thomas Adorf** fortgeführt.

§5 Die Gesellschaft beginnt am 01.01.02.

§6 Die Einlagen der Gesellschafter werden wie folgt festgelegt:
1. Thomas Adorf bringt sein Einzelunternehmen ein. Der Wert der Vermögensgegenstände wird auf 3 Mio. € festgesetzt, die Gesellschaft übernimmt ein grundpfandrechtlich gesichertes Bankdarlehen in Höhe von 1,5 Mio. €.
2. Ralf Bissinger beteiligt sich mit einer Bareinlage in Höhe von 2 Mio. €.

3. Heide Crux beteiligt sich mit einer Einlage in Höhe von insgesamt 0,5 Mio. €. Sie bringt ein Grundstück ein, das mit 0,3 Mio. € bewertet wird. Der Restbetrag ist als Bareinlage zu leisten.
Sämtliche Einlagen sind zum 31.12.01 zu erbringen.

§7 Alle Gesellschafter haften unbeschränkt für die Verbindlichkeiten der Gesellschaft.

§8 Die Aufnahme von Darlehen sowie Anschaffungen, deren Wert im Einzelfall 50 000,00 € überschreiten, erfordern einen gemeinsamen Beschluss aller Gesellschafter.

– – – – – – – – –

7 Ingenieur Otmar Bohr stellt in kleinen Serien Heimwerkermaschinen her. Da er seinen Marktanteil ständig ausweiten konnte, beabsichtigt er, sein Unternehmen zu erweitern. Er will das Einzelunternehmen in eine OHG umwandeln. Er bringt alle Aktiva, darunter auch Grundstücke, und alle Passiva in die neue Gesellschaft ein.
Fritz Knebel, der künftig in der kaufmännischen Leitung mitwirkt, beteiligt sich mit einer Bareinlage in Höhe von 800 000,00 €. Es wird vereinbart, dass Fritz Knebel für die bisherigen Verbindlichkeiten des Einzelunternehmens nicht haftet. Kaufverträge, die den Betrag von 20 000,00 € übersteigen, bedürfen der Zustimmung der beiden Gesellschafter. Ansonsten gelten die gesetzlichen Regelungen.

a) Begründen Sie, welcher Form der Gesellschaftsvertrag bedarf.

b) Untersuchen Sie, ob die bisherige Firma „Heimwerkermaschinen Otmar Bohr e.K." fortgeführt werden kann.

c) Am 03.02.02 wird der Gesellschaftsvertrag unterzeichnet und die Geschäfte werden aufgenommen. Die Eintragung ins Handelregister erfolgt am 10.03.02. Am 18.02.02 kauft Fritz Knebel eine Maschine im Wert von 150 000,00 €. Der Lieferer verlangt von Otmar Bohr die Bezahlung der Rechnung.
Beurteilen Sie die Rechtslage.

d) Für den Bau eines Einfamilienhauses will Otmar Bohr sein von ihm eingebrachtes unbebautes Grundstück zum Verkehrswert aus dem Vermögen der OHG entnehmen.
Prüfen Sie, ob er gegen den Willen seines Mitgesellschafters das Grundstück zurückerhalten kann.

e) Verschiedene Gläubiger verlangen von Knebel Bezahlung von fälligen Verbindlichkeiten, und zwar:
- 45 000,00 € am 08.02.02 und
- 14 000,00 € am 20.04.02.

Knebel weigert sich zu zahlen, da beide Verbindlichkeiten bereits 01 entstanden sind.
Beurteilen Sie die Rechtslage.

4.5 GmbH und GmbH & Co. KG

4.5.1 GmbH

Kernwissen

GmbH		
Bedeutung	GmbHG	Haftung der Gesellschaft wird auf Unternehmensvermögen beschränkt; Gesellschafter haften nicht mit Privatvermögen. Gesellschafter können Manager mit der Geschäftsführung beauftragen. GmbH kann auch bei Gesellschafterwechsel relativ problemlos weitergeführt werden.
Gesellschaftsvertrag	§ 2	bedarf der notariellen Beurkundung
Firma	§ 4	Zusatz „Gesellschaft mit beschränkter Haftung“ oder eine allgemein verständliche Abkürzung dieser Bezeichnung
Stammkapital (≙ Grundkapital der AG)	§ 5 § 7 (2)	mindestens 25 000,00 €, Mindesteinbringung 12 500,00 €, mindestens jedoch 25 % des Stammkapitals
Nennbetrag des Geschäftsanteils (≙ Nennwert der Aktie bei der AG)	§ 5, § 7	Anteil eines Gesellschafters am Stammkapital; Mindesteinzahlung: 25 % des Nennbetrags eines jeden Geschäftsanteils
Marktwert des Geschäftsanteils (≙ Kurswert der Aktie bei der AG)	§ 14	Anteil am Reinvermögen der GmbH. Stellt den Marktwert der GmbH-Beteiligung dar. Kann veräußert werden.
Abstimmung in Gesellschafterversammlung	§ 47 (2) § 53 § 47 (1)	• je 1,00 € Nennbetrag eines Geschäftsanteils gewährt eine Stimme. • erforderliche Stimmenmehrheit bei Satzungsänderungen: 75 % der abgegebenen Stimmen. • erforderliche Mehrheit bei Angelegenheiten der Gesellschaft: Mehrheit der abgegebenen Stimmen

Bildung des Aufsichtsrates		Bei mehr als 500 Arbeitnehmer vorgeschrieben. (Vgl. §§ 1, 4 DrittelbG, §§ 1, 7 MitbG)
Geschäftsführung	§ 35 (2)	Grundsätzlich Gesamtgeschäftsführungsbefugnis der Geschäftsführer der GmbH. Im Gegensatz zur OHG und KG sind die Gesellschafter nicht automatisch auch Geschäftsführer. Gesellschafter sind zur Geschäftsführung nur berechtigt, wenn sie als Geschäftsführer bestellt wurden (Gesellschaftergeschäftsführung). Häufig werden jedoch Manager als Geschäftsführer eingestellt (Fremdgeschäftsführung).
Vertretung	§ 35 (2) § 36	Grundsätzlich Gesamtvertretungsbefugnis der Geschäftsführer der GmbH. Die Satzung kann etwas anderes bestimmen. Gesellschafter sind nur zur Vertretung berechtigt, wenn sie als Geschäftsführer bestellt wurden.

4.5.2 Die GmbH und Co. KG

Die GmbH & Co. KG ist eine Kommanditgesellschaft, deren Vollhafter eine GmbH ist. Vor Gründung einer GmbH & Co. KG muss eine GmbH existieren, die als Vollhafter in die neu zu gründende KG, die „GmbH & Co. KG" eintritt.

Kernwissen

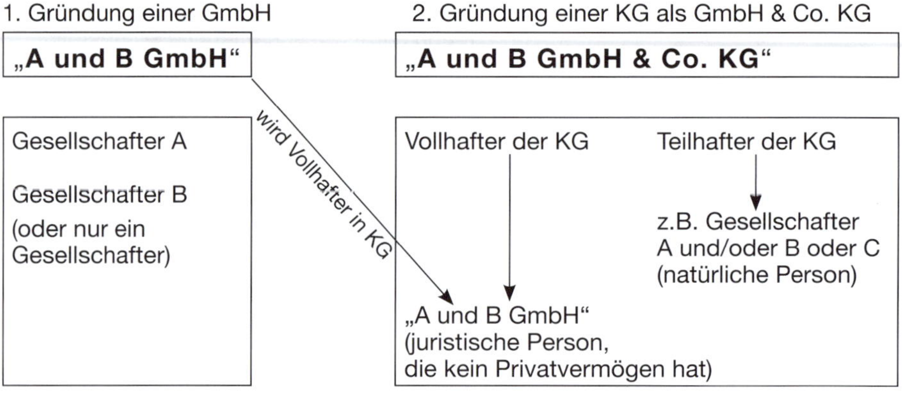

VORTEILE DER GmbH & CO. KG GEGENÜBER DER GmbH

- erleichterte Gesellschafteraufnahme in der KG gegenüber einer GmbH, da kein notarieller Vertrag benötigt wird (flexiblere Gestaltung des Gesellschaftsvertrags)
- positive Außenwirkung als Personengesellschaft
- Drittelbeteiligungsgesetz gilt nicht für KG
- Befreiung von den Publizitätspflichten, sofern mindestens eine natürliche Person vollhaftender Gesellschafter ist

NACHTEILE DER GmbH & CO. KG GEGENÜBER DER GmbH

- Buchführung muss für zwei Gesellschaften (GmbH und KG) erstellt werden
- Abschlüsse müssen für zwei Gesellschaften (GmbH und KG) erstellt werden

Aufgaben

1 Viele mittelständische Unternehmen wählen die Rechtsform einer GmbH oder einer GmbH und Co. KG.

a) Erklären Sie den rechtlichen Aufbau einer GmbH.

b) Erklären Sie den rechtlichen Aufbau einer GmbH und Co. KG.

c) Erläutern Sie zwei mögliche Vorteile der GmbH und Co. KG gegenüber der GmbH.

2 Erwin Weiß ist Komplementär der Erwin Weiß KG, die unter anderem Elektromotoren herstellt. Karin Zenn und Klaus Burgen sind Kommanditisten. Die KG wird zum 01.01.02 in eine GmbH umgewandelt. Die Gesellschafter der KG werden Gesellschafter der GmbH.
Zu Geschäftsführern der GmbH werden Erwin Weiß und der Ingenieur Werner Zink bestellt, die Einzelvertretungsbefugnis haben. Im Gesellschaftsvertrag wird die Vertreterbefugnis auf 100 000 € beschränkt.
Das Unternehmen erzielte 01 einen Umsatz von 20 Mio. €.
Im laufenden Jahr soll die Mitarbeiterzahl weiter reduziert werden.

a) Nennen Sie zwei Gründe, die für die Umwandlung einer KG in eine GmbH sprechen.

b) Beurteilen Sie die einzelnen Teile folgender Firmierungsvorschläge:
- Maschinenfabrik Weiß & Zenn GmbH
- Erwin Weiß KG

c) Die Kapitalanteile der bisherigen Gesellschafter der Erwin Weiß KG werden in voller Höhe in die GmbH eingebracht:
Weiß 750 000€, Zenn 250 000 €, Burger 500 000 €.
Ein bestehender Bankkredit in Höhe von 600 000 € wird übernommen.
Der restliche Kapitalbedarf von 1,2 Mio. € wird von den drei Gesellschaftern im Verhältnis ihrer bisherigen Kapitalanteile aufgebracht.
Weiß und Zenn leisten davon 50 % in bar. Burger erbringt seine restliche Einlage in Form eines Grundstücks. Das Anlagevermögen der KG betrug 1,6 Mio. €, das Umlaufvermögen 0,5 Mio. €.
- Überprüfen Sie, ob zum Zeitpunkt der Umwandlung die kapitalmäßigen Voraussetzungen zur Eintragung der GmbH in das Handelsregister gegeben waren.

d) Geschäftsführer Zink kauft im Januar 02 einen Schweißroboter für 650 000 €. Beurteilen Sie die Rechtslage.

3 Die Brüder Karl und Fritz Benz sowie Erich Kühn wollen eine GmbH gründen, um Kleincomputer herzustellen. Die Gesellschaft soll am 01.03. d.J. ins Handelsregister eingetragen werden.

a) Nennen Sie vier Gründe, die für die Wahl der Rechtsform der GmbH sprechen.

b) Ein Gründer schlägt vor, die Unternehmung „Datex-Kühn" zu nennen.
Nehmen Sie zu diesem Vorschlag Stellung.

c) Fritz Benz nimmt am 10.02. d. J. eine günstige Gelegenheit wahr und kauft für die GmbH Material im Werte von 20 000,00 €. Begründen Sie, ob Kühn, an den die Rechnung des Lieferers geschickt wurde, die Zahlung verweigern kann.

d) Im Handelsregister sind alle drei Gründer als Geschäftsführer eingetragen. Die Satzung enthält keine besonderen Vereinbarungen über die Vertretungsbefugnisse. Karl Benz mietet Geschäftsräume ohne Rücksprache mit den anderen Gesellschaftern. Begründen Sie, ob der Mietvertrag für die GmbH gültig ist.

e) Während des ersten Geschäftsjahres soll eine größere Investition vorgenommen werden. Kühn schlägt vor, die dazu notwendigen Mittel durch Erhöhung der Geschäftsanteile zu beschaffen.
Erörtern Sie zwei weitere Möglichkeiten der Finanzierung, ohne Fremdkapitalgeber in Anspruch zu nehmen.

f) Zum Ende des ersten Geschäftsjahres ergibt sich ein Verlust von 30 000,00 €.
Wie ist dieser Verlust bilanztechnisch zu behandeln?

g) Durch welche gesetzlichen Bestimmungen und in welcher Form kann die Belegschaft einer GmbH an der betrieblichen Willensbildung beteiligt werden?

4.6 Die Aktiengesellschaft (AG)

4.6.1 Merkmale der AG

Kernwissen

Bedeutung	AktG	• Haftung der Gesellschaft auf Unternehmensvermögen beschränkt • durch breit gestreute Aktienausgabe enormes Eigenfinanzierungspotential • Geschäftsführung durch Manager (Fremdgeschäftsführung) • AG kann bei Aktionärswechsel problemlos weitergeführt werden.
Gesellschaftsvertrag (Satzung)	§ 23	Notarielle Beurkundung notwendig
Firma	§ 4	Zusatz „Aktiengesellschaft“ oder eine allgemein verständliche Abkürzung dieser Bezeichnung
Gezeichnetes Kapital	§ 7 § 8 (2) § 36a (1) § 36a (2)	• entspricht der Summe aller ausgegebenen Aktiennennwerte • mindestens 50 000,00 € • mindestens 1,00 € (fiktiver) Nennwert je Aktie Mindesteinzahlung 25 % der Nennwerte + Agio • in voller Höhe Sacheinlagen sind vollständig zu leisten

GRÜNDUNGSPHASEN DER AG

Errichtung der AG	§ 28, 29 § 30 (1) § 30 (4) § 36 (1)	Satzung wird notariell beurkundet Aktien werden von Gründern übernommen Mindesteinzahlung wird geleistet Bestellung des ersten Aufsichtrats und des Abschlussprüfers durch die Gründer Bestellung des ersten Vorstands durch den Aufsichtsrat Anmeldung der AG zum Handelsregister (Gesellschafter haften vor Eintragung ins Handelsregister unbeschränkt)
Entstehung der AG	§ 41 (1)	Mit Eintragung der Gesellschaft in das Handelsregister; Eintragung wirkt konstitutiv. Ab der Eintragung in das Handelsregister gilt für die AG die beschränkte Haftung.

ORGANE DER AG

Hauptversammlung (Versammlung der Aktionäre) —wählt Aktionärvertreter→ **Aufsichtsrat** —bestellt überwacht→ **Vorstand**

HV	AR	V
beschließendes Organ	kontrollierendes Organ	ausführendes Organ
Aufgaben	**Aufgaben**	**Aufgaben**
• wählt Aktionsvertreter in den AR • beschließt oder verweigert Entlastung von V und AR • entscheidet über Bilanzgewinnverwendung • wählt den Jahresabschlussprüfer • beschließt Satzungsänderungen	• bestellt und überwacht den Vorstand • kann Vorstand abberufen • prüft Jahresabschluss und Lagebericht • entscheidet über Einberufung einer außerordentlichen Hauptversammlung	• Geschäftsführung und Vertretung der AG • Ausführung der HV-Beschlüsse • Erstellung Jahresabschluss und Lagebericht • Einberufung der ordentlichen HV • Vorschlag über Gewinnverwendung

Abstimmung auf HV	Aktiengesetz verbietet	Aktiengesetz regelt
• grundsätzliche einfache Mehrheit des Anwesenden Aktienkapitals • bei Satzungsänderungen mind. 75 % des anwesenden Aktienkapitals (qualifizierte Mehrheit) • Sperrminorität: Aktionär verfügt über 25 % der Anteile + 1 Stimme, damit kann er satzungsändernde Beschlüsse verhindern	• mehr als 10 AR-Sitze pro Person • Vorstand eines abhängigen Unternehmens darf nicht AR-Mitglied der Muttergesellschaft sein • Überkreuzverflechtung (§ 100 AktG)	• Gesamtgeschäftsführung- und Gesamtvertretungsbefugnis des Vorstands • in der Satzung kann aber auch Einzelgeschäftsführung und/oder Einzelvertretung vorgesehen sein • bedarf der Eintragung in das Handelsregister (§ 76 AktG)

Aufgaben

1 Beim führenden Systemanbieter für Sicherheitstechnik, der S-Tech Fritz Stahl KG, Tübingen, laufen die Vorbereitungen für die Umwandlung in eine AG und den Börsengang. Ein Bankenkonsortium wird die Börseneinführung übernehmen.
Die Komplementäre Franz und Fritz Stahl, die jeweils einen Kapitalanteil von 15 Mio. € halten sowie die Kommanditistin Frieda Fluß, deren Einlage 5 Mio. € beträgt, übernehmen in Höhe der bisherigen Kapitalanteile Aktien zum Nennwert von 50,00 €.
Das Familienunternehmen will zusätzlich 35 Mio. € Grundkapital durch Aktienausgabe schaffen.
S-Tech beschäftigt derzeit weltweit 1 000 Mitarbeiter, davon 770 in Deutschland.

a) Nennen Sie drei Gründe für die geplante Umwandlung in die Rechtsform einer AG.

b) Erläutern Sie den Unterschied zwischen einer Personengesellschaft und einer Aktiengesellschaft hinsichtlich
- Firmierung,
- Geschäftsführung und Vertretung,
- Mitbestimmung der Arbeitnehmer.

c) Frieda Fluß ist gegen den Wechsel der Rechtsform der KG in eine AG. Beurteilen Sie, ob sie die bevorstehende Umwandlung verhindern könnte.

d) Laut Gesellschaftsvertrag soll die neue AG zum 01.01.01 ihre Geschäfte aufnehmen, die KG mit Ablauf des 31.12.00 erlöschen. Die neue AG wird am 15.01.01 ins Handelsregister eingetragen. Die bisherigen Geschäftsführer der KG, Franz und Fritz Stahl, werden zu Vorstandsmitgliedern bestellt, wobei sich ihre Befugnisse auch in Zukunft nach dem Gesetz bestimmen.
Franz Stahl kaufte im Hinblick auf eine bevorstehende Preiserhöhung am 15.12.00 eine Maschine im Wert von 50 000,00 € im Namen der noch bestehenden KG.
Beurteilen Sie die Rechtslage in den folgenden Fällen:

1 Fritz Stahl ist gegen diesen Kauf.

2 Angenommen, Franz Stahl hätte die Maschine am 10.01.01 im Namen der neu gegründeten AG gekauft.

3 Unterstellen Sie, Franz Stahl hätte die Maschine am 30.01.01 gekauft, obwohl Fritz Stahl dagegen war.

4.6.2 Mitbestimmung im Aufsichtsrat der AG

Kernwissen

Die folgende Übersicht stellt die Mitbestimmung der **Arbeitnehmer im Aufsichtsrat,** also bei der Kontrolle des Vorstands, dar.
(Die – hier nicht dargestellte – innerbetriebliche Mitbestimmung der Arbeitnehmer wird im BetrVG für alle Rechtsformen geregelt. Das innerbetriebliche Mitbestimmungsorgan ist der Betriebsrat.)

Art der AG	Rechtsgrundlage	Vorschriften für Aufsichtsrat
AG mit weniger als 500 Arbeitnehmer	§ 1 (1) DrittelbG	AR setzt sich ausschließlich aus Vertretern der Aktionäre zusammen. Die Belegschaft kann keine Mitglieder in den AR entsenden.
AG mit 500–2 000 Arbeitnehmer	§§ 1, 4 DrittelbG; §§ 95ff AktG	AR besteht aus mindestens drei Personen oder einer höheren durch drei teilbaren Zahl. Die HV wählt 2/3, die Belegschaft 1/3 der AR-Mitglieder; wird deshalb auch als „Drittelparität" bezeichnet.
AG mit mehr als 2 000 Arbeitnehmer	§ 1 (1) MitbestG	AR hat zwölf bis 20 Mitglieder. Die Hälfte des AR wird von der HV gewählt; die andere Hälfte von der Belegschaft der AG („Paritätische Mitbestimmung"). Bei Stimmengleichheit (Pattsituation) entscheidet der AR-Vorsitzende durch eine für solche Situationen vorgesehene Zweitstimme.

[1] Für Kapitalgesellschaften der Montanindustrie gilt das Mitbestimmungsgesetz von 1951 (nicht prüfungsrelevant).

Aufgaben

1 Begründen Sie mit dem Aktiengesetz, welches Organ der AG jeweils zuständig ist.

a) Vertretung der AG

b) Einberufung der außerordentlichen Hauptversammlung

c) Wahl des Abschlussprüfers

d) Überwachung des Vorstands

e) Wahl der Arbeitnehmervertreter in den Aufsichtsrat

f) Bestellung des Vorstands

g) Einberufung der ordentlichen Hauptversammlung

h) Beschluss einer Satzungsänderung

i) Entlastung Vorstand

j) Erstellung Jahresabschluss

k) Entlastung Aufsichtsrat

l) Entscheidung über Bilanzgewinnverwendung

m) Prüfung des Jahresabschlusses

2 Die Knallinger AG, Baden-Baden, beschäftigt 840 Arbeitnehmer, das Grundkapital beträgt 800 000,00 €.

a) Nach welchem Gesetz ist bei der Knallinger AG der AR zu bilden?

b) Wie viele AR-Mitglieder sind bei der Knallinger AG zu wählen?

c) Wer wählt wie viel Aufsichtsräte bei der Knallinger AG?

d) Wie wird die bei der Knallinger AG zu praktizierende Mitbestimmung bezeichnet?

3 Die Network AG, Erfurt, beschäftigt 2 140 Mitarbeiter.

a) Nach welchem Gesetz ist bei der Network AG der AR zu bilden?

b) Wie viele AR-Mitglieder sind bei der Network AG zu wählen?

c) Wer wählt wie viel Aufsichtsräte bei der Network AG?

d) Wie wird die bei der Network AG zu praktizierende Mitbestimmung bezeichnet?

4 Das gezeichnete Kapital der Müller AG beträgt 500 000,00 €. Der fiktive Nennwert der Stückaktien ist 2,00 €. Der Aktionär Marco Krüger besitzt 54 000 Aktien der Müller AG. Begründen Sie, ob Marco Krüger in der Hauptversammlung bei einer Präsenz von 85 % des gezeichneten Kapitals

a) die Entlastung von Vorstand und Aufsichtsrat sowie

b) eine Satzungsänderung verhindern kann.

4.7 Aktienarten und Aktienrechte

Strukturzusammenhang

Die Aktie als ...	
Beteiligungsinstrument (aus Sicht der sich beteiligenden Aktionäre) ↓	**Finanzierungsinstrument** (aus Sicht der finanzierenden AG) ↓
Aktionär erwirbt durch Aktie Anteilsrecht an der AG mit • Dividendenrecht • Bezugsrecht • Anteil am Liquidationserlös • Stimmrecht auf HV	• AG spricht mit Aktien eine große Zahl von Geldanlegern an • AG spricht durch Stückelung in Kleinbeträge eine große Zahl von kleinen Geldanlegern an (Publikumsaktien) • das Aktienkapital kann seitens der Aktionäre nicht gekündigt werden

Kernwissen

Aktien nach Umfang der verbrieften Rechte

Stammaktie: verbrieft Dividenden-, Bezugs- Stimmrecht und Anteil am Liquidationserlös

Vorzugsaktie: mit besonderen Rechten versehene Aktie. Besonderes Recht ist meistens eine Mindestdividende oder höhere Dividende als bei Stammaktien. Dieser Vorzug wird oft mit dem Verzicht auf das Stimmrecht (stimmrechtlose Vorzugsaktie) erkauft

Aktien nach der Eigentumsübertragung

Inhaberaktie: Eigentumsübertragung durch Einigung und Übergabe

Namensaktie: Eigentumsübertragung durch Einigung und Übergabe + Weitergabeindossament + Eintragung im Aktienbuch der AG

Vinkulierte Namensaktie: Eigentumsübertragung durch Einigung und Übergabe + Weiter gabeindossament + Zustimmung der AG + Eintragung im Aktienbuch der AG

Aktien nach Anteilsbestimmung am Grundkapital

Nennbetragsaktie: Nennwert (Anteil am Grundkapital) wird auf der Aktie genannt. Die Summe der ausgegebenen Aktiennennwerte ergibt das Gezeichnete Kapital.

Stückaktie: Auf der Stückaktie wird kein Nennwert genannt. Berechnung des fiktiven Nennwertes = Gezeichnetes Kapital : Anzahl der Stückaktien.

Aufgaben

1 Die Deutsche Bank AG möchte ihren Anteil an BMW Aktien erhöhen, um den Stimmrechtsanteil bei BMW zu steigern. Begründen Sie, ob die Deutsche Bank Vorzugsaktien oder Stammaktien kaufen sollte.

2 Ein Kapitalanleger möchte VW-Aktien erwerben. Verdutzt stellt er fest, dass VW Stammaktien und Vorzugsaktien ausgegeben hat. Der Kapitalanleger ist an der Dividende und am Kursgewinn der Aktie interessiert. Auf der Hauptversammlung möchte er kein Stimmrecht ausüben.

a) Welche wesentlichen Unterschiede bestehen zwischen Stammaktien und Vorzugsaktien?

b) Begründen Sie, welche VW-Aktien der Kapitalanleger erwerben sollte.

3

	Börsenkurs		Dividende	
	2007	2014	2007	2014
VW–Stammaktie	104,42 €	181,00 €	1,15 €	4,00 €
VW–Vorzugsaktie	74,99 €	184,06 €	1,21 €	4,06 €

a) Wie sind die unterschiedlichen Kurse zu erklären?

b) Wie sind die unterschiedlich hohen Dividendenzahlungen zu erklären?

4 Von den im DAX 30 erfassten Unternehmen hat die Münchner Rückversicherung Namensaktien herausgegeben. Lufthansa und Allianz gaben vinkulierte Namensaktien heraus. Von Bayer, BASF und SAP werden Inhaberaktien notiert.

a) Welche Vorteile hat die BASF-Aktie bezüglich der Übertragbarkeit gegenüber der Lufthansa-Aktie?

b) Welche Vorteile bietet die Namensaktie generell der ausgebenden AG?

c) Welche Gründe hat wohl die Lufthansa veranlasst, sich gegen die Inhaberaktie zu entscheiden?

4.8 Vergleich alternativer Unternehmensformen

4.8.1 Vergleich Einzelunternehmen und Personengesellschaften

Kernwissen

Merkmale	Einzelunter-nehmen	OHG	KG
Gesetzliche Grundlage	§§ 1 – 104 HGB	§§ 105 – 160 HGB	§§ 161 – 177 HGB
davon nachgiebiges Recht:		§§ 110 – 122 HGB	§§ 163 – 169 HGB
Bezeichnung der Eigentümer	Inhaber	Gesellschafter	• Komplementäre (Vollhafter) • Kommanditisten (Teilhafter)
Mindestkapital	–	–	–
Mindestgründer	1	2	2
Haftung	Persönlich, unbeschränkt	Persönlich, unbeschränkt, solidarisch	• Komplementäre: Persönlich, unbeschränkt, solidarisch • Kommanditisten: Lediglich in Höhe der Kapitaleinlage
Geschäftsführung	Inhaber	je nach Gesellschaftsvertrag: alle oder einzelne Gesellschafter	Komplementär bzw. Komplementäre
Vertretung	Inhaber	je nach Gesellschaftsvertrag: alle oder einzelne Gesellschafter	Komplementär bzw. Komplementäre
Kontrolle der Geschäftsführung	–	Gesellschafter gegenseitig	Kommanditist(en) und Komplementäre gegenseitig

Merkmale	Einzelunternehmen	OHG	KG
Kapitalaufbringung Eigenkapital	begrenzt durch Privatvermögen des Inhabers	begrenzt durch die geringe Zahl der Gesellschafter und deren Privatvermögen	begünstigt durch die Haftungsbeschränkung der Kommanditisten
Kapitalaufbringung Fremdkapital	unbeschränkte Haftung des Inhabers wirkt sich positiv auf Kreditwürdigkeit aus	unbeschränkte Haftung der Gesellschafter wirkt sich positiv auf Kreditwürdigkeit aus	Kreditwürdigkeit abhängig vom Privatvermögen des Komplementärs
Mitbestimmung der Arbeitnehmer im Aufsichtsrat	–	–	–
Flexibilität bei Änderung der Beteiligungsverhältnisse	–	kein freier Handel von Gesellschaftsanteilen	kein freier Handel von Kommanditanteilen
Gewinn- und Verlustverteilung (Ergebnisverwendung)	Gewinn steht allein dem Einzelunternehmer zu	Gesetz: 4 % des Anfangskapitals, Rest nach Köpfen Verlustverteilung nach Köpfen (meist vertragliche Regelung)	Gesetz: 4 % des Anfangskapitals, Rest in angemessenem Verhältnis, Verlustverteilung in angemessenem Verhältnis, (meist vertragliche Regelung)

4.8.2 Vergleich Kapitalgesellschaften

Kernwissen

Merkmale	GmbH	AG
Gesetzliche Grundlage	GmbH-Gesetz	Aktiengesetz
Bezeichnung der Eigentümer	Gesellschafter	Aktionäre
Mindestkapital	25 000 € Stammkapital	50 000 € Grundkapital

Merkmale	GmbH	AG
Mindestgründer	1	1
Haftung	beschränkt auf Kapitaleinlage (Vermögen der GmbH)	beschränkt auf Kapitaleinlage (Vermögen der AG)
Geschäftsführung	Geschäftsführer als Fremdgeschäftsführer (Manager) oder Gesellschaftergeschäftsführung (Gesellschafter)	Vorstand
Vertretung	Geschäftsführer	Vorstand
Kontrolle der Geschäftsführung	durch Gesellschafter bzw. Aufsichtsrat	durch Aufsichtsrat
Kapitalaufbringung Eigenkapital	begünstigt durch die Haftungsbeschränkung der Gesellschafter	günstig durch die Ausgabe von Aktien
Kapitalaufbringung Fremdkapital	Kreditwürdigkeit relativ gering durch beschränkte Haftung	Kreditwürdigkeit relativ gering durch beschränkte Haftung
Mitbestimmung der Arbeitnehmer im Aufsichtsrat	bei 501 bis 2 000 Arbeitnehmern ein Drittel Arbeitnehmervertreter im Aufsichtsrat (DrittelbG §§ 1, 4)	bei 501 bis 2 000 Arbeitnehmern ein Drittel Arbeitnehmervertreter im Aufsichtsrat (DrittelbG §§ 1, 4)
	bei mehr als 2 000 Arbeitnehmern 50 % Arbeitnehmervertreter im Aufsichtsrat (§§ 1, 7 MitbG)	bei mehr als 2 000 Arbeitnehmern 50 % Arbeitnehmervertreter im Aufsichtsrat (§§ 1, 7 MitbG)
Flexibilität bei Änderung der Beteiligungsverhältnisse	weniger Flexibilität beim Handel von Gesellschaftsanteilen	bei börsennotierten AG hohe Flexibilität durch Aktienhandel

Aufgaben

1 Der Elektroingenieur Wolfgang Lang hat eine größere Summe Bargeld geerbt. Er überlegt, ob er sich mit einem Teil des Geldes als weiterer Gesellschafter einer bereits bestehenden OHG, einer KG oder einer GmbH beteiligen soll.

a) Erläutern und begründen Sie mithilfe des Gesetzes, wie Wolfgang Lang als
- OHG-Gesellschafter
- Kommanditist
- GmbH-Gesellschafter

gegenüber den Gläubigern der Gesellschaft haftet, wenn jeweils eine Bareinlage von 200 000 € vereinbart ist, zunächst jedoch nur eine Einzahlung von 150 000 € erfolgen kann.

b) Wolfgang Lang tritt in die Müller-Solar KG als Komplementär ein. Der Komplementär Andreas Müller beabsichtigt einen Kaufvertrag über Solarzellen SZ 920 in Höhe von 27 500 € für die KG abzuschließen. Als Lang von diesem Vorhaben erfährt, widerspricht er mit der Begründung, dass die Solarzellen SZ 920 veraltet seien. Untersuchen Sie, ob der Widerspruch von Lang eine rechtliche Wirkung hat.

c) Begründen Sie, welche rechtliche Wirkung dieser Widerspruch hätte, wenn Lang diesen als OHG-Gesellschafter bzw. als nicht geschäftsführender Gesellschafter einer GmbH eingelegt hätte.

2 Die Softwareentwickler Benedikt Mayer und Benjamin Hofer wollen sich selbstständig machen. Sie wollen ein Unternehmen gründen, sind sich aber bezüglich der zu wählenden Rechtsform unschlüssig. Benjamin Hofer versucht die Situation zu analysieren: „Wegen der Eigenkapitalzuführung wäre eine AG ideal, wegen der geringeren Verwaltungskosten eine GmbH. Außerdem verlangen AG und GmbH keine unbeschränkte Haftung der Gesellschafter. OHG und KG sind aus haftungsrechtlichen Gesichtspunkten uninteressant."

a) Begründen Sie, warum die AG wegen der Eigenkapitalzuführung ideal wäre.

b) Beurteilen Sie, ob die Verwaltungskosten für die Rechtsform bei einer AG höher sind als bei einer GmbH.

c) Warum sind wohl OHG und KG aus haftungsrechtlichen Gesichtspunkten uninteressant?

d) Wie wird der „Unternehmerlohn" für die Gesellschafter bei den unterschiedlichen Rechtsformen behandelt?

Zusammenfassende Aufgaben zu Rechtsformen der Unternehmung

1 Luiggi Franco, Carlo Rastelli und Jan Börner wollen mit Fitnessartikeln handeln, ohne mit ihrem Privatvermögen zu haften. Luiggi Franco ist bereit, 5 000,00 € einzubringen, Rastelli und Börner bringen jeweils 3 000,00 € ein. Das Kapital der neuen Gesellschaft wird in der Satzung auf 25 000,00 € festgelegt. Franco übernimmt 15 000,00 €, Rastelli und Börner je 5 000,00 €. Weitere Personen aus dem Freundeskreis der drei Gesellschafter sind bereit, sich an dem Unternehmen zu beteiligen, wobei sie weder für Geschäftsführung noch für Vertretung zur Verfügung stehen.

a) Welche Gründe sprechen für die Gründung einer GmbH & Co. KG?

b) Beschreiben Sie den Gründungsvorgang einer GmbH & Co. KG.

c) Wie groß ist hier das Stammkapital der zu gründenden GmbH?

d) Wie groß ist der Nennbetrag des Geschäftsanteils jedes Gesellschafters der GmbH?

e) Prüfen Sie, ob das Registergericht die Eintragung in das Handelsregister vornehmen wird.

f) Die neu gegründete GmbH soll entweder mit „Body-Franco“ oder „Fitnessbedarf Franco und Rastelli“ firmieren. Beurteilen Sie beide Vorschläge.

g) Luiggi Franco zahlt weitere 1 500,00 € ein. Die Gesellschaft wird als „Rastelli GmbH" in das Handelsregister eingetragen; Franco und Rastelli als Geschäftsführer angegeben. Sie haben Alleinvertretungsrecht. Ansonsten gilt für den Gesellschaftsvertrag das GmbH-Gesetz. Eintragung und Bekanntmachung erfolgen am 20. November 01.

   1. Carlo Rastelli nimmt am 25.10.01 eine günstige Gelegenheit wahr und kauft für die GmbH Waren im Wert von 14 000,00 €. Begründen Sie, ob Luiggi Franco, an den die Rechnung geschickt wurde, die Zahlung verweigern kann.
   2. Luiggi Franco mietet am 22. November 01 Geschäftsräume für die GmbH, ohne die anderen Gesellschafter zu fragen. Begründen Sie, ob der Mietvertrag für die GmbH gültig ist.
   3. Wie ist bei 2. zu entscheiden, wenn im Gesellschaftsvertrag der GmbH über die Vertretung der GmbH nichts steht?
   4. Jan Börner kauft Jogginganzüge im Gesamtwert von 6 790,00 € für die GmbH. Begründen Sie, ob der Kaufvertrag für die GmbH gültig ist.

h) Die Rastelli GmbH wird als Komplementärin in die im Oktober 02 neu gegründete "Fit and Fun GmbH & Co. KG" eingebracht.

1. Luiggi Franco kauft im Dezember 02 Vitamingetränke für die neu gegründete „Fit and Fun GmbH & Co. KG“. Begründen Sie, ob der Kaufvertrag für die „Fit and Fun GmbH & Co. KG“ gültig ist.

2. Begründen Sie, ob der Kaufvertrag für die Rastelli GmbH gültig ist.

i) Wie viel Stimmen hat jeder Gesellschafter auf der Gesellschaftsversammlung der „Rastelli GmbH“?

j) Börner möchte seinen Geschäftsanteil an der Rastelli GmbH verkaufen.

1. Können Franco und Rastelli den Verkauf verhindern?

2. Börner erhält für seinen verkauften Geschäftsanteil 7 000,00 €. Wie hoch ist der Nennbetrag des Geschäftsanteils des neuen Gesellschafters? Wie viele Stimmen hat er auf der Gesellschafterversammlung?

3. Alternative:
Börner erhält für seinen verkauften Geschäftsanteil nur 4 000,00 €. Wie hoch ist der Nennbetrag des Geschäftsanteils des neuen Gesellschafters? Wie viele Stimmen hat er auf der Gesellschafterversammlung?

5 Multinational companies Multinationale Unternehmen

Strukturzusammenhang

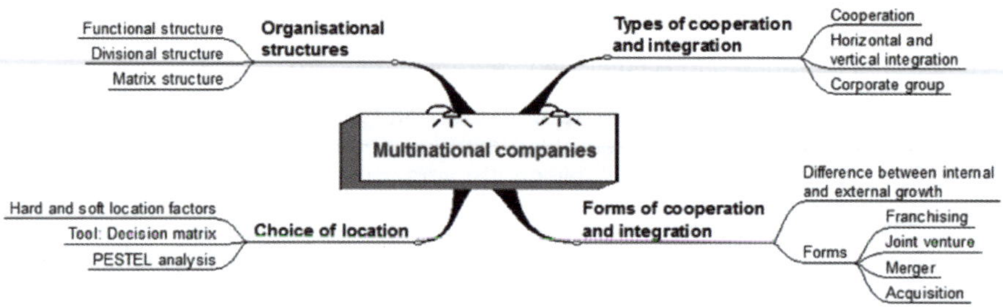

5.1 Types of cooperation and integration

Kernwissen

Companies cooperate or merge because by doing so they want to strengthen their market position and to use synergies.

If companies cooperate, they partially keep their economic independence and decide on working together on a contractual basis. On the contrary, companies can also integrate instead of cooperating with each other.

Integration	
Horizontal integration	Vertical integration
• If a company takes over or merges with another company and both companies operate in the same industry and at the same stage of production, it is called horizontal integration. • In case of a takeover, the acquired company loses its independence and is absorbed by the purchasing company. • If two companies decide to merge, they both give up their independence and act together as a new company.	• There are two types of vertical integration: Forward vertical integration and backward vertical integration. • Forward vertical integration occurs when a company buys another company after its own position in the value chain and backward vertical integration occurs when it buys another company before its own position in the value chain. • A value chain is used to describe the process by which businesses receive raw materials or primary products, add value to the raw materials or primary products through various processes to create a finished product, and then sell that end product to customers. • Motives for vertical integration: barriers to entry, protection of product or service quality, improved planning, investments in specialised assets. • Note: A lateral merger is a merger of two companies that produce different products but act in the same sector of industry.

Table 1: Horizontal and vertical integration

- If companies cooperate, they partially keep their economic independence and decide on working together on a contractual basis.
- A corporate group is a merger of several companies under the control of a central management.
- One company is a controlling company (parent company) and the others are subsidiary companies (daughter companies).
- These companies act legally independently, but the subsidiary companies are economically dependent on the parent company.
- There are two possibilities for a parent company to control its daughter companies: by agreeing on a control agreement or by holding a majority stake.

- A control agreement has to be accepted by the annual general meeting of the subsidiary company's shareholders.
- Holding a majority stake means that the parent company holds enough shares of the subsidiary (holding company).
- A holding company is a business organisation that owns and controls a number of separate businesses, but does not unite them into one unified company.
- There is no formal necessity for the subsidiary's management to follow the instructions of the parent company (holding company) g possible result: There could be conflicts between the management boards.
- There are three different types of corporate groups:

	Vertically integrated corporate group	Horizontally integrated corporate group	Unrelated diversified or conglomerate corporate group
Description:	This group consists of companies which operate at different stages of the value chain.	This group consists of companies which operate in same kind of industry.	This is a conglomerate which contains companies from different industries.
Aim:	Securing procurement and sales.	Strengthening one's own market position.	Reducing sectoral risk.
Example:	A furniture producer owns its own saw mills, production facilities and furniture shops.	A furniture producer that produces all kinds of furniture, from kitchen furniture to office furniture to living-room furniture.	A company that owns several businesses and the businesses operate in manufacturing furniture, banking, and catering.

Table 2: Types of corporate groups

Aufgaben

1 What is a corporate group?

2 What is the different between cooperation and a merger in regard to economic dependence?

3 What are the different aims of vertical, horizontal and lateral corporate groups?

4 Which type of integration does occur in the following examples? Explain your decision.
a) Volkswagen buys a company that produces air conditioning systems for cars.
b) H&M buys Toys'R'Us.
c) Kitchen Equipment Manufacturing Ltd buys a retail chain for kitchen equipment.

5 How does horizontal integration differ from vertical integration?

6 What are reasons for companies to vertically integrate?

5.2 Forms of cooperation and integration

Kernwissen

- Companies can grow internally and externally.
- Internal growth is expansion from within by enlarging the premises of the company. This form is also known as organic growth.
- External growth is the joining of two or more companies to form a larger company. This is also called integration.

Cooperation and integration can take in many different forms, e.g. franchising, joint venture, merger or acquisition. In order to decide which form is best for a business, you have to consider the motives, legal status, ownership structure as well as advantages and disadvantages:

Form of cooperation and integration:	**Franchising**
Definition: A business (franchisee) that uses the name, logo and trading systems of an existing successful business (franchiser).	Motives: Setting up a business for entrepreneurs is easier.
Legal status of contracting parties: A franchise is not strictly a form of legal structure for a business, but it is a legal contract between two firms.	Ownerships structure: Separate ownership. The franchisee can decide which form of legal structure he would like to adopt.
Evaluation:	
Opportunities (+):	Risks (–)
+ Fewer chances of new business failing as an established brand and product are being used. + Advice and training offered by the franchiser. + National advertising paid for by franchiser. + Supplies obtained from established and quality-checked suppliers. + Franchiser agrees not to open another branch in the local area (reduced competition).	– Share of profits or sales revenue has to be paid to franchiser each year. – Initial franchise licence fee can be expensive. – Local promotions may still have to be paid by franchisee. – No choice of supplies or suppliers to be used. – Strict rules over pricing and layout of the outlet reduce owner's control over the business.

Table 3: Franchising

Form of cooperation and integration:	**Joint venture**
Definition: Two or more businesses agree to work closely together on a particular project and create a separate business division to do so.	Motives: Costs and risks of a new business venture are shared. This is a major consideration when the cost of developing new products is rising rapidly.
Legal status of contracting parties: By agreeing on a joint venture, the participatory parties gain rights due to the regulation of the respective contract.	Ownerships structure: The participatory companies own the company.
Evaluation:	
Opportunities (+):	Risks (–)
+ Costs and risks are spilt between the partners. + Both companies can contribute with different strengths and experiences (shared knowledge).	– Styles of management and culture might be so different that the two teams do not blend well together. – Errors and mistakes lead to one blaming the other for mistakes. – The business failure of one of the partners would put the whole project at risk.

Table 4: Joint venture

Form of cooperation and integration:	**Merger**
Definition: An agreement by shareholders and managers of two businesses to bring both firms together under a common board of directors with shareholders in both businesses owning shares in the newly merged business.	Motives: Reasons for merging two companies are growth, cost synergies, diversification and gaining more market power.
Legal status of contracting parties: Former managements blend together and form a new management.	Ownerships structure: Shareholders keep their shares of the newly merged business.
Evaluation:	
Opportunities (+):	Risks (–)
+ Cost synergies: Economies of scale will arise from operating at a larger scale. + By diversification, the company can increase the number of its products in order to reduce risks.	– Styles of management and culture might be so different that the two teams do not blend well together. – Diseconomies from problems such as communication and coordination.

Table 5: Merger

Form of cooperation and integration:	**Acquisition**
Definition: When a company buys over 50% of the shares of another company and becomes the controlling owner of it. It is often referred to as takeover.	Motives: Reasons for taking over another company are growth, cost synergies, diversification and gaining more market power.
Legal status of contracting parties: By acquiring the target company, the buyer gains control over the acquired company.	Ownerships structure: Mostly acquisitions are made by purchasing shares, i.e. the ownership of the target company.
Evaluation:	
Opportunities (+):	Risks (–)
+ Cost synergies: Economies of scale will arise from operating at a larger scale. + By diversification, the company can increase the number of its products in order to reduce risks.	– Styles of management and culture might be so different that the two teams do not blend well together.

Table 6: Acquisition

Aufgaben

1 What is the difference between internal and external growth?

2 How does a merger differ from a takeover?

3 How does franchising differ from joint ventures in regard of the legal status of the contracting parties?

4 What is organic growth?

5 What is the difference between a franchisee and a franchiser?

6 Give reasons why franchising is an example for vertical integration.

7 Is a joint venture an example for cooperation or integration?

5.3 Choice of location

Kernwissen

Setting up a new business location is an important decision which needs careful planning. In order to do so, you have to take different location factors into consideration.

	Hard location factors	Soft location factors
Description	These factors are measurable in figures, i.e. they can be expressed in numbers. They are also included in the accounting systems of a company and used for the calculation of the sales prices.	The nature of these factors often does not allow using them in the accounting systems as they are qualitative factors which cannot be quantified. Nevertheless they are important for a company if it wants to be successful.
Examples	• wages and salaries • taxes • subsidies	• cultural values • level of education • laws

Table 7: Hard and soft location factors

The more location factors you use in your analysis, the better your analysis.

In order to evaluate possible new locations you may use the following grid:

LOCATION FACTORS	Weighting	Location 1		Location 2	
		Credits	Credits by weight	Credits	Credits by weight
Size of location	20	5	100	2	40
Price per m²	15	2	30	4	60
...	...	...	...	...	...
Sum	100	--		--	

Table 8: Decision matrix - an example

How to use the decision matrix

- Step 1: Decide on which location factors you want to consider for your decision.
- Step 2: Give each factor a weighting according to its importance.
- Step 3: Give credits for each location factor and for each location. In this example, credits range from 1 (very bad) to 5 (very good).
- Step 4: Multiply the respective credits with its weighting in order to get the credits by weight.
- Step 5: Add up all credits by weighting for each location. The higher the score, the better the choice.

Supporting tool: PESTEL analysis

In a PESTEL analysis you analyse factors that could influence the business. PESTEL is short for political, economic, social, technological, environmental and legal. These categories should be taken into consideration when setting up a new business location.

Category	Examples for business location factors
Political	• Government: Democracy or any other governmental form • Corruption
Economic	• Level of wages and salaries • Taxes
Social	• Distribution of income and wealth • Social security system
Technological	• Level of technology • Innovativeness
Environmental	• Climate features • Water supply (e.g. for cooling plants)
Legal	• Consumer protection laws • Employment laws

Table 9: PESTEL analysis – categories and examples of PESTEL factors

Besides those categories of the PESTEL analysis, cultural factors play an increasing role in a globalized world. Especially if a company wants to set up a location in a foreign country, it has to review whether it is likely to deal with difficult cultural problems and misunderstandings.

Aufgaben

1 Distinguish between soft and hard location factors and give examples for each.

2 Which of the PESTEL following categories can be used for the following examples and think of a suitable factor?
a. A wine-grower is thinking of setting up a new vineyard.
b. A car producer is planning to build a factory in the Ukraine.
c. A computer producer is moving its headquarters to Silicon Valley.
d. A mobile phone producer is producing in China.

5.4 Organisational structures

Kernwissen

There are many different forms of organisation, driven by size, location, products and services that are produced, ranges of activities and the need to accommodate staff and equipment. Though organisations vary from each other, they all require order so that the company can be run effectively, valuably and profitably. Individual tasks bundle up into jobs; jobs bundle up into departments, divisions, functions and work groups.

Key principles of organisational structure:

Level of hierarchy	A stage of the organisational structure at which the personnel on it have equal status and authority.
Chain of command	This is the route through which authority is passed down an organisation, from chief executive and the board of directors.
Span of control	The number of subordinates reporting directly to a manager (from narrow to wide).
Delegation	Passing authority down the organisational hierarchy.

Table 10: Key principles of organisational structure

5.4.1. Functional structure

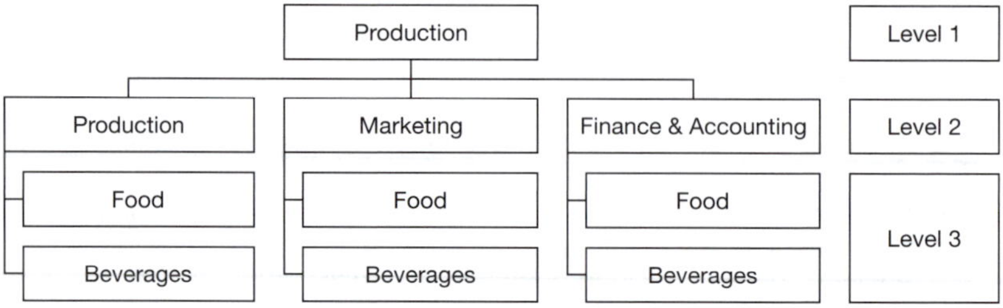

Figure 1: Functional organisational chart of a company

This organisational chart is arranged according to the main functions of the company. The first level represents the corporate management. The second level is arranged in functions, e.g. in production, marketing and finance & accounting. Each of these departments then has teams for the different products on the third level.

Advantages	Disadvantages
• high degree of specialization • efficient • clear objectives within each department • it is possible to achieve economies of scale	• communication between departments is difficult • employees concentrate too much on their own department, forget the aims of the company as a whole

Table 11: Advantages and disadvantages of functional structures

5.4.2. Divisional structure

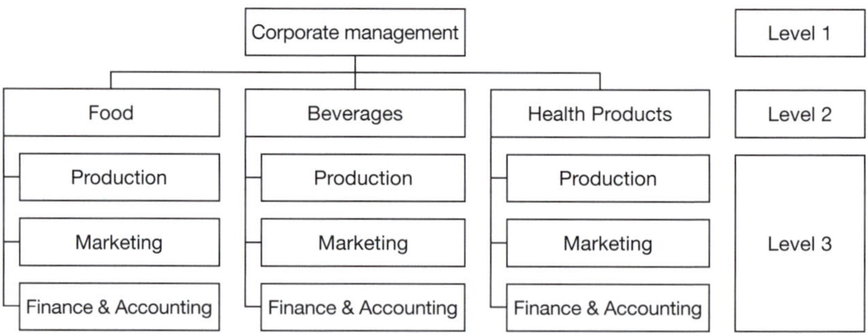

Figure 2: Divisional organisational chart of a company (product division)

This organisational chart is arranged according to the product lines of the company. The departments are product divisions of the company. Each division has its own group responsible for the production, marketing, finance & accounting and other functions.

Advantages	Disadvantages
• the company can react more quickly to customer's desires • divisional success can be recognized more easily	• inefficiency in the use of resources

Table 12: Advantages and disadvantages of divisional structures

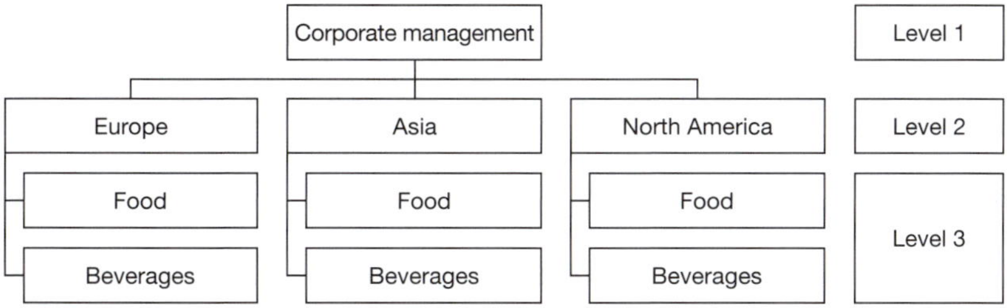

Figure 3: Divisional organisational chart of a company (regional division)

Divisional organisational charts can also be arranged by regional or geographical areas.

5.4.3. Matrix structure (two-dimensional)

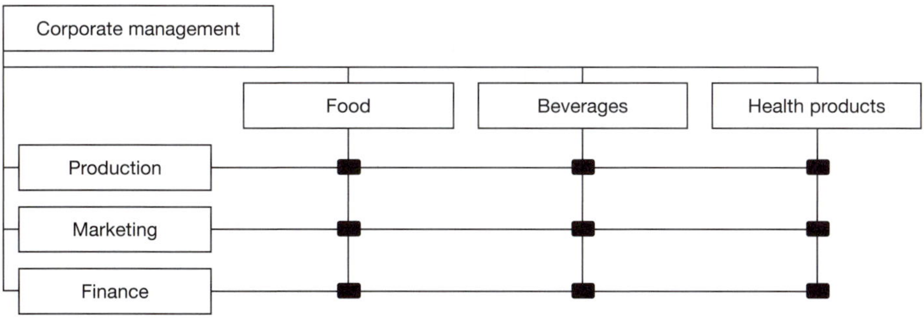

Figure 4: Matrix organisational chart of a company

The matrix structure is a combination of functional and divisional structures. It is an organisational structure that creates project teams that cut across traditional functional departments.

Advantages	Disadvantages
• functional dimension helps to run the business efficiently by using economies of scale • product dimension helps to develop products that fulfil the needs of the customer better (economies of scope)	• employees have to report to two (or in case of a three-dimensional matrix, three) supervisors and this could lead to conflicts, lags and standstills • increased costs and long decision-making process could be possible

Table 13: Advantages and disadvantages of matrix structures

Aufgaben

1 Why do companies need a formal structure?

2 What is the main difference between functional and divisional structures?

3 How is the matrix structure defined?

4 In the marketing department, Mr Miller is one of the ten subordinates reporting to the head of marketing department. In the finance department, Mrs Jones is member of a team of four workers that are supervised by their head of department. Explain the term span of control by referring to both departments.

5 Company A is located in Germany and sells its products mostly on the German market. Company B is located in Germany, too, but has got subsidiaries in four other European countries. Company A only produces one type of product, company B has got more types that are produced and sold in each country. With the given information, which organisation structure fits best for the two companies?

Fachbegriffe und Vokabeln

English	Explanation	German
annual general meeting	Meeting of all shareholders of a company, held once a year.	Jahreshauptversammlung
to bundle up		bündeln
capacity utilisation	The proportion of maximum output capacity currently being achieved.	Beschäftigungsgrad
chain of command	The order in which authority and power in an organization delegated from top management to every employee at every level of the organization.	Befehlskette, Hierarchie
contribution		Deckungsbeitrag
cooperation		Zusammenarbeit
cost synergies	Benefits gained from the acquisition or merger of two companies. Cost synergies reflect the savings gained by combining the strengths of the individual companies.	Kostensynergien
daughter company		Tochterunternehmen/-gesellschaft
delegation		Delegation, Übertragung
diseconomy		Wirtschaftlichtkeitsverlust
economies of scale	Reduction of a firm's unit (average) costs of production that result from an increase in scale of operations.	Skalenerträge
franchise	A business that uses the name, logo and trading systems of an existing successful business.	Franchise
franchisee		Franchisenehmer(in)
franchiser		Franchisegeber(in)

English	Explanation	German
joint venture	Two or more businesses agree to work closely together on a particular project and create a separate business division to do so.	Joint Venture, Gemeinschaftsunternehmen
level of hierarchy		Hierarchieebene
level of management		Führungsebene
location factor		Standortfaktor
majority stake	1 minority stake	Mehrheitsanteil
market position		Marktstellung
maximum out capacity, limit of capacity		Kapazitätsgrenze
merger	The joining together of two or more companies or organizations to form one larger one.	Zusammenschluss
organisational structure	The internal, formal framework of a business that shows the way in which management is organised and linked together and how authority is passed through the organisation.	Organisationsstruktur
outsourcing	Moving business functions from internal departments to external firms.	Ausgliederung, Outsourcing
parent company		Mutterunternehmen/-gesellschaft
primary product		Vorprodukt
scale of operation	The maximum output that can be achieved by using the available inputs (resources) - this scale can only be increased by employing more of all inputs, thus meaning increasing the maximum output capacity.	Betriebsgröße
sectoral risk		Branchenrisiko
span of control		Kontrollspanne
subsidiary company		Tochterunternehmen/-gesellschaft
value chain		Wertschöpfungskette

6 Finanzierung und Investition

6.1 Sachinvestitionen und Investitionsrechnung

Strukturzusammenhang

Arten der Finanzierung:

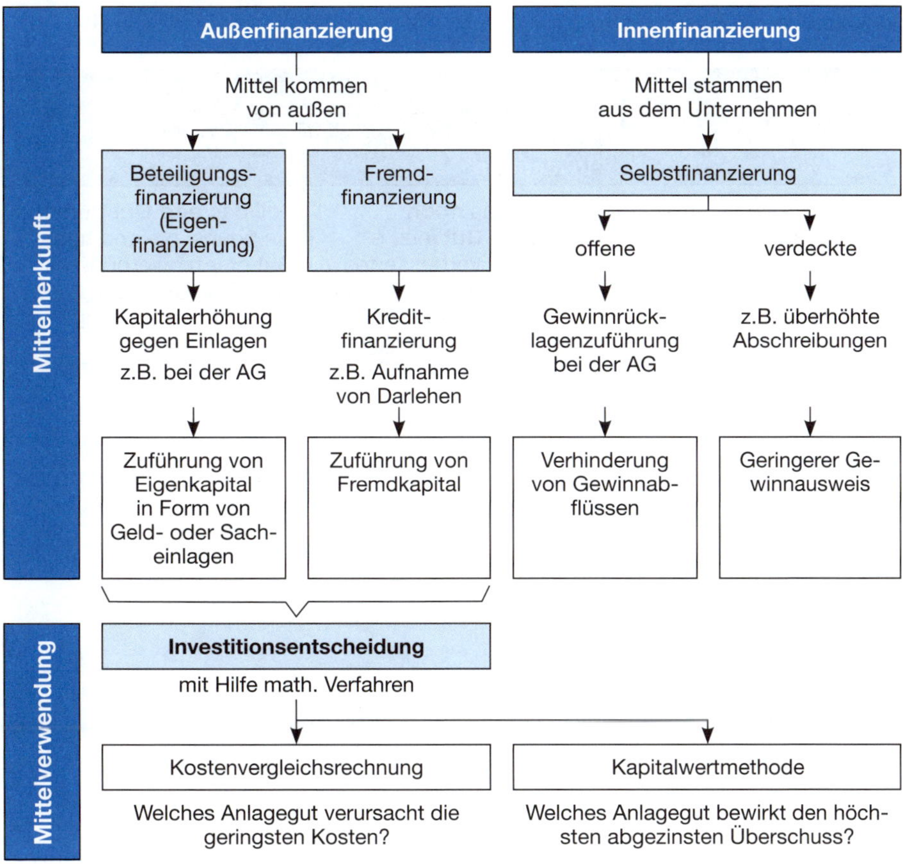

6.1.1 Arten von Sachinvestitionen

Kernwissen

In der Investitionsrechnung werden kalkulatorische Abschreibungen und kalkulatorische Zinsen wie folgt berechnet:

$$\text{kalkulatorische Abschreibungen (Jahr)} = \frac{\text{Anschaffungswert} - \text{Restwert}^{1}}{\text{Nutzungsdauer}}$$

$$\text{kalkulatorische Zinsen (Jahr)} = \frac{\text{Anschaffungswert} + \text{Restwert}^{1}}{2} \cdot i$$

Sachinvestition		
Erweiterungsinvestition	**Rationalisierungs-investition**	**Ersatzinvestition**
Welches Investitionsgut soll **zusätzlich** angeschafft werden, um die Produktionskapazität zu erweitern?	Soll für das **noch nutzbare Gut** jetzt ein technisch verbessertes Gut angeschafft werden, mit dem Ziel, die Produktionskosten zu senken?	Soll das **alte Gut** durch ein neues, gleichartiges Gut ersetzt werden, mit dem Ziel, die Produktionskapazität zu erhalten?

1 wird zu Beginn der Nutzungsdauer geschätzt, bei keiner Angabe einfach „0“ einsetzen

6.1.2 Kostenvergleichsrechnung

Auswahlentscheidung mithilfe Kostenvergleich pro Periode

Betriebskosten	Kapitalkosten
z.B. • Personalkosten • Materialkosten • Energiekosten	z.B. • kalkulatorische Abschreibungen • kalkulatorische Zinsen
fixe und variable Kosten	fixe Kosten

kalkulatorische Zinsen = entgangene Zinsen
kalkulatorische Abschreibungen = Kapitalverzehr

Kostenvergleichsrechnung bei alternativen Investitionsgütern
(Frage: Welches Anlagegut soll angeschafft werden?)

Alternative A	Alternative B
Betriebskosten + Kapitalkosten der Neuinvestition = Kosten Alternative A	Betriebskosten + Kapitalkosten der Neuinvestition = Kosten Alternative B
Welches Anlagegut verursacht weniger Kosten/Periode oder Stück?	

Kostenvergleichsrechnung bei Rationalisierungsinvestition
(Frage: Soll die alte Anlage jetzt durch eine neue ersetzt werden?)

Alte Anlage	Rationalisierungsinvestition
Betriebskosten + Kapitalkosten **der alten Anlage** = Kosten der alten Anlage	Betriebskosten + Kapitalkosten der **Neuinvestition** = Kosten Rationalisierungsinvestition
Welches Anlagegut verursacht weniger Kosten/Periode oder Kosten/Stück?	

Verringerung des Liquidationserlöses (Jahr) der **alten** Anlage $= \frac{L_{AV} - L_{EV}}{V}$

Kalkulatorische Zinsen (Jahr) der **alten** Anlage $= \frac{L_{AV} - L_{EV}}{V} \cdot i$

L_{AV} = Liquidationserlös am Anfang der Vergleichsperiode
L_{EV} = Liquidationserlös am Ende der Vergleichsperiode
V = Restnutzungsdauer bzw. Vergleichsperiode

Differenzinvestition
Sind Anschaffungskosten oder/und Nutzungsdauer der alternativen Investitionsobjekte unterschiedlich hoch, können sie vergleichbar gemacht werden, um falsche Beurteilungen zu vermeiden. Dies geschieht mithilfe der Differenzinvestition.

Aufgaben

1 Wegen der steigenden Nachfrage soll eine weitere Pressmaschine angeschafft werden. Es liegen die Daten für zwei unterschiedliche Pressmaschinen vor:

	Investitionsgüter (Alternativinvestition)	
	Typ X 5 000	Typ X 6 000
Anschaffungskosten	300 000,00 €	350 000,00 €
Nutzungsdauer	7 Jahre	8 Jahre
kalk. Zinssatz	6 %	6 %
geplante Auslastung	50 000 Stück/Jahr	50 000 Stück/Jahr
Kosten jeweils ohne Zinsen und Abschreibungen		
• variable Kosten bei geplanter Auslastung	600 000,00 €	580 000,00 €
• fixe Betriebskosten/Jahr	100 000,00 €	120 000,00 €

a) Ermitteln Sie die Kapitalkosten für jeden Maschinentyp.

b) Ermitteln Sie die jährlichen Gesamtkosten für jeden Maschinentyp bei einer geschätzten Jahresproduktion von 50 000 Stück.

c) Berechnen und interpretieren Sie die kritische Übergangsmenge.

2 Es soll eine weitere Maschine angeschafft werden. Folgende Daten liegen vor:

	Investitionsgüter (Alternativinvestition)	
	D 3 200	D 3 500
Anschaffungskosten	280 000,00 €	330 000,00 €
Nutzungsdauer	7 Jahre	7 Jahre
kalk. Zinssatz	5 %	5 %
geplante Auslastung	90 000 Stück/Jahr	90 000 Stück/Jahr
Kosten jeweils ohne Zinsen und Abschreibungen		
• variable Kosten bei geplanter Auslastung	80 000,00 €	62 000,00 €
• fixe Betriebskosten/Jahr	21 000,00 €	26 000,00 €

a) Ermitteln Sie die Kapitalkosten für jeden Maschinentyp.

b) Ermitteln Sie die jährlichen Gesamtkosten für jeden Maschinentyp.

c) Berechnen und interpretieren Sie die kritische Übergangsmenge.

3 Eine im Betrieb noch genutzte alte Maschine, die voll abgeschrieben ist, soll eventuell durch eine neue Maschine ersetzt werden. Begründen Sie, ob bei folgenden Daten der Ersatz des alten Investitionsgutes zu empfehlen ist.

	Investitionsgüter (Ersatzinvestition)	
	Alte Anlage	Neue Anlage
Anschaffungskosten	420 000,00 €	520 000,00 €
Nutzungsdauer	10 Jahre	10 Jahre
kalk. Zinssatz	5,5 %	5,5 %
geplante Auslastung	150 000 Stück/Jahr	150 000 Stück/Jahr
restliche Nutzungsdauer	3 Jahre	–
Restwerterlös Ende 7. Jahr Ende 10. Jahr	 100 000,00 € 25 000,00 €	 – –
Kosten jeweils ohne Zinsen und Abschreibungen		
• variable Kosten bei geplanter Auslastung	340 000,00 €	250 000,00 €
• fixe Betriebskosten/Jahr	140 000,00 €	160 000,00 €

4 Eine im Betrieb noch genutzte alte Maschine soll eventuell durch eine neue Maschine ersetzt werden. Begründen Sie, ob bei folgenden Daten der Ersatz des alten Investitionsgutes zu empfehlen ist.

	Investitionsgüter (Ersatzinvestition)	
	Alte Anlage	Neue Anlage
Anschaffungskosten	820 000,00 €	990 000,00 €
Nutzungsdauer	10	11
kalk. Zinssatz	6,5 %	6,5 %
geplante Auslastung	200 000 Stück/Jahr	200 000 Stück/Jahr
restliche Nutzungsdauer	4 Jahre	–
Restwerterlös Ende 6. Jahr Ende 10. Jahr	 250 000,00 € 40 000,00 €	 – –
Kosten jeweils ohne Zinsen und Abschreibungen		
• variable Kosten bei geplanter Auslastung	265 000,00 €	240 000,00 €
• fixe Betriebskosten/Jahr	190 000,00 €	170 000,00 €

6.1.3 Kapitalwertmethode als dynamische Investitionsrechnung

Kernwissen

Kapitalwertmethode	
Einnahmen	**Ausgaben**
z.B. • Verkaufserlöse • Liquidationserlöse	z.B. • Anschaffungskosten • Reparaturkosten • Personalkosten • Materialkosten
werden auf Investitionsbeginn abgezinst	werden auf Investitionsbeginn abgezinst

Kapitalwert =
abgezinste Überschüsse + abgezinster Liquidationserlös (RW) – Anschaffungskosten

F

Kapitalwert (C_o)

$$C_O = -I_O + \sum_{t=1}^{n} (E_t - A_t) \cdot \frac{1}{(1+i)^t} + RW \cdot \frac{1}{(1+i)^t}$$

oder:

Barwert Einnahmen
\+ Barwert Liquidationserlös (Restwert)
– Barwert Anschaffungskosten
– Barwert Ausgaben
= Kapitalwert C_O

$$\text{Abzinsungsfaktor} = \frac{1}{(1+i)^t}$$

Barwertformel (Ko)

$$K_o = \frac{K_n}{(1 + p/100)^n} = \frac{K_n}{(1+i)^n} = K_n \cdot \frac{1}{q^n} \qquad \frac{1}{(1i)^n} = \frac{1}{q^n} = \text{Abzinsungsfaktor}$$

Mögliche Kapitalwertergebnisse:

$C_O = 0$ ➔ Die Summe der Barwerte entspricht den Anschaffungskosten und der gewünschten Mindestverzinsung. Die Investition lohnt sich.

$C_O > 0$ ➔ Die Summe der Barwerte deckt die Anschaffungskosten und die gewünschte Mindestverzinsung. Darüber hinaus ist ein „Zahlungsüberschuss“ vorhanden, der die Investition sehr lohnend macht. Die Investition lohnt sich.

$C_O < 0$ ➔ Die Summe der Barwerte deckt nicht die Anschaffungskosten und die gewünschte Mindestverzinsung. Die Investition ist nachteilig.

Aufgaben

1 Die Anschaffungskosten eines Investitionsgutes betragen 430 000,00 €. Das Investitionsgut wird sechs Jahre genutzt, die jährlichen Einnahmen belaufen sich auf 950 000,00 €, die jährlichen Ausgaben 840 000,00 €, Kalkulationszinssatz 6 %.

a) Wie hoch ist der Kapitalwert C_O?

b) Begründen Sie Ihre Entscheidung für oder gegen das Investitionsgut.

2 Die Anschaffungskosten eines Investitionsgutes betragen 260 000,00 €. Das Investitionsgut wird sechs Jahre genutzt, die jährlichen Einnahmen belaufen sich auf 750 000,00 €, die jährlichen Ausgaben 660 000,00 €, Kalkulationszinssatz 6 %. Der Liquidationserlös entspricht dem Restbuchwert der Anlage: 25 000,00 €.

a) Wie hoch ist der Kapitalwert C_O?

b) Begründen Sie Ihre Entscheidung für oder gegen das Investitionsgut.

3 Ein Fahrzeugteilezulieferer beabsichtigt, eine neue Fertigungsanlage anzuschaffen. Es stehen zwei Investitionsalternativen zur Wahl. Die Nutzungsdauer beträgt jeweils fünf Jahre. Die Verzinsung des investierten Kapitals soll 7 % betragen.

	Typ Roma	**Typ Napoli**	**Typ Roma oder Typ Napoli**
Jahr	Ausgaben	Ausgaben	Einnahmen
1	800 000,00 €	720 000,00 €	1 300 000,00 €
2	850 000,00 €	750 000,00 €	1 400 000,00 €
3	900 000,00 €	800 000,00 €	1 500 000,00 €
4	960 000,00 €	820 000,00 €	1 550 000,00 €
5	1 020 000,00 €	850 000,00 €	1 600 000,00 €

a) Berechnen Sie die Kapitalwerte dieser Investitionsalternativen, wenn die Anschaffungskosten für den Typ Roma 2 500 000,00 € und für den Typ Napoli 2 200 000,00 € betragen.

b) Begründen Sie, welche Alternative vorzuziehen ist.

4 Mithilfe der Kapitalwertmethode soll geprüft werden, ob sich die Anschaffung einer weiteren Maschine lohnt. Anschaffungskosten der weiteren Maschine: 300 000 €. Erwartete Kapitalverzinsung: 8 %. Nutzungsdauer: fünf Jahre.

Jahr	Einnahmen	Ausgaben
1	750 000,00 €	720 000,00 €
2	770 000,00 €	730 000,00 €
3	850 000,00 €	790 000,00 €
4	830 000,00 €	780 000,00 €
5	810 000,00 €	780 000,00 €

a) Prüfen Sie mit der Kapitalwertmethode, ob sich die Investition lohnt.

b) Beurteilen Sie den Aussagewert des errechneten Kapitalwerts.

c) Beschreiben Sie den Zusammenhang zwischen Kapitalwert und Kalkulationszinssatz.

5 Bei einem Kalkulationszinssatz von 8 % stehen zwei Investitionsalternativen gegenüber:

	Maschine A	Maschine B
Anschaffungskosten	180 000,00 €	270 000,00 €
Einzahlungsüberschuss Jahr 1	60 000,00 €	60 000,00 €
Einzahlungsüberschuss Jahr 2	60 000,00 €	90 000,00 €
Einzahlungsüberschuss Jahr 3	60 000,00 €	120 000,00 €
Einzahlungsüberschuss Jahr 4	60 000,00 €	90 000,00 €
Einzahlungsüberschuss Jahr 5	45 000,00 €	45 000,00 €
Liquidationserlös	–	15 000,00 €

Teilergebnisse bitte auf volle Euro runden.

a) Berechnen Sie die Kapitalwerte der beiden Investitionen.

b) Die Differenz der Anschaffungskosten könnte ebenfalls für fünf Jahre investiert werden. Welchen Kapitalwert hat die Differenzinvestition bei folgenden Einzahlungsüberschüssen:
Jahr 1: 15 000,00 €; Jahr 2: 18 000,00 €; Jahr 3: 30 000,00 €;
Jahr 4: 45 000,00 €; Jahr 5: 45 000,00 €.

c) Welche Investitionsentscheidung sollte unter Berücksichtigung der Differenzinvestition getroffen werden?

d) Begründen Sie, ob sich die Investitionsentscheidung ändert, wenn der Differenzbetrag zum Kalkulationszinssatz angelegt werden könnte?

e) Welchen Betrag muss der Kapitalwert der Differenzinvestition erreichen, damit die Maschine A vorteilhafter ist?

6.2 Offene Selbstfinanzierung bei einer AG

Kernwissen

offene ...	... Selbstfinanzierung
• die Finanzierung wird in der Bilanz offengelegt	• das Unternehmen finanziert sich selbst aus eigener Kraft

erwirtschafteter und ausgewiesener Gewinn
wird nicht ausgeschüttet, sondern verbleibt im Unternehmen

6.2.1 Eigenkapitalgliederung und Gewinnverwendung bei einer AG

Kernwissen

Durch eine offene Selbstfinanzierung wird bei der AG die Eigenkapitalposition „Gewinnrücklagen“ erhöht.

A	Bilanz der AG P
A. Anlagevermögen	**A. Eigenkapital**
	I. Gez. Kapital
	II. Kapitalrücklage
B. Umlaufvermögen	III. Gewinnrücklagen • gesetzliche Rückl. • andere Gewinnrückl.
	B. Fremdkapital

← erhöht die Gewinnrücklagen

A	G + V E
Aufwand	Ertrag
einbehaltener Gewinn*	
auszuschütten-der Gewinn*	

↓ erhalten Aktionäre als Dividenden

*Jahresüberschuss = einbehaltener Gewinn und auszuschüttender Gewinn

VERWENDUNG DES JAHRESÜBERSCHUSSES der AG

Berechnung mit vereinfachtem Schema:	Daten für die Beispielsrechnung in Euro:
Jahresüberschuss aus GuV	**11 000 000**
– evtl Verlustvortrag aus Vorjahr	0
= **bereinigter Jahresüberschuss**	**11 000 000**
– Einstellung in gesetzliche Rücklage[1]	200 000[2]
5% vom bereinigten Jahresüberschuss	
= **Restbetrag 1**	**10 800 000**
– Einstellung in andere Gewinnrücklagen[3]	5 400 000[4]
= max. 50% von Restbetrag 1	
+ **Restbetrag 2**	**5 400 000**
= evtl. Gewinnvortrag[5] aus Vorjahr	120 000
– **Bilanzgewinn** [6]	**5 520 000**
– Einstellung weiterer Gewinnrücklagen durch HV	0
= Dividende	5 000 000[7]
Gewinnvortrag für neue Rechnung	**520 000**

Für eine AG soll die Gewinnverwendungsrechnung durchgeführt werden. Jahresüberschuss 11 Mio. €, Gewinnvortrag aus Vorjahr 120 000,00 €, maximale Einstellung in andere Gewinnrücklagen, Dividendenausschüttung gerundet auf 10 Cent, Gezeichnetes Kapital 40 Mio. €, Aktiennennwert 4 €, Kapitalrücklage 2 Mio. €, ges. Rücklage 1,8 Mio. €, andere Gewinnrücklagen 8 Mio. €.

1) Weitere gesetzliche Rücklagen sind solange zu bilden, bis gesetzliche Rücklage und Kapitalrücklage zusammen 10% des gezeichneten Kapitals erreichen. Müssen weitere gesetzliche Rücklagen gebildet werden, sind 5% vom bereinigten Jahresüberschuss in die gesetzlichen Rücklagen einzustellen, bis gesetzliche Rücklage und Kapitalrücklage zusammen genau 10% des Grundkapitals erreichen. § 150 (2) AktG
3) Aus dem Restbetrag 1 können Vorstand und Aufsichtsrat bis zu 50% in die anderen Gewinnrücklagen einstellen. § 58 (2) AktG
5) Aus dem Gewinnvortrag des Vorjahres dürfen keine gesetzlichen/andere Gewinnrücklagen gebildet werden. Der Gewinnvortrag war im vorigen Jahr bereits Teil des Jahresüberschusses und damit auch der Rücklagenbildung unterworfen.
6) Über die Verwendung des Bilanzgewinns entscheidet die Hauptversammlung mit einfacher Mehrheit. § 58 (3) AktG

2) 5% vom bereinigten Jahresüberschuss sind 550 000 €. Gesetzliche Rücklage bisher 1,8 Mio. € zuzüglich Kapitalrücklage 2 Mio. € ergibt nur 3,8 Mio. €. Von den 5% (550 000 €) des bereinigten Jahresüberschusses reichen nun 200 000,00 € aus, um die geforderten 10% vom GK (4 Mio €) zu erfüllen. Deshalb werden hier lediglich 200 000 € in die gesetzliche Rücklage eingestellt.
4) Da Vorstand und Aufsichtsrat eine möglichst hohe Selbstfinanzierung anstreben, werden sie den höchstmöglichen Prozentsatz (50%) ansetzen § 58(2) AktG.
7) Der Bilanzgewinn verteilt sich auf 10 Mio. Aktien (GK : NW je Aktie bzw. 40 Mio. € : 4 €). Das entspricht 0,552 € je Aktie (5 520 000 € : 10 Mio). Gerundet auf 10 Cent ergibt sich eine Dividende je Aktie von 0,50 €. Es werden Dividenden in Höhe von 5 Mio. € ausgeschüttet (0,50 €* 10 Mio Aktien). Die restlichen 520 000 € stellen den Gewinnvortrag für das nächste Geschäftsjahr dar.

Aufgaben

1 Der Jahresüberschuss einer AG beträgt 540 000,00 €.
Außerdem werden folgende Bilanzpositionen ausgewiesen:

gezeichnetes Kapital	4 000 000,00 €
Kapitalrücklagen	80 000,00 €
gesetzliche Rücklage	200 000,00 €
andere Gewinnrücklagen	2 200 000,00 €
Verlustvortrag	60 000,00 €

a) Aus welchen Gründen werden gesetzliche Rücklagen gebildet?

b) Welcher Betrag muss nach obigem Zahlenbeispiel der gesetzlichen Rücklage zugewiesen werden?

c) Um welchen Betrag erhöhen sich die anderen Gewinnrücklagen, wenn Vorstand und Aufsichtsrat den Jahresabschluss feststellen und den Höchstbetrag den anderen Gewinnrücklagen zuführen, zu dem sie gesetzlich ermächtigt sind?

d) Wie beurteilen Sie die offene Selbstfinanzierung der AG insgesamt nach der Rücklagenzuweisung gemäß den Aufgaben a) und b)?

2 Die vorläufige und stark vereinfachte Bilanz der Datex AG weist zum 31.12.01 folgende Werte aus:

vorläufige Bilanz (in T€)

Aktiva			Passiva
Grundstücke, Gebäude	12 000	Gezeichnetes Kapital	7 000*
Maschinen	7 000	gesetzl. Rücklage	600
Geschäftsausstattung	300	andere Gewinnrücklagen	2 800
Roh-, Hilfs- und Betriebsstoffe	1 720	Gewinnvortrag	20
Fertigerzeugnisse	500	Jahresüberschuss	1 200
Forderungen	5 000	Rückstellungen	1 000
Bank	100	Darlehen	9 000
		Verbindlichkeiten	5 000
	26 620		**26 620**

In der Satzung heißt es: „Vorstand und Aufsichtsrat stellen den Jahresabschluss fest. Die Zuweisungen zu den anderen Gewinnrücklagen soll 50 % betragen."

* 3 500 000 Stückaktien

a) Ermitteln Sie unter diesen Bedingungen den Bilanzgewinn.

b) Wie hoch wäre das in der Bilanz ausgewiesene Eigenkapital, wenn die Hauptversammlung dem Vorschlag des Vorstands und Aufsichtsrats folgen würde, die höchstmögliche, auf volle Cent lautende Dividende aus dem Bilanzgewinn auszuschütten?

c) In welchen Fällen erfolgt die Feststellung des Jahresabschlusses durch die Hauptversammlung?

d) In der Bilanz ist keine Kapitalrücklage ausgewiesen. Erklären Sie, zu welchem Ausgabepreis die DATEX-AG die Aktien emittierte.

3 In der Hauptversammlung der Titan AG ist ein Beschluss über die Gewinnverwendung zu fassen.

Die vereinfachte Bilanz der Titan AG weist folgende Zahlen aus:

Bilanz zum 31.12.01 (in T€)

Aktiva		Passiva	
Sachanlagen	32 000	Gezeichnetes Kapital	10 000
Finanzanlagen	8 000	Kapitalrücklage	6 000
Vorräte	3 000	Gewinnrücklagen	3 000
Forderungen	4 000	Bilanzgewinn	2 300
Wertpapiere	2 000	Rückstellungen	1 700
Bankguthaben	4 000	Verbindlichkeiten	30 000
	53 000		**53 000**

a) Die Hauptversammlung beschließt, den Bilanzgewinn an die Aktionäre auszuschütten. Es soll eine auf eine Dezimale abgerundete Dividende je Aktie ausgezahlt werden. Die Aktien haben einen Nennwert von 5,00 €.
Führen Sie die vollständige Gewinnverwendung durch.

b) In der Bilanz ist keine gesetzliche Rücklage ausgewiesen. Ist dies zulässig? Begründen Sie Ihre Antwort.

6.3 Außenfinanzierung in Form von Beteiligungsfinanzierung bei einer AG

Strukturzusammenhang

Aktienanlage

- wendet sich an den gesamten Kapitalmarkt
- keine Handelsregistereintragung bei Kauf/Verkauf
- kein persönliches Verhältnis zur Gesellschaft erforderlich
- organisierter Kapitalmarkt vorhanden
- öffentliche Informationen über AG durch Geschäftsberichte und Pressekonferenzen
- ideal für die anonyme Geldanlage
- ideal für jeden Anlagebetrag
- ideal für flexible Anlage

Kernwissen

Der Aktionär beteiligt sich an der AG, indem er das Geld von außen in die AG einbringt.

Beachte:

Der Erwerb von Aktien stellt nur bei der Aktienausgabe (Aktienemission) eine Beteiligungsfinanzierung dar, weil dann die AG das Geld für die Aktien erhält. Werden an der Börse – unabhängig von der Aktienausgabe – Aktien gekauft, beteiligt sich der Aktionär zwar an der Aktiengesellschaft, das Geld für die Aktie erhält aber der Vorbesitzer der Aktie und nicht die AG. Folglich wird die AG durch diesen Vorgang nicht finanziert.

Kapitalerhöhung gegen Einlagen

Durch die Ausgabe weiterer Aktien fließt der AG Geld zu, das für Investitionszwecke zur Verfügung steht.
Die AG muss zunächst ihren Kapitalbedarf ermitteln; danach unter Berücksichtigung des bisherigen Börsenkurses den Ausgabekurs (Bezugskurs) und die Ausgabemenge der jungen Aktien festlegen.

Festlegung des Bezugskurses
Kompromiss aus konkurrierenden Zielen

- Attraktivität der Aktienausgabe ➔ relativ niedriger Bezugskurs
- hoher Kapitalzufluss ➔ relativ hoher Bezugskurs

Kompromiss als Faustregel der Praxis:
Bezugskurs der jungen Aktien (K_j) = ca. 70 % vom bisherigen Börsenkurs (K_a)

Beispiel:

Der Kapitalbedarf einer AG in Höhe von 5 000 000,00 € soll durch die Erhöhung des Grundkapitals (GK) von bisher 10 Mio. € auf 12,5 Mio. € gedeckt werden. Der Börsenkurs der alten Aktie ist 27,50 €, der Bezugskurs wird auf 20,00 € festgelegt, der Aktiennennwert beträgt 10,00 €.

a) *Liquiditätszuwachs:* 20,00 € · 250 000 Aktien = 5 000 000,00 €

b) *Eigenkapitalerhöhung:*

10,00 € Nennwert · 250 000 = 2 500 000,00 € Grundkapitalerhöhung
↗
20,00 € je Aktie
↘
10,00 € Agio · 250 000 = 2 500 000,00 € Erhöhung Kapitalrücklage

c) *Bezugsverhältnis (BZV)* $= \frac{\text{GK alt}}{\Delta\,\text{GK}} = \frac{10\,000\,000{,}00\,€}{2\,500\,000{,}00\,€} = \frac{4}{1}$ oder $\frac{\text{Anzahl alte Aktien}}{\text{Anzahl junge Aktien}}$

d) *Mittelkurs nach Kapitalerhöhung:* $= \frac{27{,}50\,€ \cdot 1\,000\,000 + 20{,}00\,€ \cdot 250\,000}{1\,000\,000 + 250\,000} = 26{,}00\,€$

e) *Rechnerischer Wert des Bezugsrechts* $= \frac{K_a - K_1}{BZV + 1} = \frac{27{,}50\,€ - 20{,}00\,€}{4/1 + 1} = \frac{7{,}50\,€}{5{,}00} = 1{,}50\,€$

f) Aktionär Holzweg hat vor der Kapitalerhöhung 50 Aktien. Er möchte von seinem Bezugsrecht Gebrauch machen.

1. *Möglichkeit:*

Kauf von 12 jungen Aktien	12 · 20,00 €	= 240,00 €
– Verkauf 2 Bezugsrechte (BZR)	2 · 1,50 €	= 3,00 €
= Geldeinsatz des Aktionärs für 12 junge Aktien:		= **237,00 €**

2. *Möglichkeit:*

Kauf von 13 jungen Aktien	13 · 20,00 €	260,00 €
+ Kauf 2 BZR	2 · 1,50 €	= 3,00 €
= Geldeinsatz für den Erwerb von 13 jungen Aktien:		= **263,00 €**

Wichtige Formeln:

$$\text{Bezugsverhältnis} = \frac{\text{altes Grundkapital}}{\text{Grundkapitalerhöhung}} = \frac{\text{GK alt}}{\Delta\,\text{GK}}$$

$$\text{Rechnerischer Wert des Bezugsrechts} = \frac{K_a - K_j}{BZV + 1}$$

$$\text{Kurs nach der Kapitalerhöhung} = \frac{\text{Anzahl alte Aktien} \cdot K_a + \text{Anzahl junge Aktien} \cdot K_j}{\text{Anzahl alte Aktien} + \text{Anzahl junge Aktien}}$$

Aufgaben

1 In der ordentlichen Hauptversammlung der Chemie-AG, Essen, wurde auf Vorschlag des Vorstands beschlossen, das Grundkapital um 6 Mio. € auf 30 Mio. € zu erhöhen, um den Kapitalbedarf für zusätzliche Investitionen zu decken. Die jungen Aktien haben vollen Anteil an der Dividende des laufenden Jahres. Ein Bankenkonsortium unter Führung der Deutschen Bank AG hat die jungen Aktien übernommen und sich verpflichtet, diese zum Ausgabekurs von 7,00 € je 5,00 €-Aktie zum Bezug anzubieten.
Voraussichtliche Dividendenausschüttung wie im Vorjahr 0,70 € je Stück.

a) Ermitteln Sie
   - das Bezugsverhältnis,
   - den rechnerischen Wert des Bezugsrechts – der Kurs der alten Aktie ist zum Zeitpunkt der Kapitalerhöhung 20,00 € je 5,00 € Nennwert
   - den Zufluss an flüssigen Mitteln und die Höhe des Agios. Wie wird das Agio in der Bilanz ausgewiesen?

b) Nehmen Sie an, Sie hätten 20 Aktien der Chemie-AG im Besitz und wollten nun sechs junge Aktien erwerben.
Wie würde die Abrechnung der Bank über den Kauf der notwendigen Bezugsrechte und den Kauf der neuen Aktien lauten, wenn das Bezugsrecht am Tage des Kaufs 0,15 € über dem rechnerischen Wert notierte? (Spesen bleiben unberücksichtigt).

c) Die Aktionärsvereinigung hatte für die Kapitalerhöhung einen anderen Vorschlag unterbreitet:
Kapitalerhöhung im Verhältnis 3 : 1
Ausgabekurs 6,00 € je 5,00 €-Aktie.
   - Warum wurde von Seiten der Kleinaktionäre dieser Vorschlag begrüßt? (Vergleichen Sie den Vorschlag mit dem Vorschlag des Vorstandes)
   - Nimmt der Vorschlag der Aktionärsvereinigung Rücksicht auf die Höhe des Kapitalbedarfs?
     Werden im Gegensatz zum Vorschlag des Vorstandes zusätzliche liquide Mittel notwendig, um die Dividende von 0,70 € auch in Zukunft ausschütten zu können? (rechnerischer Nachweis)

d) Die Geschäftsbanken weisen ihre Kunden darauf hin, dass beim Verkauf von „Bezugsrechtsspitzen“ am Ende der Bezugsrechtsfrist der Verkaufserlös gewöhnlich unter dem rechnerischen (theoretischen) Wert des Bezugsrechts liegt. Worauf ist dies wohl zurückzuführen?

2 In der Hauptversammlung 2012 der Titan AG sind Beschlüsse über eine Kapitalerhöhung gegen Einlagen zu fassen.

Die vereinfachte Bilanz der Titan AG weist vor der geplanten Kapitalerhöhung folgende Zahlen aus:

Bilanz zum 31.12.11 (in T€)

Aktiva		Passiva	
Sachanlagen	32 000	Gezeichnetes Kapital	10 000
Finanzanlagen	8 000	Kapitalrücklagen	6 000
Vorräte	3 000	Gewinnrücklagen	3 000
Forderungen	4 000	Bilanzgewinn	2 300
Wertpapiere	2 000	Rückstellungen	1 700
Bankguthaben	4 000	Verbindlichkeiten	30 000
	53 000		**53 000**

a) Auf Beschluss der Hauptversammlung erhöht die Titan AG ihr Grundkapital zum 01.04.12 um 4 Mio. €. Der Börsenkurs der alten Aktien betrug vor der Kapitalerhöhung 12,00 € je 5,00 €-Aktie.
Die jungen Aktien haben einen Nennwert von 5,00 € und können zum Ausgabekurs von 10,25 €/Aktie bezogen werden.
Ermitteln Sie aufgrund des vorliegenden Sachverhalts den Ausgabekurs der alten Aktie und die Anzahl der Aktien nach der Kapitalerhöhung.

b) Ermitteln Sie den rechnerischen Wert des Bezugsrechts.

c) Reich besitzt alte Titan-Aktien im Nennwert von 2,1 Mio. €. Er will Satzungsänderungen in der Hauptversammlung der AG verhindern können, aber dafür so wenig wie möglich Kapital einsetzen.
Berechnen Sie gemäß dieser Zielsetzung die Anzahl der von Reich mindestens zu erwerbenden Aktien und den dafür erforderlichen Kapitaleinsatz, wenn Reich davon ausgeht, dass in den Hauptversammlungen der Titan AG 80 % des gezeichneten Kapitals vertreten sind. Der tatsächliche Wert des Bezugsrechts stimmt mit dem rechnerischen Wert überein.

3 Zur Erschließung und Verwertung eines ehemaligen Militärgeländes wurde die Baden-Technologiepark AG gegründet und mit einem Grundkapital von 120 Mio. € in das Handelsregister eingetragen. Das Grundkapital wurde auf 6 Mio. Aktien aufgeteilt. Am Grundkapital der AG sind die Baden-Bank AG mit 65 Mio. € und der Kommunalverband Schwaba mit 47 Mio. € beteiligt. Der Rest der Aktien wurde von den Initiatoren Hans und Jakob Schwarzwälder zu gleichen Teilen übernommen. Der Kapitalbedarf wurde zunächst mit 180 Mio. € veranschlagt.
Im dritten Wirtschaftsjahr wird offensichtlich, dass das Kapital der Gesellschaft nicht ausreicht. Die Finanzierungslücke von 19,2 Mio. € soll durch eine Kapitalerhöhung gegen Einlagen geschlossen werden. Dazu wird das Grundkapital um 10 % erhöht. Emissionskosten in Höhe von 600 000,00 € werden ebenfalls durch die Kapitalerhöhung gedeckt.

a) – Zu welchem Kurs mussten die jungen Aktien mindestens ausgegeben werden, um den Finanzbedarf zu decken?
– Ermitteln Sie den rechnerischen Kurs der Aktie nach der Kapialerhöhung. Die alte Aktie hatte vor der Kapitalerhöhung einen Wert von 40,15 €.

b) Die jungen Aktien sollten ursprünglich nach dem Willen der Brüder Schwarzwälder unter Ausschluss des Bezugsrechts ausgegeben werden.
– Begründen Sie, wer den Beschluss über den Bezugsrechtsausschluss hätte verhindern können. Gehen Sie von unveränderten Beteiligungsverhältnissen aus.
– Erklären Sie allgemein zwei Nachteile, die sich für Aktionäre ergeben, die vom Bezugsrecht ausgeschlossen sind.

4

Sachverhalt 1

Der Vorstand einer AG schlägt der Hauptversammlung zur Finanzierung von Erweiterungsinvestitionen eine Erhöhung des Grundkapitals um 60 Mio. € auf 660 Mio. € vor. Der Börsenkurs der alten Aktien beträgt 26,00 € für den fiktiven Nennwert von 1,00 €. Die jungen Aktien sollen zum Bezugskurs von 18,00 € ausgegeben werden. Bei einer geplanten Dividende von 0,90 € ist für die jungen Aktien eine volle Dividendenberechtigung für das vergangene Geschäftsjahr vorgesehen.
Die bereits vor der Emission vorhandenen Rücklagen gliedern sich in 60 Mio. € gesetzliche und 250 Mio. € andere Gewinnrücklagen.
Unter Annahme der Verwirklichung dieses Vorschlags sind folgende **Aufgaben** zu lösen:

a) Wie viel Euro fließen der AG zu, und wie hoch ist das Agio?

b) Wie viel liquide Mittel sind erforderlich, wenn die für das Geschäftsjahr geplante Dividende tatsächlich ausgeschüttet wird?

c) Wie hoch ist der rechnerische Wert des Bezugsrechts in Euro?

d) Wie hoch müsste der Bezugskurs für eine Aktie für den Fall sein, dass bei einem Bezugsverhältnis von 6 : 1 und dem oben angegebenen Grundkapital 1 200 Mio. € beschafft werden sollen?

Sachverhalt 2

In der Hauptversammlung kommt von einer Großaktionärsgruppe folgender Gegenvorschlag: Weil der Vorstandsvorschlag zu wenig Mittel einbringe, solle die Kapitalerhöhung mit einem Bezugsverhältnis von 8 : 3 und die Ausgabe der jungen Aktien zu 7,50 € erfolgen. Für das laufende Geschäftsjahr werden nur 0,80 € Dividende je Aktie vorgeschlagen; die jungen Aktien sollen dabei aber voll dividendenberechtigt sein.
Unter Annahme der Verwirklichung dieses Vorschlags sind folgende **Aufgaben** zu lösen:

e) Wie viel Euro zusätzlich bringt die Durchführung dieses Vorschlags gegenüber der Verwirklichung des Vorstandvorschlags gemäß Sachverhalt 1?

f) Wie viel liquide Mittel sind bei diesem Vorschlag für die geplante Dividendenausschüttung erforderlich?

g) Im Zusammenhang mit der Kapitalerhöhung will ein Aktionär, der 30 alte Aktien besitzt, Auskunft darüber, wie viel Bezugsrechte er nach dem in Sachverhalt 1 gemachten Vorschlag zum Erwerb von zehn jungen Aktien noch kaufen muss. Geben Sie diese Auskunft.

h) Wie viel junge Aktien kann ein anderer Aktionär, der 3 000 alte Aktien besitzt, nach dem in Sachverhalt 1 gemachten Vorschlag kaufen, wenn er noch insgesamt 10 000,00 € anlegen will?

6.4 Außenfinanzierung in Form von Darlehensaufnahme

Kernwissen

langfristig ↓	**Fremdfinanzierung** = ***Mittelzufluss*** *von Unternehmensfremden* ↓	kurzfristig ↓
• Darlehen (mittel- bis langfristiger Bankkredit)	• **wird benötigt**, wenn Eigenkapital für Investitionen nicht ausreicht • ist schneller und einfacher zu beschaffen als Eigenkapital • Zinsaufwand ist im Gegensatz zu Dividendenzahlungen gewinn- und steuermindernd • **erfordert** entsprechende Sicherheiten des Kreditnehmers	• Kontokorrentkredit

Darlehen *Kredit in bestimmter Höhe, Darlehensbetrag ist in gleicher Höhe zurückzuerstatten (§ 607 BGB)*	**Kontokorrentkredit** *Kredit in laufender Rechnung, der sich täglich mindern oder erhöhen kann*
Im Darlehensvertrag wird vereinbart: • fester Darlehensbetrag (Kreditsumme) • Auszahlungsbetrag • Damnum (Abgeld) • Zinssatz deutlich geringerer Zinssatz als beim Kontokorrentkredit, da genau kalkulierbar • Laufzeit: in der Regel mittel- bis langfristig • Tilgung (siehe Darlehensarten)	**Im Kontokorrentkreditvertrag wird vereinbart:** • festgelegtes Kreditlimit; täglich schwankender Kreditbetrag möglich • entfällt • entfällt • Zinssätze, (für Überziehung und Guthaben) deutlich höherer Zinssatz als beim Darlehen, da die Bank ständig unterschiedliche Beträge zur Verfügung stellen muss. • Laufzeit: in der Regel kurzfristig; aus dem formal kurzfristigen Kredit kann bei ordnungsgemäßer Kontoführung ein mittel- bis langfristiger Kredit werden • jederzeit rückzahlbar
↓ **Darlehen** dient der Finanzierung von exakt planbaren Vorgängen z.B. Anschaffungen (Investitionen)	↓ **Kontokorrentkredit** dient dem kurzfristigen Ausgleich von Zahlungsströmen (Gelddisposition), die sich nicht genau terminieren lassen

Darlehensarten	Entwicklung		
	Zinsanteil (Z)	Tilgungsanteil (T)	Gesamtzahlung (Z + T)
Abzahlungsdarlehen mit konstanten Tilgungsraten (Ratentilgungsdarlehen)	wird geringer	bleibt konstant	wird geringer
Annuitätendarlehen	wird geringer	steigt	bleibt konstant
Festdarlehen	bleibt konstant	keine lfd. Tilgung	bleibt konstant

Barwert = auf den aktuellen Zeitpunkt des Darlehens abgezinste Zahlung.

Formeln:

Effektivverzinsung Festdarlehen = $p_{eff} = \dfrac{\left(p + \dfrac{d}{n}\right) \cdot 100}{100 - d}$

p = Vomhundertsatz Zins
d = Vomhundertsatz Damnum
n = Laufzeit in Jahren

Annuitätenfaktor (AF)

$$AF = \frac{q^n (q - 1)}{(q^n - 1)}$$

q = (1 + p/100)
n = Laufzeit in Jahren

oder

$$AF = \frac{i (1 + i)^n}{(1 + i)^n - 1}$$

i = p/100
n = Laufzeit in Jahren

Annuität = Anfangsdarlehen · AF

Aufgaben

1 Eine Aktiengesellschaft sieht sich aus Wettbewerbsgründen gezwungen, einen Teil ihres Produktionsmittelbestandes dem neuesten Stand der Technik anzupassen.
Die Durchführung dieser Rationalisierungsmaßnahme erfordert schätzungsweise ein Kapital von 900 000,00 € bis 1 000 000,00 €.
Folgendes Angebot liegt vor:
Ein Kredit der Hausbank in Höhe von 950 000,00 € mit einer Laufzeit von fünf Jahren, Zinssatz 6 %.
Zinszahlung und Tilgung in gleichen Raten erfolgen jeweils am Jahresende.

a) Wie viel Euro beträgt die Zinsbelastung für den Bankkredit während der gesamten Kreditdauer?

b) Wie viel Euro müsste die AG für den Bankkredit in jedem Jahr aufbringen?

2 Die Commerzbank AG bietet einer Bauunternehmung ein Darlehen zum Nennbetrag von 10 Mio. € zu folgenden Bedingungen an:
Auszahlung 95 %, Zinssatz 5,5 %, Laufzeit fünf Jahre, Tilgung in gleichen jährlichen Raten.

a) Berechnen Sie den effektiven Zinssatz.

b) Ermitteln Sie die jährliche Liquiditätsbelastung.

c) Ermitteln Sie den jährlichen Aufwand.

3 Verlauf eines Kontokorrentkredits:

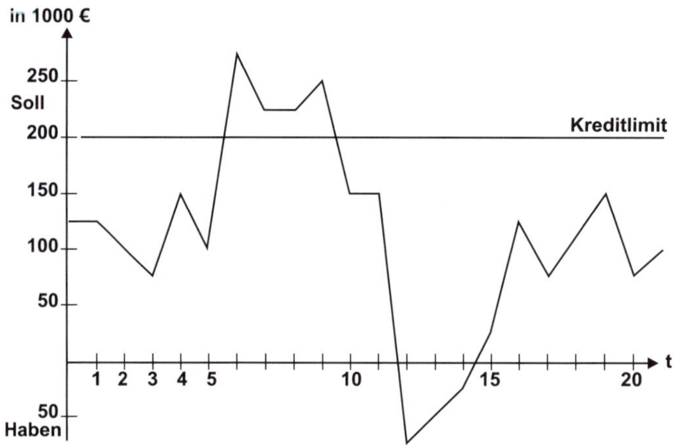

weitere Daten:
Sollzinssatz 9 %, Habenzinssatz 0,5 %, Überziehungsprovision 3 %

a) Geben Sie an, wie die Zinsen
- am 5. Tag berechnet werden
- am 6. Tag berechnet werden
- am 13. Tag berechnet werden

b) Die Zinssätze von Darlehen und Kontokorrentkrediten unterscheiden sich deutlich in ihrer Höhe. Wie ist dies zu erklären?

4 Die Anschaffung einer Lagerhalle erfordert 800 000,00 € verfügbares Kapital. Eine Bank bietet wahlweise an:

① Festdarlehen, Laufzeit acht Jahre, 100 % Auszahlung, Zinssatz 5,5 %,

② Annuitätendarlehen, 100 % Auszahlung, Laufzeit acht Jahre, Zinssatz 5,0 %,

③ Abzahlungsdarlehen, 100 % Auszahlung, Laufzeit acht Jahre, Zinssatz 5,0 %

a) Ermitteln Sie die effektive Zinsbelastung bei dem Festdarlehen.

b) Berechnen Sie den Barwert der Zinsen beim Festdarlehen.

c) Stellen Sie den Tilgungs- und Zinsplan für das Annuitätendarlehen auf, indem Sie eine Tabelle in folgender Form erstellen:

Zins- und Tilgungsplan Annuitätendarlehen						
Jahr	Zinsen	Tilgung	Restschuld „Jahresende“	Annuität	Barwert	
					Zinsen	Tilgung
1						
2						
3						
4						
5						
6						
7						
8						
Summe:						

d) Berechnen Sie den Barwert der Zinsen beim Annuitätendarlehen.

e) Berechnen Sie den Barwert der Tilgung beim Annuitätendarlehen.

f) Stellen Sie den Tilgungs- und Zinsplan für das Abzahlungsdarlehen auf, indem Sie eine Tabelle in folgender Form erstellen: (siehe nächste Seite)

Zins- und Tilgungsplan Abzahlungsdarlehen						
Jahr	Zinsen	Tilgung	Restschuld „Jahresende“	Liquiditäts-abfluss	Barwert	
					Zinsen	Tilgung
1						
2						
3						
4						
5						
6						
7						
8						
Summe:						

g) Berechnen Sie den Barwert der Zinsen beim Abzahlungsdarlehen.

h) Berechnen Sie den Barwert der Tilgung beim Abzahlungsdarlehen.

5 Die Anschaffung einer Druckmaschine erfordert 500 000,00 € verfügbares Kapital. Eine Bank bietet wahlweise an:

① Festdarlehen, Laufzeit fünf Jahre, 98 % Auszahlung, Zinssatz 6,5 %,

② Annuitätendarlehen, Laufzeit fünf Jahre, 100 % Auszahlung, Zinssatz 6,0 %, Annuitätenfaktor 0,2373964002

③ Abzahlungsdarlehen, Laufzeit fünf Jahre, 100 % Auszahlung, Zinssatz 6,0 %

a) Ermitteln Sie die effektive Zinsbelastung bei dem Festdarlehen.

b) Berechnen Sie die gesamte Zinsbelastung bei dem Festdarlehen.

c) Stellen Sie den Tilgungs- und Zinsplan für das Annuitätendarlehen auf, indem Sie nachfolgende Tabelle ausfüllen.

Zins- und Tilgungsplan Annuitätendarlehen						
Jahr	Zinsen	Tilgung	Restschuld „Jahresende“	Annuität	Barwert	
					Zinsen	Tilgung
1						
2						
3						
4						
5						
Summe:						

d) Berechnen Sie den Barwert der Zinsen beim Annuitätendarlehen.

e) Berechnen Sie den Barwert der Tilgung beim Annuitätendarlehen.

f) Stellen Sie den Tilgungs- und Zinsplan für das Abzahlungsdarlehen auf, indem Sie nachfolgende Tabelle ausfüllen.

Zins- und Tilgungsplan Abzahlungsdarlehen						
Jahr	Zinsen	Tilgung	Restschuld „Jahresende“	Liquiditäts-abfluss	Barwert	
					Zinsen	Tilgung
1						
2						
3						
4						
5						
Summe:						

g) Berechnen Sie den Barwert der Zinsen beim Abzahlungsdarlehen.

h) Berechnen Sie den Barwert der Tilgung beim Abzahlungsdarlehen.

6.5 Kreditsicherheiten

Kernwissen

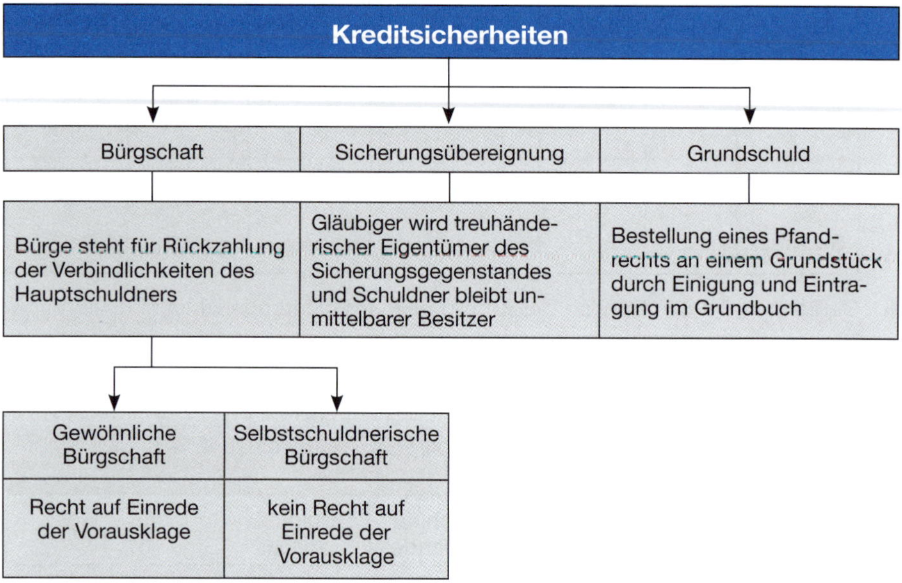

Einfacher Personalkredit

Die persönliche Kreditwürdigkeit des Kreditnehmers ist die einzige Kreditsicherheit.

Bürgschaft als verstärkter Personalkredit

Bürgschaftskredit:

Kreditgeber und Kreditnehmer schließen einen Kreditvertrag ab. Der Kredit wird durch weitere Personen gesichert (verstärkt), den Bürgen. Zwischen Kreditgeber und Bürgen wird ein Bürgschaftsvertrag abgeschlossen (§ 765 BGB).

Bürgschaftsarten:

- ***Gewöhnliche Bürgschaft***
  Der Bürge hat das Recht zur Einrede der Vorausklage (§ 771 BGB). Er muss also erst für den Kreditnehmer einspringen, wenn der Kreditgeber den Klageweg beschritten hat.

- ***Selbstschuldnerische Bürgschaft***
  Bürge verzichtet auf Einrede der Vorausklage. Kreditgeber kann sich dann bei Fälligkeit sofort an den Bürgen wenden. Bürgschaften der Kaufleute im Rahmen ihres Handelsgeschäftes sind stets selbstschuldnerisch (§ 349 HGB).

- ***Gesamtschuldnerische Bürgschaft***
  Mehrere Bürgen haften gemeinsam für die gleiche Schuld. Der Kreditgeber kann sich an jeden Bürgen wenden.

Formvorschriften:
Bei der gewöhnlichen Bürgschaft ist gemäß § 766 BGB die Schriftform erforderlich. Kaufleute können bei der selbstschuldnerischen Bürgschaft im Rahmen ihrer Handelsgeschäfte auch mündlich wirksam bürgen (§ 350 HGB).

Sicherungsübereignung als Realkredit

Sicherungsübereignung:
Kreditgeber erhält Eigentumsrechte an Kreditsicherheiten; der Kreditnehmer bleibt unmittelbarer Besitzer.

Geeignete Gegenstände:
Kraftfahrzeuge, Maschinen, Waren in einem Lager (Raumsicherungsvertrag), Betriebs- und Geschäftsausstattung.

Vorteile für Kreditnehmer:
Nutzung der sicherungsübereigneten Gegenstände ist weiterhin möglich; diese können eingesetzt werden, um Erlöse zu erzielen, die eine entsprechende Kredittilgung ermöglichen.

Vorteil für Kreditgeber:
Kreditsicherheit kann im Bedarfsfall verwertet werden.

Risiken für den Kreditgeber:
Mehrfachübereignung der Kreditsicherheit, zwischenzeitlicher Verkauf, Kreditsicherheit wurde unter Eigentumsvorbehalt geliefert, Beschädigungen, Wertverluste.

Grundschuld als Realkredit

Grundschuld:
Pfandrecht an einem Grundstück. Die Grundschuld wird in einer bestimmten Höhe in das Grundbuch eingetragen. Kommt der Kreditnehmer seinen Zahlungsverpflichtungen nicht nach, kann der Kreditgeber die Versteigerung des (bebauten oder unbebauten) Grundstücks bewirken und den fälligen Betrag einziehen.

Aufgepasst: Bei der Grundschuld kann der Haftungsbetrag höher sein als die eingetragene Grundschuld, was bei einer Hypothek nicht möglich wäre (siehe Aufgabe 3, Seite 154).

Grundschuldarten		
↙	↓	↘
Buchgrundschuld	**Briefgrundschuld**	**Eigentümergrundschuld**
entsteht durch Einigung und Eintragung im Grundbuch	entsteht durch Einigung und Eintragung im Grundbuch; ein Grundschuldbrief wird ausgestellt	Rechte aus der Grundschuld stehen dem Grundstückseigentümer selbst zu
wird bei vollständiger Rückzahlung gelöscht	bei vollständiger Rückzahlung wird der Grundschuldbrief an den Kreditnehmer zurückgegeben	nach vollständiger Darlehensrückzahlung wird die Grundschuld in eine Eigentümergrundschuld umgewandelt
kann für erneuten Kredit nicht wieder verwendet werden	kann für erneuten Kredit verwendet werden, ohne Grundbuchkosten zu verursachen	kann für eine erneute Kreditaufnahme verwendet werden

Grundbuch:
- beim Amtsgericht geführtes öffentliches Register über Grundstücke
- genießt öffentlichen Glauben
- erfasst Eigentumsverhältnisse
- erfasst Lasten und Beschränkungen (z.B. Wegerecht)
- erfasst Grundpfandrechte, z.B. Grundschulden

Aufgaben

1 Ein Unternehmen benötigt 50 000,00 €, die es von seiner Hausbank beschaffen will. Der Hausbank werden zur Kreditwürdigkeitsprüfung folgende Bilanzzahlen vorgelegt:

Aktiva	Bilanz in €		Passiva
Grundstücke	150 000,00	Eigenkapital	378 000,00
Fuhrpark	40 000,00	Grundschuld	90 000,00
Maschinen	110 000,00	Verbindlichkeiten	132 000,00
Wertpapiere	30 000,00		
Rohstoffe	170 000,00		
Forderungen	70 000,00		
Kasse	2 000,00		
Bank	28 000,00		
	600 000,00		600 000,00

Es besteht auch die Möglichkeit, von einem Geschäftsfreund eine Bürgschaft zu bekommen.
Die Bank prüft die Sicherungsmöglichkeiten.

a) Wie werden Grundpfandrechte bestellt?

b) Welche Bedeutung hat die Rangordnung?

c) Wie kann auch nach Rückzahlung des Kredits die grundpfandrechtliche Sicherheit für künftige Inanspruchnahme erhalten bleiben?

d) Womit kann ein Grundstück außer den Grundpfandrechten noch belastet sein?

e) Welche Vermögensgegenstände aus der obigen Bilanz eignen sich vorwiegend zur Sicherungsübereignung?

f) Wie wird die Sicherungsübereignung durchgeführt?

g) Warum lässt sich aus den vorgelegten Bilanzzahlen allein nicht erkennen, in welchem Umfang die Vermögensgegenstände des Unternehmens zur Sicherung des benötigten Kredits dienen können?

h) Welche Möglichkeiten hat das Kreditinstitut außerdem noch, die persönliche und materielle Kreditwürdigkeit des Kreditsuchenden zu prüfen?

i) Welche Arten der Bürgschaft gibt es, welche verlangt die Bank? (Begründung)

j) Wie kommt die Bürgschaft zustande?

k) Was kann einen Unternehmer veranlassen, für einen anderen zu bürgen?

2 Die NEUTEX GmbH, Stuttgart, plant die Erweiterung ihrer Produktionsanlagen und benötigt dazu einen Investitionskredit in Höhe von 750 000,00 €. Als Sicherheit bietet sie ihrer Bank Grundpfandrechte an.
Auf das Grundvermögen der GmbH in Höhe von 1 200 000,00 € ist bereits im **I. Rang eine Eigentümergrundschuld** in Höhe von 250 000,00 € eingetragen, über die ein Grundschuldbrief auf den Inhaber ausgestellt wurde. Der Grundschuldbrief befindet sich in den Händen der NEUTEX GmbH.

a) Wie kann bei diesem Sachverhalt der Kredit für die Bank durch Grundpfandrechte möglichst vorteilhaft gesichert werden?

b) Außerdem will die NEUTEX GmbH Rohstoffvorratskäufe in Höhe von 150 000,00 € durch einen Kredit vorfinanzieren. Für die Sicherung dieses Kredits bietet die GmbH der Bank an:
eine Sicherungsübereignung von 4 Lkw (Anschaffungswert 600 000,00 €, Nutzungsdauer vier Jahre, drei Jahre bereits im Betrieb).
Beurteilen Sie die angebotene Sicherheit.

c) Nennen Sie drei Gefahren, die bei der in b) genannten Sicherungsart der Bank drohen!

3 Die Ehefrau des Unternehmers Uwe Herzog ließ auf ihr Privathaus eine Grundschuld in Höhe von 120 000,00 € für die Bankschulden ihres Ehemannes eintragen. Der Zinssatz der eingetragenen Grundschuld beträgt 18 %; der Darlehenszinssatz 6 %. Nachdem der Ehemann die Zinsen fünf Jahre ordnungsgemäß bezahlte, musste er Insolvenz anmelden. Seine Schulden gegenüber der Bank belaufen sich auf 400 000,00 €.
Wie viel Euro kann die Bank von der Ehefrau des Unternehmers verlangen?

4 Da eine geplante Kapitalerhöhung nicht ausreicht, um die notwendigen Produktionsanlagen im Wert von 8 Mio. € zu finanzieren, beabsichtigt eine AG, die fehlenden Finanzmittel über Bankdarlehen zu beschaffen.
Als Grundlage wird folgende vereinfachte Bilanz vorgelegt:

Aktiva	vereinfachte Bilanz (Mio. €)		Passiva
Grundstücke, Gebäude[4]	28,0	Gezeichnetes Kapital	20,0
Maschinen	20,0	Kapitalrücklage	1,5
Geschäftsausst.[1]	11,0	Gewinnrücklagen	
Vorräte[2]	10,0	gesetzliche Rücklage	2,0
Liquide Mittel	0,5	and. Gewinnrücklagen	4,5
		Rückstellungen	0,9
		Verbindlichk. gegenüber Banken (über 4 Jahre)[3]	39,6
		Verbindlichk. aus L/L	1,0
	69,5		69,5

Weitere Annahmen:
Nutzungsdauer der neuen Produktionsanlagen zehn Jahre; lineare Abschreibung.

a) Welche Kreditsicherungsmöglichkeiten könnten auf der Grundlage der gegebenen Daten dem Kreditinstitut angeboten werden?
Ermitteln Sie jeweils die maximal zu erhaltende Darlehenssumme.

b) Beschreiben Sie die typischen Merkmale der Sicherungsübereignung.

c) Berechnen Sie die Effektivzinssätze für die folgenden Kreditangebote über jeweils 2,7 Mio. €.
(Rechengenauigkeit zwei Dezimalstellen)

Angebot 1:
Laufzeit fünf Jahre, 2 % Bearbeitungsgebühr von der Darlehenssumme, 8 % p.a. Zinsen, jährl. Zinszahlung, Rückzahlung in einer Summe nach fünf Jahren.

Angebot 2:
Laufzeit sechs Jahre, Damnum 2 %, 1,5 % Bearbeitungsgebühr von der Darlehenssumme, jährliche Zinszahlungen, Rückzahlung in einer Summe nach sechs Jahren, 7 % p.a. Zinsen.

---

1 zur Sicherungsübereignung nicht geeignet
2 40 % der Vorräte eignen sich zur Besicherung, Beleihungssatz 50 %
3 das langfristige Darlehen ist durch eine Grundschuld (40 Mio. €) abgesichert
4 die bebauten Grundstücke haben einen Marktwert in Höhe von 80 Mio. €

Zusammenfassende Aufgaben zu Finanzierung und Investition

1 Die Merkura Maschinenbau AG möchte im Laufe der nächsten zwei Jahre Investitionen mit einem Volumen von insgesamt etwa 430 Mio. € vornehmen. Die erforderlichen Mittel will der Vorstand des Unternehmens wie folgt beschaffen:

- Zunächst soll im Jahr der Investition eine möglichst hohe offene Selbstfinanzierung betrieben werden.
- Daneben soll auf der kurz bevorstehenden Hauptversammlung das gezeichnete Kapital erhöht werden.
- Der verbleibende Rest des Investitionsvolumens muss durch die Aufnahme zusätzlicher Kredite beschafft werden.

Folgende vereinfachte Bilanz des Jahres 01 ist bei den Entscheidungen im Jahr 02 zugrunde zu legen:

Bilanz zum 31.12.01 in Mio. €

Aktiva			Passiva
Anlagevermögen	1 166	Gezeichnetes Kapital	400
Umlaufvermögen	340	Kapitalrücklage	20
		Gewinnrücklagen:	
		– gesetzliche Rücklage	18
		– andere Gewinnrücklagen	581
		Jahresüberschuss	120
		Verlustvortrag	– 3
		Rückstellungen	180
		Verbindlichkeiten	190
	1 506		**1 506**

Die Merkura Maschinenbau AG hat seit ihrer Gründung 80 Mio. Stückaktien ausgegeben.

a) Die geplante Investition soll unter Berücksichtigung einer Stückdividende von 0,30 € so weit wie möglich aus dem Gewinn des Jahres 01 finanziert werden.

   1. Zeigen Sie in einer übersichtlichen Darstellung unter Berücksichtigung aktienrechtlicher Bestimmungen die Ermittlung und die Verwendung des Bilanzgewinns sowie den maximalen Betrag der offenen Selbstfinanzierung der AG im Jahr 01.
   2. Geben Sie an, welche Organe der AG für die notwendigen Entscheidungen jeweils zuständig sind.

b) Die Aktien der Mekura Maschinenbau AG notieren zur Zeit an der Börse mit 15,95 €. Der Vorstand beschließt die Kapitalerhöhung im Verhältnis 5 : 1 im Laufe des Jahres durchzuführen.

   1. Berechnen Sie, zu welchem Kurs die jungen Aktien ausgegeben werden müssen, wenn der Kapitalbedarf von 188 Mio. € genau gedeckt werden soll.
   2. Ermitteln Sie den rechnerischen Wert des Bezugsrechts und den Mittelkurs der Aktien.
   3. Zeigen Sie mit rechnerischem Nachweis die Höhe der Eigenkapitalpositionen nach der Kapitalerhöhung.

c) Über den erforderlichen Restbetrag gewährt die Hausbank einen Kredit zu folgenden Konditionen:

   - Kreditbetrag 200 Mio. €
   - Auszahlung 100 %
   - Zinssatz 7 % p.a.
   - Laufzeit 5 Jahre

   1. Das Darlehen kann als Abzahlungs- oder Annuitätendarlehen bewilligt werden. Der Abzahlungskredit wird jeweils am Jahresende in fünf gleichen Teilbeträgen getilgt. Beim Annuitätendarlehen beträgt die Annuität 48 778 138,89 € Vergleichen Sie in einer Tabelle für beide Darlehensarten die Auswirkung auf die Liquidität und den Erfolg in diesem Zeitraum.
   2. Bestimmen Sie die Barwerte für die gesamte Darlehenslaufzeit für beide Darlehensarten.
   3. Interpretieren Sie die unterschiedlichen Barwerte bei Aufgabe c) 2. Treffen Sie eine begründete Entscheidung für eine der beiden Kreditarten.
   4. Vergleichen Sie Kreditfinanzierung und Beteiligungsfinanzierung hinsichtlich ihrer Wirkung auf

      - Liquidität und
      - Aufwand.

2 In der Hauptversammlung der Elektromotoren AG Stuttgart wurden neben einer beschlossenen Erhöhung des Grundkapitals auch noch andere Maßnahmen zur Kapitalbeschaffung für die zukünftigen Anlageinvestitionen der Unternehmung diskutiert.
Die AG beantragte daraufhin bei der Deutschen Bank AG ein Darlehen. Nach eingehender Prüfung des Kreditantrags erfolgte die Kreditzusage.

a) Welche Bedeutung haben Liquidität und Rentabilität der AG für den Kreditgeber?

b) Da es sich um einen langfristigen Kredit handelt, geht die Bank auf das Angebot der AG, eine Sicherungsübereignung durchzuführen, nicht ein. Welche Argumente kann der Kreditsachbearbeiter für diese Ablehnung anführen?

c) Wie wirkt sich ein Damnum auf die Erfolgsrechnung der Unternehmung aus?

d) Im Kreditvertrag ist ein Festdarlehen vereinbart.
Welche Vor- und Nachteile bietet ein Annuitätendarlehen gegenüber dem Festdarlehen für die Vertragspartner?

e) – Welchen Einfluss hat die Fremdfinanzierung auf die Kostenrechnung einer Unternehmung unter der Voraussetzung, dass lediglich der tatsächliche Zinsaufwand in die Kalkulation eingeht?

– Untersuchen Sie die Auswirkungen auf die Nutzenschwelle und erläutern Sie die sich daraus ergebenden Probleme (linearer Kostenverlauf vorausgesetzt)!

3

Die Schwarzwälder Mineralbrunnen AG (kurz MinAG) verkauft ihre Mineralwässer, Heilwässer und Süßgetränke vorwiegend in Baden-Württemberg. Der Hauptversammlung soll eine Dividende von 0,17 € je Aktie (fiktiver Nennwert 1,00 €) vorgeschlagen werden.

Aktiva — Vereinfachte (zusammengefasste) Bilanz zum 31. 12. 2011 in T€ — Passiva

Aktiva		Passiva	
A. Anlagevermögen		**A. Eigenkapital**	
Immaterielle Vermögensgegenstände	36 800	Gezeichnetes Kapital	50 000
Sachanlagen	258 100	Kapitalrücklage	24 460
Finanzanlagen	15 500	Gesetzliche Rücklage	3 000
		Andere Gewinnrücklagen	36 320
		Bilanzgewinn	8 620
	310 400		122 400
B. Umlaufvermögen		**B. Rückstellungen**	
Vorräte	9 950	Pensionsrückstellungen	15 300
Forderungen aus Lieferungen und Leistungen	11 170	Sonstige Rückstellungen	96 500
			111 800
Sonstige Vermögensgegenstände	9 110	**C. Verbindlichkeiten**	
Wertpapiere	6 000	Verbindlichkeiten gegenüber Kreditinstituten*	90 050
Flüssige Mittel	17 800	Verbindlichkeiten aus Lieferungen	16 460
	54 030	Verbindlichkeiten aus der Annahme gezogener Wechsel	14 500
C. Rechnungsabgrenzungsposten	410	Sonstige Verbindlichkeiten	9 630
			130 640
	364 840		364 840

*davon 12 500 T€ mit einer Restlaufzeit von über 5 Jahren

a) Ermitteln Sie anhand der Bilanz unter Berücksichtigung der vorgeschlagenen Gewinnverwendung

- den Betrag der Eigenfinanzierung sowie
- den Betrag der offenen Selbstfinanzierung.

b) Der Vorstand der MinAG möchte in Ostdeutschland einen Brunnenbetrieb für 57 Mio. € kaufen und sanieren. Der Vorstand möchte durch eine Erhöhung des gezeichneten Kapitals um 7 Mio. € die Finanzierung sicherstellen. Der Aktienkurs liegt derzeit bei 12,20 €. Die finanziellen Mittel sollen durch Ausgabe junger Aktien (Volleinzahlung) beschafft werden. Die Emissionskosten bei der Ausgabe von Aktien betragen 2,8 Mio. €.
Begründen Sie rechnerisch, ob der Erwerb durch die Kapitalerhöhung finanziert werden kann.

c) Um die eigenen Quellen im Schwarzwald voll nutzen zu können, soll das Absatzgebiet erweitert und eine zusätzliche Abfüllanlage einschließlich der dazugehörigen Einrichtungen für 18,7 Mio. € beschafft werden. Dieser Betrag soll je zur Hälfte durch Selbstfinanzierung und durch einen Bankkredit aufgebracht werden.
Welcher Gewinn vor Ertragsteuern ist für die offene Selbstfinanzierung notwendig, wenn vom unversteuerten Gewinn 36 % Gewinnsteuern zu zahlen sind?

7 Jahresabschluss

7.1 Rechnungslegungsgrundsätze und Bestandteile des Jahresabschlusses[1]

Strukturzusammenhang

Der **Kaufmann** ist verpflichtet seinen **Jahresabschluss** (JA) nach **Handelsrecht** gemäß GoB aufzustellen, soweit die Grenzwerte nach § 241a HGB überschritten sind. Große und mittlere Kapitalgesellschaften[2] müssen den JA veröffentlichen **(Publikationspflicht)**.

Durch das BilMoG wurde das Bilanzrecht nach HGB grundlegend reformiert.

Wesentliche Ziele des HGB:

- Umsetzung der EU-Richtlinien, aber das HGB-Bilanzrecht im Kern beibehalten
- Erhöhung der
  - Aussagekraft,
  - Verlässlichkeit,
  - Vergleichbarkeit von Jahresabschlüssen
- Vereinfachung der Rechnungslegung (Deregulierung) und Kostensenkung für kleine und mittelständische Unternehmen
- Stärkung des deutschen Bilanzrechts als dauerhafte und vollwertige Alternative gegenüber den IFRS.

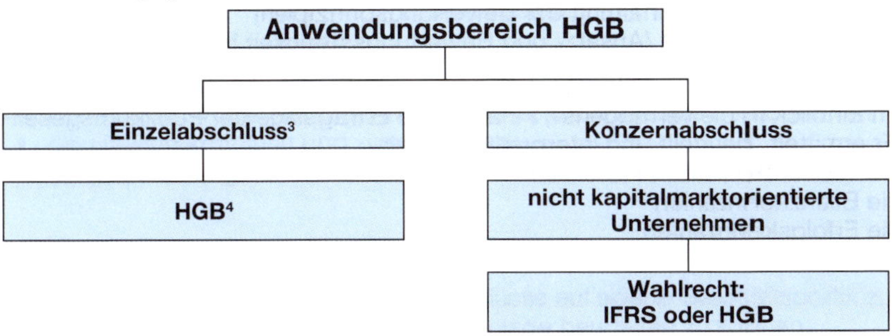

1 Für Geschäftsjahre, die nach dem 01.01.2010 beginnen, ist das Bilanzmodernisierungsgesetz (BilMoG), d.h. das „Änderungsgesetz" im HGB verbindlich anzuwenden.
2 vgl. § 267 HGB (Größenklassen)
3 nach aktuellem Lehrplan ist nur der Einzeljahresabschluss zu behandeln.
4 Ab 2016 ist das Bilanzrichtlinie-Umsetzungsgesetz (BilRUG) anzuwenden.
Wesentliche Neuerungen:
– Neudefinition der Umsatzerlöse § 277 (1) HGB
– Wegfall des Ausweises außerordentlicher Aufwendungen und Erträge (§ 275 HGB; neue GuV-Gliederung)

Aufgaben

1 Die Badische Brau AG, Mannheim, die nicht an der Börse notiert wird, hat 2016 eine Bilanzsumme von 94,3 Mio. € und 503 Mitarbeiter. Folgende Zahlen der Bestands- und Ergebnisrechnung liegen auszugsweise vor:

Gezeichnetes Kapital	25,0 Mio. €
Anlagevermögen	84,0 Mio. €
Umsatzerlöse	220,0 Mio. €

a) Kapitalgesellschaften haben ihren Jahresabschluss zu veröffentlichen. Beschreiben Sie, welche Vorschriften die Badische Brau AG dabei zu beachten hat.

b) Der Jahresabschluss ist durch einen Lagebericht zu ergänzen! Erläutern Sie, welche Informationen dem Lagebericht zu entnehmen sind, und nennen Sie den Unterschied gegenüber dem Jahresabschluss.

c) Erklären Sie, welche Bedeutung die Feststellung des Bilanzgewinns durch Vorstand und Aufsichtsrat für die Hauptversammlung der AG hat.

7.2 Ziele des Jahresabschlusses

Kernwissen

7.2.1 Ziele der handelsrechtlichen Bewertung

Sicherung des Unternehmensbestands durch Substanz- und Kapitalerhaltung:

- Schutz der Gläubiger
- Schutz der Aktionäre (Gesellschafter)
- Schutz der Finanzbehörden
- Schutz der Öffentlichkeit
- Schutz der Belegschaft (Sicherung der Arbeitsplätze)

7.2.2 Ziele und Bestandteile des Jahresabschlusses nach HGB im Vergleich zu IAS[1] / IFRS[2]

Strukturzusammenhang

Die zunehmende Internationalisierung (= Globalisierung) der Unternehmenstätigkeiten und der Wunsch der multinational agierenden Konzerne, sich internationale Kapitalmärkte zur Aufnahme von Eigen- und Fremdkapital zu erschließen, erfordert:

- vergleichbare Konzernabschlüsse (Aufstellung, Inhalte, Prüfung des JAs)
- vergleichbare Informationen für die Anlageentscheidung des Investors

↓

Pflicht und Wahlrecht zum Abschluss nach HGB bzw. IFRS:

	Einzelabschluss	Konzernabschluss
kapitalmarktorientierte[3] Unternehmen	• HGB-Jahresabschluss Pflicht • IFRS-Abschluss zusätzlich freiwillig für Informationszwecke	IFRS-Konzernabschluss Pflicht
nicht kapitalmarktorientierte Unternehmen	• HGB-Jahresabschluss Pflicht • IFRS-Abschluss zusätzlich freiwillig für Informationszwecke	Wahlrecht IFRS-Konzernabschluss oder HGB-Konzernabschluss

1 IAS = **I**nternational **A**counting **S**tandards
2 IFRS = **I**nternational **F**inancial **R**eporting **S**tandards
3 Kapitalmarktorientierte Unternehmen weisen Eigenkapitaltitel (Aktien) oder Fremdkapitaltitel (Anleihen) auf, die an einem organisierten Markt (Börse) gehandelt werden.

Kernwissen

Der Jahresabschluss nach IAS / IFRS informiert über

Vermögens- und Finanzlage	Ertragslage	Veränderung der Vermögens- und Finanzlage
• Liquidität	• Ertragskraft • Rentabilität • Performance	• Mittelzuflüsse • Mittelabflüsse aus Betriebs-, Investitions- und Finanzierungstätigkeit lückenlos erfassen
↓ Bilanz	↓ GuV	↓ Kapitalflussrechnung

Der Jahresabschluss nach IFRS soll potenziellen Investoren unter Beachtung der Grundsätze
- true and fair view
- fair presentation

zeitnah entscheidungsrelevante Informationen liefern.

Wesentliche Abweichungen zwischen HGB und IAS/IFRS

Die Tabelle stellt die wesentlichen Unterschiede des Umfangs des Jahresabschlusses nach HGB und IAS/IFRS dar.

Bestandteil	HGB	IAS/IFRS
wesentliche Zielsetzungen	Ermittlung des ausschüttungsfähigen Gewinns	Vermittlung von entscheidungserheblichen Informationen
wichtigstes Prinzip	Vorsichtsprinzip	Periodengerechte Gewinnermittlung
Größenklassen	klein, mittel, groß Bedeutung für Rechungslegung, Prüfung und Offenlegung	keine Unterschiede bei den Größenklassen
Bestandteile des Jahresabschlusses	• Bilanz, GuV, bei Kapitalgesellschaften Anhang (sowie Lagebericht); • Kapitalflussrechnung und Segmentberichterstattung (bei Börsennotierung) nur bei Konzernen	• Bilanz, GuV, Eigenkapitalrechnung, Kapitalflussrechnung, Notes • Bei Börsennotierung: Segmentberichterstattung und Ergebnis pro Aktie
Eigenkapitalspiegel	nicht vorgesehen	zwingender Bestandteil des Jahresabschlusses
Gliederung Bilanz	detailliertes Schema für Kapitalgesellschaften, § 266 HGB	nur wenige Vorgaben zur Gliederung der Bilanz

Gliederung der GuV	• Gliederung vorgeschrieben • entweder nach Gesamtkostenverfahren oder Umsatzkostenverfahren	• nur wenige Vorgaben zur Gliederung der GuV • Umsatzkosten- oder Gesamtkostenverfahren zulässig
Außerordentliches Ergebnis	Ausweis im Schema des § 275 HGB	nicht zulässig
Stille Reserven	zulässig	eher nicht zulässig

7.2.3 Ziele des Jahresabschlusses nach HGB im Vergleich zur Steuerbilanz

Die Steuerbilanz wird aus der Handelsbilanz abgeleitet (Maßgeblichkeitsprinzip). In der Steuerbilanz gibt es kaum Bilanzierungs- und Bewertungswahlrechte, deshalb sind (ausgehend von der Handelsbilanz) die entsprechenden steuerrechtlichen Korrekturen vorzunehmen.

Ziel: *Periodengerechte Ermittlung des Steuerbilanzgewinns der Kapitalgesellschaft durch Darstellung der objektiven wirtschaftlichen Leistungsfähigkeit des Unternehmens (gerechte Besteuerung und Gleichmäßigkeit der Besteuerung). Der Steuerbilanzgewinn ist Ausgangsgröße für die Ermittlung der Bemessungsgrundlagen zur Festsetzung der Körperschaftssteuer und der Gewerbesteuer (Gewinnsteuern der AG).*

Vereinfachtes Berechnungsschema zur Ermittlung des zu versteuernden Einkommens einer AG:

	Jahresüberschuss/Jahresfehlbetrag
+/–	Korrekturen nach einkommensteuerlichen Vorschriften
=	Gewinn/Verlust laut Steuerbilanz
+/–	Korrekturen nach körperschaftsteuerlichen Vorschriften
=	**zu versteuerndes Einkommen**

Unterschiedliche bilanzpolitische Zielsetzungen (Zielkonflikte) nach

Handelsbilanz	Steuerbilanz
z.B. Maximierung des Eigenkapitals, des Jahresüberschusses und des Ausschüttungsvolumens	z.B. Minimierung der steuerlichen Bemessungsgrundlage für KSt und GewSt

Aufgaben

1 Welche Unternehmen sind seit dem 01.01.2005 verpflichtet, einen Jahresabschluss nach IFRS vorzulegen?

2 Nennen Sie Gründe (Ziele), die für eine weltweite Einführung der IFRS sprechen.

3 Nennen Sie die wesentliche Zielsetzung und das wichtigste Prinzip nach IFRS.

4 Stellen Sie stichwortartig die wesentlichen Ziele der Handelsbilanz und der Steuerbilanz in einer Tabelle gegenüber.

7.3 Bewertung nach HGB

Kernwissen

Wann wird handelsrechtlich bewertet?

- zu Beginn des Handelsgewerbes (Eröffnungsbilanz, Bewertung aller Vermögensgegenstände und Schulden)
- beim Zugang von Vermögensgegenständen und Schulden während des Geschäftsjahres **(Zugangsbewertung)**
- Erstellung von Bilanz und GuV zur Gewinnermittlung und für Publizitätszwecke am Ende des Geschäftsjahres **(Folgebewertung)**
- beim Kauf oder Verkauf des gesamten Unternehmens

Welche Bewertungsziele können verfolgt werden?

Bewertungsziel	Wie wird das Ziel erreicht?
Verhinderung von Gewinnausweis, • um etwaigen Gewinnabfluss zu verhindern (verdeckte Selbstfinanzie-rung). • um Begehrlichkeiten der Mitarbeiter, des Staates usw. nicht zu wecken.	Möglichst geringer Gewinnausweis; der Gewinn wird reduziert, wenn das Vermögen unterbewertet, die Schulden jedoch überbewertet werden. Unterbewertung des Vermögens, z.B. durch hohe Abschreibungen, sofortige Aufwandsverrechnung statt Aktivierung.

Bewertungsziel	Wie wird das Ziel erreicht?
Unternehmen muss Erfolg präsentieren und einen entsprechenden **Gewinn ausweisen,** um evtl. geplante Kapitalerhöhung gegen Einlagen durchzuführen, erwartete Dividendenkontinuität zu gewährleisten oder die Bonität (Kreditwürdigkeit) zu verbessern.	Möglichst hoher Gewinnausweis; der Gewinn wird höher ausgewiesen, wenn das Vermögen überbewertet und die Schulden unterbewertet werden. Dieses Ziel kann mit einer möglichst geringen Abschreibung, durch höchstmögliche Aktivierung von Vermögensgegenständen erreicht werden.

Welche handelsrechtlichen Bewertungsvorschriften sind zu beachten?

Grundsäzlich: **Anschaffungs- oder Herstellungskostenprinzip**

	Aktiva — **Bilanz**	Passiva	
gemildertes Niederstwertprinzip	**Anlagevermögen** • selbst geschaffene imm. VG[1] • Unbebaute Grundstücke • Bebaute Grundstücke • Maschinen • Betriebs- und Geschäftsausstattung • Finanzanlagen	**Eigenkapital** • Gezeichnetes Kapital • Kapitalrücklage • Gewinnrücklagen	
strenges Niederstwertprinzip	**Umlaufvermögen** • Vorräte FE, UE • (Wertpapiere des UV)	**Fremdkapital** • Rückstellungen[2] • Verbindlichkeiten	**Höchstwertprinzip**
	aus Gründen kaufmännischer Vorsicht ***(Vorsichtsprinzip)*** wird das Vermögen eher zu niedrig als zu hoch bewertet	aus Gründen kaufmännischer Vorsicht ***(Vorsichtsprinzip)*** werden die Schulden eher zu hoch als zu niedrig bewertet.	

Gemildertes Niederstwertprinzip (AV):

Wird unter Berücksichtigung planmäßiger Abschreibungen ein höherer Bilanzansatz (fortgeführte AHK) errechnet als der Börsen- oder Marktwert am Abschlussstichtag beträgt, muss der errechnete Bilanzansatz beibehalten werden, sofern die Wertminderung nicht dauerhaft ist. Ist die Wertminderung jedoch voraussichtlich **dauernd, muss** der niedrigere Wert angesetzt werden. Wenn der Grund für die außerplanmäßige Abschreibung entfallen ist, besteht Zuschreibungspflicht (Wertaufholungsgebot nach § 253 Abs. 5 HGB).

1 VG = Vermögensgegenstände
2 Bildung und Bewertung von Rückstellungen nicht mehr prüfungsrelevant

Strenges Niederstwertprinzip (UV):
Von mehreren möglichen Werten (AHK, Börsen- oder Marktpreis bzw. beizulegender Wert), ist der niedrigere anzusetzen, selbst bei nur vorübergehender Wertminderung. Zuschreibungspflicht bei Wegfall der Wertminderung (Wertaufholungsgebot).

Höchstwertprinzip:
Bei Schulden ist von mehreren möglichen Werten grundsätzlich der höhere (AK, Wert der Valutaverbindlichkeit am Bilanzstichtag, Erfüllungsbetrag) anzusetzen. Sofern die Restlaufzeit der Fremdwährungsverbindlichkeit am Bilanzstichtag nicht mehr als ein Jahr beträgt, ist die Schuld mit dem Devisenkassamittelkurs am Bilanzstichtag umzurechnen. Nach § 256a Abs. 2 HGB sind dabei nicht realisierte Gewinne bereits auszuweisen.

Wie werden die Anschaffungs- und Herstellungskosten (AHK) ermittelt?

Anschaffungskosten (AK)	Herstellungskosten (HK)
werden beim **Kauf** von Vermögensgegenständen ermittelt	werden bei **selbst hergestellten** Vermögensgegenständen ermittelt
§ 255 (1) HGB	§ 255 (2) HGB
(immer ohne USt!)	(immer ohne USt!)
Anschaffungspreis – **Anschaffungspreisminderungen** wie Rabatt, Skonto oder andere Preisminderungen + **Anschaffungsnebenkosten** (einmalige, eng mit der Anschaffung zusammenhängende Kosten) z.B. Transportkosten, Zulassungskosten, Grunderwerbsteuer, Notariatskosten	Materialeinzelkosten + Fertigungseinzelkosten + Sondereinzelkosten Mat. + Fert. + Materialgemeinkosten + Fertigungsgemeinkosten } ① + Verwaltungsgemeinkosten } ② ① = **Wertuntergrenze** der Herstellungskosten ② = **Wertobergrenze** der Herstellungskosten
= **Anschaffungskosten**	• es kann jeder vertretbare Wert zwischen Unter- und Obergrenze gewählt werden. • *hoher Herstellungskostenansatz (= hoher Vermögensansatz) bedeutet relativ hohen Gewinnausweis bei Bilanzierung der HK.* • *geringer Herstellungskostenansatz (= geringer Vermögensansatz) bedeutet relativ geringen Gewinnausweis bei Bilanzierung der HK.*

- Für selbst **geschaffene immaterielle Vermögensgegenstände des Anlagevermögens** besteht ein Aktivierungswahlrecht.
- Die **Entwicklungskosten** dürfen nur aktiviert werden, sofern der Vermögensgegenstand die „Produktreife" erreicht hat, die seine Veräußerung, Anwendung oder Nutzungsüberlassung ermöglicht.
- Die Zugangsbewertung erfolgt stets zu den Anschaffungs- oder Herstellungskosten (Obergrenze der Bewertung), die gleichmäßig auf die voraussichtliche Nutzungsdauer verteilt, d. h. planmäßig abgeschrieben werden.
- Beim Kauf von Finanzanlagen (Beteiligung, WP des AV) sind die AK zu aktivieren (Zugangsbewertung).

Welche Abschreibungsvarianten gibt es nach HGB?		
Anlagevermögen		
↙	↓	↘
unbewegliches, nicht abnutzbares AV (z.B. Grundstücke Finanzanlagen) ↓	unbewegliches, abnutzbares AV (z.B. Gebäude, selbst geschaffene immaterielle VG) ↓	bewegliches, abnutzbares AV (z.B. Maschinen, BGA, Fuhrpark) ↓
• keine planmäßigen Abschreibungen erlaubt § 253 (3) HGB. • bei dauernder Wertminderung außerplanmäßige Abschreibung.	• lineare, zeitanteilige Abschreibung. • nach HGB soll die tatsächliche Wertminderung (betriebsbedingte) erfasst werden	Je nach Bilanzierungsziel ↓ • lineare, degressive, progressive Abschreibung (d.h. jede betriebswirtschaftlich begründbare Abschreibungsmethode), • als zeitanteilige Abschreibung

Bei voraussichtlich **dauernder Wertminderung** sind neben der planmäßigen Abschreibung **außerplanmäßige Abschreibungen** auf den am Bilanzstichtag „beizulegenden Wert" vorzunehmen (§ 253 (3) HGB).
Bei **Wegfall** der dauernden Wertminderung muss wieder zugeschrieben werden (**Wertaufholungsgebot** nach § 253 (5) HGB).

Für die Steuerbilanz gelten die Vorschriften des § 7 EStG. Da das „umgekehrte Maßgeblichkeitsprinzip" weggefallen ist, sind die in der Steuerbilanz beanspruchten Abschreibungen für die Handelsbilanz nicht mehr verbindlich. Sie dürfen jedoch i.d.R. übernommen werden, sofern keine steuerliche „Sonderabschreibung" beansprucht wird.

Wie ist das Vermögen zu bewerten?

Vermögensgegenstand	Zugangs- und Folgebewertung	Abschreibungen
Selbst geschaffene immaterielle Vermögensgegenstände des Anlagevermögens	Herstellungskosten (Aktivierungswahlrecht); Entwicklungskosten dürfen nur aktiviert werden, sofern VG „Produktreife“ erreicht hat. – **planmäßige Abschreibung** = Bilanzansatz	• nur linear und zeitanteilig • bei dauernder Wertminderung außerplanmäßige Abschreibung Pflicht
Unbebaute Grundstücke	Anschaffungskosten – **außerplanmäßige Abschreibung** bei dauernder Wertminderung = Bilanzansatz	• planmäßige Abschreibung verboten • bei dauernder Wertminderung planmäßige Abschreibung Pflicht • bei Wegfall der dauernden Wertminderung Zuschreibung bis AK
Bebaute Grundstücke (unbewegliches Anlagevermögen)	Anschaffungs- oder Herstellungskosten – **Abschreibungen für den Gebäudeanteil** = Bilanzansatz (GrSt. u. Geb.)	• nur linear und zeitanteilig möglich (evtl. zusätzlich außerplanmäßige Abschreibung)
Maschinen, Betriebs- und Geschäftsausstattung (bewegliches, abnutzbares Anlagevermögen)	Anschaffungs- oder Herstellungskosten – **Abschreibungen** = Bilanzansatz	• linear, degressiv, progressiv – soweit betriebswirtschaftlich begründet, • stets zeitanteilig • bei dauernder Wertminderung zusätzlich außerplanmäßige Abschreibung

Vermögens-gegenstand	Zugangs- und Folge-bewertung	Abschreibungen
Finanzanlagen (Beteiligungen, Wert-papiere des AV, langfr. Darlehen)	Anschaffungskosten – **außerplanmäßige Abschreibung** bei dauernder Wertminderung = Bilanzansatz	• planmäßige Abschreibung verboten • bei dauernder Wertminderung muss abgeschrieben werden (str. NWP) • bei vorübergehender Wertminderung Wahlrecht (gemild. NWP) • Wertaufholungsgebot bis AK
Umlaufvermögen (Vorräte, Wertpapiere des UV)	Anschaffungs- oder Herstellungskosten bzw. niedrigerer Börsen- oder Marktpreis bzw. niedrigerer beizulegender Wert am Bilanzstichtag	Beim Umlaufvermögen ist stets der niedrigere von mehreren möglichen Werten anzusetzen (strenges Niederstwertprinzip).

Wie sind die Schulden zu bewerten?

Verbindlichkeiten ... (§ 253 Abs. 1 HGB)	... sind zu ihrem **Erfüllungsbetrag** bzw. mit dem Wert der Valutaverbindlichkeit am Bilanzstichtag anzusetzen (je nach Restlaufzeit).
Disagio (Damnum) ... (§ 250 Abs. 3 HGB)	... kann als Aufwand über Laufzeit verteilt werden oder im 1. Jahr in voller Höhe als Aufwand gebucht werden.
Fremdwährungsverbindlichkeiten ... (Valutaverbindlichkeiten) (§ 256a HGB beachten)	... werden am Tag ihrer Entstehung und Zahlung mit dem Geldkurs (Ankauf) in € umgerechnet. Am Bilanzstichtag wird zum Devisenkassamittelkurs umgerechnet; es ist stets der höhere €-Betrag anzusetzen. • **Höchstwertprinzip** bei Schulden, sofern die Restlaufzeit > 1 Jahr. • Bei Restlaufzeit ≤ 1 Jahr gilt nicht das Höchstwertprinzip, d. h. Ausweis nicht realisierter Gewinne.

Aufgaben

1 Am Ende des Geschäftsjahres 01 waren bei einer AG 400 000 Liter Exportbier zu bewerten. Folgende Angaben aus dem Rechnungswesen liegen vor:

Fertigungsmaterial für 100 000 Liter:	22 500,00 €
Fertigungslöhne für 100 000 Liter:	11 250,00 €
Materialgemeinkostenzuschlag:	10 %
Fertigungsgemeinkostenzuschlag:	200 %
Verwaltungsgemeinkostenzuschlag:	20 %
Vertriebsgemeinkostenzuschlag:	25 %

a) Berechnen Sie den Bilanzansatz, wenn ein möglichst hoher Gewinn ausgewiesen werden soll.

b) Ermitteln Sie, um welchen Betrag sich der Jahresüberschuss verändert, wenn nach Handelsrecht der niedrigste Bilanzansatz gewählt wird.

2 Bei der Erstellung der Handelsbilanz des Jahres 01 treten folgende Bewertungsprobleme auf. Gehen Sie in allen Fällen davon aus, dass der niedrigste Gewinn in 01 ausgewiesen werden soll.

a) Kauf von fünf PC für die Verwaltung, netto 1 200,00 €/Stück, Nutzungsdauer vier Jahre, Beschaffungstermin 11.09.01. Ermitteln Sie den Bilanzansatz zum 31.12.01, wenn der PC im ersten Nutzungsjahr 40 % seines Wertes verliert.

b) Kauf einer Lagerhalle im Oktober 01. Diese ist für einen Umbau vorgesehen. Die Halle wird sofort betrieblich genutzt.

Kaufpreis	600 000 €
Grunderwerbsteuer	5 %

Nebenkosten:
- Beratungshonorar des Architekten (vor Kauf) 6 000,00 €, netto
- städtische Straßen- und Kanalanschlussgebühren 8 500,00 €, netto
- weitere Nebenkosten (einschl. Notarkosten) 18 500,00 €, netto
- Umsatzsteuersatz 19 %

Der Wert des Grundstücks beträgt 1/5 der Anschaffungskosten, die betriebsgewöhnliche Nutzungsdauer der Halle 25 Jahre.
Errechnen Sie den Bilanzansatz am 31.12.01.

c) Das Lager für Fertigerzeugnisse weist am 31.12.01 für den Typ „WE 10 S“ 25 Stück aus.

Aus der KLR liegen folgende Zahlen je Stück vor:

Fertigungsmaterial	1 100,00 €
Materialgemeinkosten	15%
Fertigungslöhne	560,00 €
Fertigungsgemeinkosten	150 %
Verwaltungsgemeinkosten	20 %
Vertriebsgemeinkosten	15 %

d) Ein Teil der Elektronik für den Typ „WE 10 S“ wird aus den USA bezogen. Eine Rechnung in Höhe von 45 500,00 USD ist noch zu begleichen; fällig am 01.02.02. Kurs bei Rechnungsstellung am 10.12.01 1,00 € = 1,3351 (Geld), 1,3411 (Brief) USD; Kurs am 31.12.01 1,00 € = 1,3611 (Geld), 1,3771 (Brief) USD. Devisenkassamittelkurs am 31.12.01 1,00 € = 1,3710.
Begründen Sie, mit welchem Wert die Verbindlichkeiten in der Bilanz auszuweisen sind.

3 Bei der Nordbadischen Maschinen AG wird der Jahresabschluss zum 31.12.01 erstellt.

Anweisungen des Vorstands dazu:

- Es ist eine Handelsbilanz zu erstellen!
- Es soll ein möglichst **niedriger** Jahresüberschuss ausgewiesen werden.

Für folgende Positionen sind noch Bilanzansätze zu ermitteln:

a) **Bebaute Grundstücke**
Zur Vergrößerung der Lagerkapazität wurde am 2.5.01 das bebaute Nachbargrundstück mit einer Fläche von 2 400 qm für 480 000,00 € gekauft. Das erworbene Gebäude ist noch nicht fertiggestellt.
An Nebenkosten fielen an: Grunderwerbsteuer 24 000,00 €, Notariatskosten, Maklergebühren und Kosten für den Grundbucheintrag insgesamt netto 16 400,00 €.
Der Verkaufswert vergleichbarer Grundstücke liegt bei 50,00 € je qm. Nach dem Kauf vorgenommene Ausbauten erforderten netto 40 500,00 €. Die Finanzierungsaufwendungen für Kauf und Ausbau im Jahr 01 beliefen sich auf 17 000,00 €. Das Gebäude war am 1.9.01 bezugsfertig. Die geschätzte Nutzungsdauer beträgt 40 Jahre. Es wird linear abgeschrieben.

b) **Kauf von Rohstoffen in USA**
Rechnung der Firma Carlo Bronson, Boston, über 85 000,00 USD für Rohstoffe vom 23.12.01 Zahlungsbedingung: „Bei Zahlung innerhalb 14 Tagen ab Rechnungsdatum 3 % Skonto, 30 Tage netto“.

Kurse für USD	1 € = USD
23.12.01	1,3422 (Geld), 1,3482 (Brief)
31.12.01	1,3710 (Geld), 1,3770 (Brief)
31.12.01	1,3740 (Devisenkassamittelkurs)

1. Mit welchem Betrag muss die Rechnung der Firma Bronson am 23.12.01 gebucht werden? Rechnerischer Nachweis für Rohstoffe und Valuta Verbindlichkeiten.

2. Ermitteln Sie die Bilanzansätze zum 31.12.01 aller unter b) angeführten Positionen. Die gekauften Rohstoffe sind noch vollständig als Vorräte im Lager. Begründen Sie Ihre Berechnungen.

c) **Auf dem Konto Verbindlichkeiten gegenüber Kreditinstituten sind noch folgende Vorgänge zu berücksichtigen:**
- Bankdarlehen über 900 000,00 €, Auszahlung zu 96 % am 01.07.01, Fälligkeit: 30.06.11 zum Nominalwert.
- Kontokorrentkredit: Das Kreditlimit wurde von 400 000,00 € auf 600 000,00 € am 24.08.01 erhöht. Sollstand am 31.12.01: 450 000,00 €.
  Begründen Sie mit welchem Betrag die Schulden am 31.12.01 zu passivieren sind.

d) **Wertpapiere des Umlaufvermögens**
Die AG hat am 10.06.01 500 x-Aktien zum Kurs von 21,50 € angeschafft und im Umlaufvermögen aktiviert. Am 31.12.01 beträgt der Aktienkurs 19,80 €. Begründen Sie mit welchem Wert die Aktien am 31.12.01 auszuweisen sind. (Ohne Spesen).

e) **Gewinnermittlung und -verwendung**
Folgende Zahlen aus der Buchhaltung der Nordbadischen Maschinenfabrik stehen für 01 zur Verfügung:

	T€
Sachanlagen	54 000
Finanzanlagen	3 000
Roh-, Hilfs- und Betriebsstoffe (Bestand)	14 000
Unfertige und fertige Erzeugnisse	16 000
Forderungen	11 000
Flüssige Mittel	4 000
Umsatzerlöse	92 000
Bestandsmehrungen Fertigerzeugnisse	500
Aktivierte Eigenleistungen	100
Sonstige Erträge	1 900
Gezeichnetes Kapital	50 000
Gesetzliche Rücklage	5 000
Andere Gewinnrücklagen	20 200
Rückstellungen	1 500
Anleihen (langfristiges Fremdkapital)	19 500
Bankschulden	3 600
Verbindlichkeiten aus Lieferungen und Leistungen	11 000
Verlustvortrag	200
Verbrauch von Roh-, Hilfs- und Betriebsstoffen	31 000
Personalaufwendungen	28 000
Sonstiger Aufwand	26 900

Bestandsminderung unfertiger Erzeugnisse	100
Bilanzielle Abschreibungen	3 500
Kalkulatorische Abschreibungen	4 200

Errechnen Sie aus den gegebenen Zahlen den Jahresüberschuss 01.
(Der Lösungsweg muss ersichtlich sein.)

f) Dieser Jahresabschluss wird durch die Hauptversammlung festgestellt.
Die Satzung der AG sieht für diesen Fall eine Einstellung in die anderen Gewinnrücklagen aus dem Jahresüberschuss im größtmöglichen Umfange vor. Es gibt keine weiteren Satzungsbestimmungen zu den Rücklagen.
Errechnen Sie den Bilanzgewinn.
Die Hauptversammlung beschließt, eine maximal mögliche Dividende (auf volle 10 Cent) auszuschütten. Berechnen Sie den Gewinnvortrag. Der fiktive Aktiennennwert beträgt 5,00 €.

g) Geben Sie an, ob und auf welche Positionen der GuV-Rechnung der AG sich die folgenden Vorfälle auswirken.
(Angabe der Nummern von § 275 (2) HGB genügt.)
- Erlöse aus dem Verkauf von Rohstoffabfällen
- Dividendenerträge aus Wertpapieren des Anlagevermögens
- Einstellung von Agio in die Kapitalrücklage
- Verlust von Anlagen durch einen Großbrand.

4 Die Medica AG möchte bei der Aufstellung ihres Jahresabschlusses zum 31.12.02 alle Bilanzierungs- und Bewertungswahlrechte so nutzen, dass ein möglichst hoher Jahresüberschuss ausgewiesen wird. Begründen Sie jeweils stichwortartig den von Ihnen gewählten Bilanzansatz.

a) Die Medica AG hat das Medikament „Vitafit" entwickelt und ab 01.03.02 dafür die Marktzulassung erhalten, sodass in 02 die Produktion aufgenommen wird.
Bis zur Produktreife und Marktzulassung sind in der Forschungs- und Entwicklungsabteilung hierfür folgende Kosten angefallen:

Grundlagenforschung Arzneimittel	3,20 Mio. €
Forschungslabor Vitafit	1,40 Mio. €
Testmaterial Vitafit	0,20 Mio. €
Materialgemeinkosten Vitafit	200 %
Löhne Entwicklungsteam Vitafit	0,60 Mio. €
Fertigungsgemeinkosten Vitafit	180 %
Verwaltungsgemeinkosten Forschungslabor Vitafit	0,18 Mio. €

b) Die AG hat in 01 ein unbebautes Grundstück mit 2 000 qm für 220 000,00 € erworben, um darauf ein viergeschossiges Verwaltungsgebäude zu errichten. Laut Bauvoranfrage vor dem Kauf wurde eine viergeschossige Bebauung in Aussicht gestellt. Nach zahlreichen Nachbareinsprüchen hat das Baurechtsamt nur die Genehmigung für zwei Stockwerke erteilt. Laut Gutachterausschuss betragen zum 31.12.02 die Grundstückspreise für dieses Gelände aufgrund der Baubeschränkung nur noch 90,00 € pro qm.

c) Die AG hat im März 02 eine Beteiligung an der Medikamenten-Vertriebs-GmbH für 500 000,00 € erworben, um dadurch ihren Medikamentenabsatz zu optimieren. Am 31.12.02 beträgt der aktuelle Verkehrswert dieser Beteiligung – nachdem der Internethandel hohe Zuwachsraten erreicht hat – nur noch nachhaltig 450 000,00 €.

d) Der Vorstand der AG hat im April 02 zur kurzfristigen Geldanlage 10 000 Aktien erworben und mit den Anschaffungskosten von 650 000,00 € im Umlaufvermögen der AG aktiviert. Am 31.12.02 betrug der Börsenkurs dieser Aktien 52,00 €.

7.4 Bilanzkennzahlen

Kernwissen

Die umfangreiche und feindifferenzierte Bilanz (§ 266 HGB) wird im Hinblick auf die Bilanzauswertung stark zusammengefasst:
Bilanzkennzahlen der Kapitalstruktur:

Strukturbilanz

Aktiva	Passiva
I. Anlagevermögen	I. Eigenkapital
II. Umlaufvermögen	II. Fremdkapital
1. Vorräte	1. Langfristiges Fremdkapital
2. Forderungen	2. Kurzfristiges Fremdkapital
3. Sonstiges Umlaufvermögen	
4. Geldmittel	

Die **Strukturbilanz** gibt nur zusammengefasste (verdichtete) Bilanzwerte zur Berechnung von Bilanzkennzahlen an:

Eigenkapitalquote
(Eigenkapitalanteil)

$$= \frac{\text{Eigenkapital (EK)} \cdot 100}{\text{Gesamtkapital (GK)}} \text{ in \% bzw. } \frac{\text{EK}}{\text{GK}}$$

Ziel:[1] Möglichst hoch > 30 %, je nach Branche zur Stabilität und Sicherheit; Zielkonflikt mit Leverage-Effekt.

Fremdkapitalquote
(Fremdkapitalanteil, Anspannungsgrad)

$$= \frac{\text{Fremdkapital (FK)} \cdot 100}{\text{Gesamtkapital (GK)}} \text{ in \% bzw. } \frac{\text{FK}}{\text{GK}}$$

1 Zielvorgaben sind nur Faustregeln; abhängig von Branche, Rechtsform und Konjunktur usw.

Verschuldungsgrad $= \frac{\text{Fremdkapital (FK)} \cdot 100}{\text{Eigenkapital (EK)}}$ in % bzw. $\frac{\text{FK}}{\text{EK}}$

Ziel: Möglichst niedrig, um Zinslast zu mindern. $\frac{\text{FK}}{\text{EK}} = \frac{1}{1}$ gilt als solide;
Leverage-Effekt beachten.

Bilanzkennzahlen der Anlagendeckung (Investierung)

Deckungsgrad I $= \frac{\text{Eigenkapital (EK)} \cdot 100}{\text{Anlagevermögen (AV)}}$ in % bzw. $\frac{\text{EK}}{\text{AV}}$
(Investierung I)

Ziel: Gemäß der engen Fassung der „goldenen Bilanzregel“ 100 % zur Sicherung der unabhängigen Betriebsbereitschaft.

Deckungsgrad II $= \frac{\text{(Eigenkapital + langfristiges Fremdkapital)} \cdot 100}{\text{Anlagevermögen (AV)}}$ in %
(Investierung II)

Ziel: ⩾ 100 %, Fristenkongruenz und Leverage-Effekt beachten.

Bilanzkennzahlen der Liquidität

Liquidität 1. Grades $= \frac{\text{flüssige Mittel} \cdot 100}{\text{kurzfristige Verbindlichkeiten}}$
(Barliquidität)

Ziel: Barliquidität ca. 20 % der kurzfristigen Verbindlichkeiten.

Liquidität 2. Grades $= \frac{\text{(flüssige Mittel + kurzfristige Forderungen)} \cdot 100}{\text{kurzfristige Verbindlichkeiten}}$
(einzugsbedingte Liquidität)

Ziel: ≥ 100 %, um stets liquide zu sein.

Aufgaben

1 Die Süddeutsche Energie-Versorgungs-AG zeigt für 02 und 01 folgende Bilanzwerte (Beträge in T€):

Aktiva	02	01	zum 31.12. Passiva	02	01
A. Anlagevermögen			**A. Eigenkapital**		
Sachanlagen			I. Gezeichnetes Kapital	46 000	46 000
1. Grundstücke	7 400	7 200	II. Gewinnrücklagen		
2. Gebäude	14 100	13 100	1. gesetzliche Rücklage	4 600	4 600
3. Maschinen	25 000	24 000	2. and. Gewinnrücklagen	1 300	1 100
4. Betriebs- und			III. Bilanzgewinn	3 000	
Geschäftsausstattung	5 500	5 200	**B. Rückstellungen**		
B. Umlaufvermögen			1. Steuerrückstellungen	400	300
1. Vorräte	1 800	1 700	2. sonst. Rückstellungen	100	100
2. Forderungen	2 400	1 800	**C. Verbindlichkeiten**		
3. Kasse,			1. gegenüber		
Postbank,			Kreditinstituten	600	500
Guthaben bei			2. aus Lieferungen		
Kreditinstituten	2 200	1 900	und Leistungen	2 400	2 300
	58 400	**54 900**		**58 400**	**54 900**

Erläuterungen zu den einzelnen Bilanzpositionen:

- Die Forderungen (Pos. B. 2.) haben eine **Restlaufzeit bis zu einem Jahr** (Angabe nach § 268 Abs. 4 HGB).
- Die Rückstellungen (Pos. B. 1. und B. 2.) sind kurzfristig, die Verbindlichkeiten (Pos. C. 2.) haben eine **Restlaufzeit bis zu einem Jahr** (§ 268 Abs. 5 HGB).
- Für das Berichtsjahr (02) ist eine Dividendenausschüttung von 0,30 € je 5,00 €-Aktie vorgesehen.
- Der Börsenkurs dieser AG beträgt am 31.12.02, dem Bilanzstichtag 7,25 €.
- Vorstand und Aufsichtsrat stellen den Jahresabschluss fest.

a) Haben Vorstand und Aufsichtsrat das ihnen zustehende Recht für die Zuweisung zu den anderen Gewinnrücklagen 02 voll ausgenutzt? Begründen Sie Ihre Aussage.

b) Berechnen Sie den Bilanzkurs zum 31.12.02 (nach geplanter Dividendenausschüttung).
   - Welche vermuteten stillen Rücklagen lassen sich aus dem Börsenkurs zum Bilanzstichtag 31.12.02 errechnen?

c) Stellen Sie die Strukturbilanz (aufbereitete Bilanz) auf.[1]

d) Berechnen Sie Kennzahlen der Kapitalstruktur (Eigenkapitalquote, Verschuldungsgrad, Anteil des lang- und kurzfristigen Fremdkapitals).

e) Berechnen Sie die Deckungsgrade (Investierungen) I und II.

f) Ermitteln Sie die Liquiditätsgrade 1 und 2.

g) Wie beurteilen Sie aufgrund der Ergebnisse d), e), f) die finanzielle Sicherheit und Stabilität des Unternehmens, soweit diese aus den Kennzahlen erkennbar sind?

1 Laut Lehrplan wird die Strukturbilanz vorgegeben.

h) Welche Aussagen können Sie zur Vermögensstruktur des Unternehmens treffen?
i) Welche Auswirkungen haben bereits vorhandene stille Rücklagen bei der Beurteilung der Eigenkapitalquote und der Rentabilität?

7.5 Erfolgskennzahlen

Kernwissen

Eigenkapitalrentabilität (R_{EK})
$$= \frac{\text{Jahresüberschuss (JÜ)} \cdot 100}{\text{Eigenkapital*}} \text{ in \%}$$

Gesamtkapitalrentabilität (R_{GK})
$$= \frac{(\text{JÜ} + \text{Fremdkapitalzinsen}) \cdot 100}{\text{Gesamtkapital*}} \text{ in \%}$$

Umsatzrentabilität (R_U)
$$= \frac{\text{Jahresüberschuss} \cdot 100}{\text{Umsatzerlöse}} \text{ in \%}$$

Return on Investment (RoI) $= R_{EK}$ (RoI)

R_{EK} (RoI)
$$= \frac{\text{Jahresüberschuss} \cdot 100}{\text{Umsatzerlöse}} \cdot \frac{\text{Umsatzerlöse}}{\text{EK}}$$

RoI = Umsatzrentabilität · EK-Umschlagshäufigkeit

Auswirkung der Finanzierungsart auf die Eigenkapitalrentabilität:

- Zusätzliches Fremdkapital verbessert unter der Bedingung „Fremdkapitalzinssatz < Gesamtkapitalrentabilität" die Rentabilität des Eigenkapitals.
- Die Hebelwirkung des gestiegenen Verschuldungsgrades auf die Eigenkapitalrentabilität wird als **Leverage-Effekt** bezeichnet.

* Die Rechnung wird genauer, wenn ein Mittelwert aus Jahresanfang und Jahresende verwendet wird. Aus Vereinfachungsgründen werden jedoch häufig die Werte am Jahresende genommen.

Statt des Jahresüberschusses wird häufig der aussagefähigere **Cashflow** herangezogen, um die **Innenfinanzierungskraft** eines Unternehmens zu beurteilen. Dem externen Analytiker bleibt nichts anderes übrig, als den Cashflow aus dem Jahresüberschuss zu berechnen:

Ausgangssituation	→	Umbewertung

Ausgangssituation

Jahresüberschuss =

Erträge – Aufwendungen

↓

Probleme:

- Erträge stellen nicht immer gleichzeitig Einnahmen (= zugeflossenes Geld) dar
- Aufwendungen stellen nicht immer gleichzeitig Ausgaben (= abgeflossenes Geld) dar

Umbewertung

Jahresüberschuss

\+ ***ausgabelose Aufwendungen***

- Abschreibungen des laufenden Geschäftsjahres auf das Anlagevermögen
- Einstellungen des laufenden Geschäftsjahres in langfristige Rückstellungen

– ***einnahmelose Erträge:*** Herabsetzung bzw. Auflösung langfristiger Rückstellungen

= ***Brutto-Cashflow***[1]

– Dividenausschüttung

= **Netto-Cashflow**

$$\textbf{Cashflow je Aktie} = \frac{\text{Cashflow}^2}{\text{Anzahl der Aktien}}$$

$$\textbf{Cashflow-Umsatzrate} = \frac{\text{Cashflow} \cdot 100}{\text{Umsatzerlös}} \text{ in } \%$$

Der Jahresüberschuss ist im internationalen Vergleich eine unzureichende Kennziffer, da er von den nationalen Steuer- und Zinssätzen beeinflusst ist, deshalb wird der **EBIT** (**E**arnings **B**efore **I**nterests and **T**axes) berechnet:

Jahresüberschuss
\+ Ertragsteuern
\+ Zinsergebnis (Zinsaufwendungen – Zinserträge)
= EBIT
\+ Abschreibungen auf AV
= EBITDA*

*EBITDA = **E**arning **B**efore **I**nterests, **T**axes, **D**epreciation and **A**mortisation.

1 als vereinfachter Brutto-Cashflow
2 ausgehend vom Brutto-Cashflow

Aufgaben

1 Die Büromaschinen AG plant, die börsennotierte Computec AG zu übernehmen.

Aus dem Geschäftsbericht liegen über die Computec AG folgende Zahlenwerte vor:

Aktiva		**zusammengefasste Bilanz (in Mio. €)***		Passiva
Sachanlagen	10,0	Gezeichnetes Kapital		2,0
Vorräte	3,0	Kapitalrücklage		1,0
Forderungen	4,0	Gewinnrücklagen		2,0
liquide Mittel	1,0	Rückstellungen:	langfristige	1,5
		Rückstellungen:	kurzfristige	0,5
		Verbindlichkeiten:	langfristige	1,5
		Verbindlichkeiten:	kurzfristige	9,5
	18,0			**18,0**

* nach vollständiger Gewinnverwendung

Die Umsatzerlöse der Computec AG betrugen 30 Mio. €. Der Jahresüberschuss wurde mit 1,2 Mio. € ausgewiesen; es wurde keine Dividende ausgeschüttet. In das Anlagevermögen wurden 4 Mio. € investiert, die Abschreibungen auf das Anlagevermögen betrugen 3 Mio. €, die kumulierten Abschreibungen gemäß Anlagenspiegel[1] 6 Mio. €. Die langfristigen Rückstellungen haben sich um 0,8 Mio. € erhöht.

a) Berechnen und interpretieren Sie zwei Kennzahlen zur Liquiditätslage der Computec AG. Beurteilen Sie kritisch deren Aussagekraft.

b) Berechnen Sie
- die Eigenkapitalrentabilität und die Umsatzrentabilität sowie
- den Cashflow

Beurteilen Sie die Ertragslage insgesamt.

c) Welche Aussage können Sie als externer Beurteiler über den Altersaufbau des Sachanlagenbestandes machen?

d) Beurteilen Sie die Finanzierung der Computec AG anhand je einer horizontalen und vertikalen Bilanzkennzahl.

1 Anlagenspiegel nicht prüfungsrelevant

2 Die Läpple AG, Heidenheim, wurde im Jahr 1 gegründet. Im Jahr 2 wurde die bisher einzige Kapitalerhöhung durchgeführt. Die Aktienkurse sind seit mehreren Monaten rückläufig, der DAX ist innerhalb von 9 Monaten um 35 % gesunken. Deshalb beantragt der Vorstand der Läpple AG bei seiner Hausbank ein Annuitätendarlehen.
Die Läpple AG legt ihrer Hausbank die Jahresabschlüsse nach HGB der bisherigen drei Geschäftsjahre vor. (siehe Anlage). Sie möchte Erweiterungsinvestitionen durchführen, um die Fertigungskapazitäten zu erhöhen.
Der fiktive Nennwert je Aktie beträgt 5,00 €.

a) Die Hausbank möchte anhand von Kennzahlen über die Kreditvergabe des vierten Jahres entscheiden.

1. Bestimmen Sie die Umsatzrentabilität der Geschäftsjahre 1 bis 3 und bewerten Sie die Ergebnisse hinsichtlich der Kreditvergabe.
2. Berechnen Sie den ROI für die Jahre 2 und 3 auf Basis des Gesamtkapitals. (Gesamtkapital am Jahresanfang).
3. Ein Konkurrent der Läpple AG, hat bei einer geringeren Umsatzrentabilität einen höheren Return on Investment als die Läpple AG.
Erklären Sie, wie dies zustande kommen kann.
4. Berechnen Sie den Brutto-Cashflow in vereinfachter Form für die Jahre 2 und 3.
5. Welche Bedeutung hat der Brutto-Cashflow generell?

b) Bei der Analyse der Bilanz und der Gewinn- und Verlustrechnung interessiert sich der Kreditsachbearbeiter für die Abschreibungs- und Bewertungsmethoden der Läpple AG. Wie kann er sich ein Bild über die gesuchten Informationen machen?

c) Erläutern Sie anhand einer selbstgewählten Vermögensposition, warum für die Hausbank Informationen über Abschreibungsmethoden wichtig sind.

d) Weisen Sie anhand der Daten für das Geschäftsjahr 2 nach, wie hoch die Investitionen in das Sachanlagevermögen im Jahr 2 insgesamt waren. Unterstellen Sie, dass im Bereich der Sachanlagen keine weiteren Zu- oder Abgänge erfolgt sind.

e) Ermitteln Sie für die Jahre 2 und 3 den EBIT und das Ergebnis der gewöhnlichen Geschäftstätigkeit. Warum wird im internationalen Vergleich häufig der EBIT statt dem Jahresüberschuss herangezogen?

f) Begründen Sie, warum die Läpple AG keine gesetzliche Rücklage ausweist.

g) Bereits im Jahr 2 wurde eine Erweiterungsinvestition durchgeführt, die teilweise durch eine Kapitalerhöhung gegen Einlagen finanziert wurde. Berechnen Sie den Mittelzufluss der Kapitalerhöhung gegen Einlagen im Jahr 2.

h) Zu welchem Kurs wurden die Aktien ursprünglich ausgegeben und zu welchem Ausgabekurs erfolgte die Kapitalerhöhung im Jahr 2?

Anlage 1

Vereinfachte Bilanz der Läpple AG jeweils zum 31.12. der drei Geschäftsjahre; Zahlen in Tsd. €

Aktiva	**Jahr 3**	**Jahr 2**	**Jahr 1**	**Passiva**	**Jahr 3**	**Jahr 2**	**Jahr 1**
A. Anlagevermögen				A. Eigenkapital			
Sachanlagen				I. Gezeichnetes Kapital	4 800	4 800	4 000
1. Bauten und Grundstücke	9 600	9 900	8 200	II. Kapitalrücklage	7 600	7 600	6 000
2. Technische Anlagen	8 900	8 700	8 200	III. Andere Gewinnrücklagen	4 245	3 620	3 200
3. Andere Anlagen	1 350	1 400	1 600	IV. Gewinnvortrag, Vorjahr	1	–	20
				V. Jahresüberschuss	1 400	1 250	840
B. Umlaufvermögen				B. Rückstellungen			
I. Vorräte				1. Langfristige Rückstellungen	1 200	1 140	1 090
1. RHB-Stoffe	1 250	900	1 300	2. Kurzfristige Rückstellungen	55	44	72
2. Fertigerzeugnisse	1 180	1 240	1 310				
II. Forderungen							
1. Ford. LuL.	500	250	619				
2. Sonstige Ford.	237	63	140				
III. Bank, Kasse	294	106	314				
				C. Verbindlichkeiten			
				1. Langfristige Bankverbindlichk.	2 600	2 700	5 100
				2. Kurzfristige Bankverbinlichk.	400	500	450
				3. Verbindlichk. LuL.	970	870	872
				4. Sonstige Verbindlichkeiten	40	35	39
	23 311	**22 559**	**21 683**		**23 311**	**22 559**	**21 683**

Anlage 2

Gewinn- und Verlustrechnungen der Läpple AG für die drei Geschäftsjahre; Zahlen in Tsd. €

Position	Jahr 3	Jahr 2	Jahr 1
Umsatzerlöse	15 410	14 225	13 282
Bestandserhöhungen	–	–	50
Bestandsminderungen	60	70	–
Materialaufwand	3 200	2 650	2 500
Personalaufwand	8 400	8 010	7 900
Abschreibungen auf Sachanlagen	1 800	1 700	1 600
Zinserträge	70	40	30
Zinsen und ähnliche Aufwendungen	200	210	270
Steuern vom Einkommen und vom Ertrag	420	375	252
Jahresüberschuss	1 400	1 250	840

Fachbegriffe zum Jahresabschluss nach HGB:

Anhang	*Bestandteil des Jahresabschlusses einer Kapitalgesellschaft, in dem Bilanz und GuV erläutert werden.*
Lagebericht	*Ergänzung zum Jahresabschluss; beurteilt die Lage des Unternehmens (Gesamtwürdigung).*
Vorsichtsprinzip	*Der Kaufmann muss nach HGB „vorsichtig" bewerten; er darf sich nicht reicher rechnen.*
Niederstwertprinzip	*Gilt für* **Aktivseite; Vermögen** *soll vorsichtig bewertet werden, d. h. es soll eher zu niedrig als zu hoch bewertet werden.*
Gemildertes Niederstwertprinzip	*Gilt für* **Anlagevermögen**. *Es besteht ein Wahlrecht zwischen fortgeführten AHK und niedrigerem Börsen- oder Marktpreis. Bei* **dauerhafter** *Wertminderung muss stets der niedrigere Wert angesetzt werden.*
Strenges Niederstwertprinzip	*Gilt für* **Umlaufvermögen**. *Von zwei möglichen Werten ist stets der niedrigere anzusetzen (AHK, Börsen- oder Marktpreis bzw. beizulegender Wert), selbst bei nur vorübergehender Wertminderung.*
Höchstwertprinzip	*Gilt für* **Passivseite**. *Von zwei möglichen Werten ist stets der höhere anzusetzen (AK oder Erfüllungsbetrag der Schulden).*
Realisationsprinzip	*Gewinne dürfen nur angesetzt werden, wenn sie bis zum Bilanzstichtag* **realisiert** *sind. (Ausnahmen z.B.: Ansatz des Devisenkassamittelkurses bei Restlaufzeit der Valutaverbindlichkeit am Bilanzstichtag bis zu einem Jahr => vorzeitige Gewinnrealisierung).*

Imparitätsprinzip	*noch nicht realisierte Gewinne dürfen nicht ausgewiesen werden; noch nicht realisierte Verluste müssen ausgewiesen werden*
Anschaffungskosten (Anschaffungswertprinzip)	*Vermögens- und Schuldposten sind* **grundsätzlich** *mit ihrem* **Anschaffungswert** *zu bilanzieren (Zugangsbewertung).* *Wertansatz beim Kauf von Vermögen:* *Anschaffungspreis* *+ Anschaffungsnebenkosten* *– Anschaffungspreisminderungen* *= Anschaffungskosten (AK)*
Herstellungskosten	*Bewertungsansatz bei selbsterstelltem Vermögen*
Rückstellungen	*stellen Fremdkapital dar; müssen beispielsweise für ungewisse Verbindlichkeiten und drohende Verluste aus schwebenden Geschäften gebildet werden*
Rücklagen	*stellen Eigenkapital dar; dienen der Verhinderung von Gewinnausschüttungen (Selbstfinanzierung)*
offene Rücklagen	*sind in der Bilanz zu erkennen, werden als gesetzliche oder andere Gewinnrücklagen ausgewiesen (Verwendung des JÜ)*
stille Rücklagen (stille Reserven)	*sind in der Bilanz nicht zu erkennen; entstehen durch Unterbewertung des Vermögens und/oder Überbewertung der Schulden. Bewirken bei Bildung Ergebnisminderung und Steuerstundung. Zum Beispiel überhöht gebildete Rückstellung (Differenzbetrag zwischen passivierter Rückstellung und tatsächlich benötigter Rückstellung)*
Cashflow	*stellt die Innenfinanzierungskraft (Finanzüberschuss) eines Unternehmens dar*
Liquidität	*Zahlungsfähigkeit*

EBIT	Jahresüberschuss + Ertragsteuern + Zinsergebnis = EBIT
RoI	= *Umsatzrentabilität • EK-Umschlagshäufigkeit*
Leverage-Effekt	*sofern R_{GK} > Zinsfuß für FK ⇒ R_{EK} steigt bei Aufnahme von weiterem FK*

Zusammenfassende Aufgaben zum Jahresabschluss

1 Die Kolbenmeier AG, ein bekannter Autozulieferer, befindet sich in einer schwierigen Lage. In der Bilanz und der Erfolgsrechnung zum 31.12.03 sollte das volle Ausmaß der Probleme des Unternehmens nicht erkennbar sein. Ein Jahresüberschuss von 9 Mio. € wurde ausgewiesen.

Im Anhang finden sich folgende Erläuterungen:

Auszug 1
„Das Sachanlagevermögen wurde zu Anschaffungskosten, vermindert um planmäßige Abschreibungen, bewertet. Die in den nächsten Jahren geplanten Investitionen und die angespannte Preissituation auf den Absatzmärkten waren der Anlass, im Abschluss von der degressiven zur linearen Abschreibungsmethode überzugehen. Der Abschreibungsbetrag wäre bei degressiver Abschreibungsmethode um 10 960 T€ höher gewesen."

Auszug 2
Das Disagio in Höhe von 5 000,00 € für den Bankkredit wurde in 03 in voller Höhe als Aufwand verrechnet.

a) Beurteilen Sie die einzelnen – in den Auszügen dargestellten – Maßnahmen im Hinblick auf das angestrebte Bilanzierungsziel. Zeigen Sie die Auswirkungen auf den Jahresabschluss.

b) Warum ist die Geschäftsleitung hier unterschiedlich verfahren?

c) Welche Auswirkungen ergeben sich aus den Maßnahmen nach Auszug 1 auf den Cashflow und auf die Umsatzrentabilität?

d) Beurteilen Sie die Eignung der beiden Kennzahlen (c) zur Unternehmensanalyse.

e) Nennen Sie zwei weitere Möglichkeiten, die dem Vorstand beim Anlagevermögen noch zur Verfügung standen, um einen möglichst hohen Gewinn auszuweisen.

f) Am 02.05.01 erwarb die AG eine Maschinenhalle für 2 600 000,00 € (Gesamtkaufpreis bebautes Grundstück). Die Grundstücksfläche betrug 3 000 m².
An Kosten fielen an:

Grunderwerbsteuer	5 %
Notariats- + Maklergebühren	78 000,00 € netto
Grundstückswert	50,00 € je m²
Nutzungsdauer	25 Jahre

Ermitteln Sie den Bilanzansatz zum 31.12.03.

g) Zur Rationalisierung kaufte die AG am 01.06.03 eine neue automatische Spezialdrehbank zum Preis von 165 000,00 €. Nutzungsdauer: acht Jahre. Die Tran. portkosten betrugen 2 408,00 €, die Kosten der Fundamentierungsarbeiten 17 897,00 € und der Montagearbeiten 3 645,00 €. Alle Werte sind Nettowerte. 3 % Skonto vom Listenpreis der Maschine wurden in Anspruch genommen.

1. Ermitteln Sie die Anschaffungskosten des Automaten.
2. Errechnen Sie den Bilanzansatz unter Berücksichtigung der Bewertungsgrundsätze aus Auszug 1.
3. Hat die AG durch diese Bewertungsentscheidung auf eine stille Reserve verzichtet? Rechnerischer Nachweis und Begründung. Gehen Sie auf das Wesen der stillen Reserven ein.

h) Zum Jahresende liegen noch unfertige Erzeugnisse auf Lager, für die in der Kostenrechnung folgende Zahlen vorliegen:

Einzelkosten	
Fertigungsmaterial	3 200 T€
Fertigungslöhne	
– Gießerei	450 T€
– Dreherei	945 T€
– Montage	1 395 T€
Sondereinzelkosten (Konstruktion)	240 T€
Gemeinkostenzuschläge	
Fertigungsgemeinkosten	
– Gießerei	120 %
– Dreherei	140 %
– Montage	40 %
Materialgemeinkosten für alle Stoffe	35 %
Verwaltungsgemeinkosten	50 %
Vertriebsgemeinkosten	5 %

1. Berechnen Sie den Bilanzansatz (beachten Sie die Zielsetzung).
2. Erklären Sie anhand der Auswirkungen auf Bilanz und GuV-Rechnung, inwiefern der von Ihnen gewählte Bewertungsansatz dem vorgegebenen Ziel dient.
3. Welchen Bewertungsspielraum hatte die AG, wenn sie den niedrigsten Gewinn hätte ausweisen wollen?

2 Die SICU-TEC AG in Albstadt plant die Übernahme eines Konkurrenzunternehmens, das ebenfalls Anbieter von elektronischen Sicherheitstürsystemen ist. Der Vorstand der SICU-TEC AG rechnet mit einem Kaufpreis von ca. 23 Mio. €. Der Umsatz der SICU-TEC AG liegt bei 725 Mio. €.
Als Folge eines konsequenten Kostenmanagements und der erfolgreichen Fortsetzung von Rationalisierungsmaßnahmen wird mit einem starken Ergebnisanstieg gerechnet. Der vorläufige Jahresabschluss der SICU-TEC AG weist in einer zusammengefassten Bilanz (Werte nach Ablauf des III. Quartals) die folgenden Werte aus:

AKTIVA	vorläufige Bilanz zum 30.9. d.J. (in T€)		PASSIVA
A. Anlagevermögen		A. Eigenkapital	
I. Sachanlagen	41 800	I. Gez. Kapital	53 000
II. Finanzanlagen	11 500	II. Kapitalrücklage	7 000
B. Umlaufvermögen		III. Gewinnrücklagen	31 000
I. Vorräte	49 400	IV. vorl. Jahresüberschuss (1. – 3. Quartal)	14 500
II. Forderungen	32 500	B. Rückstellungen	
III. Schecks, Kasse, Bank	23 000	1. Pensionsrückst.	12 000
C. Rechnungsabg.posten	300	2. Steuer- und sonst. Rückstellungen	6 000
		C. Verbindlichkeiten	
		1. Darlehen	20 000
		2. Verb. a. L. u. L.	15 000
	158 500		158 500

Vorstand und Aufsichtsrat stellen den Jahresabschluss fest. Der fiktive Nennwert der Aktien beträgt 5,00 €.

a) Neben Kostenvorteilen will die Unternehmensleitung durch den Zukauf auch andere Ziele verwirklichen.
   - Erläutern Sie mit zwei Beispielen, dass die Übernahme zu Kostenvorteilen führt.
   - Zählen Sie vier weitere Ziele auf, die durch diesen Schritt gleichzeitig erreicht werden können.

b) Die SICU-TEC AG hat ihr Ergebnis durch Ausnutzung von Bewertungsspielräumen möglichst niedrig gehalten.
   - Zeigen Sie an einem Beispiel aus dem Sachanlagevermögen, wie dies grundsätzlich erreicht werden konnte.
   - Erörtern Sie, ob diese Bewertungsmaßnahmen zur Finanzierung der Übernahme beitragen können.

c) Im Umlaufvermögen gibt es nach Meinung des Vorstandes grundsätzlich keine Bewertungsspielräume. Begründen Sie diese Aussage.

d) Im IV. Quartal des Geschäftsjahres wurden verschiedene Reparaturarbeiten an Handwerker vergeben. Eine werterhaltende Dachsanierung in Höhe von 107 100,00 € (einschl. 19 % USt) konnte wegen der schlechten Witterung nicht mehr durchgeführt werden. Sie soll in den ersten drei Monaten des neuen Geschäftsjahres nachgeholt werden.
   - Geben Sie Wert und Position dieses Vorganges in der Bilanz an, und begründen Sie die Zulässigkeit des Ansatzes.
   - Wie wirkt sich dies auf den Erfolg des laufenden Geschäftsjahres aus?

e) Aufgrund der niedrigen Zinsen soll zur Finanzierung der Übernahme noch im laufenden Geschäftsjahr am 1. Dezember ein Darlehen im Nennwert von 10 Mio. € aufgenommen werden.
   Ausstattungsmerkmale: Ausgabekurs 98 %, Rückzahlungskurs 102 %, Nominalzins 6 % p.a., Rückzahlung nach zehn Jahren in einer Summe, Sicherung durch Grundpfandrechte.
   - Welche gesetzlichen Vorgaben sind bei der Bilanzierung des Darlehens in der Handelsbilanz zu beachten?
   - Welchen Mittelzufluss verbucht die SICU-TEC AG?
   - Mit welchem Betrag wird der Erfolg der Unternehmung im ersten Kreditjahr nach Handelsrecht belastet?

f) Im Jahresabschluss wird ein Jahresüberschuss von 22,4 Mio. € ausgewiesen.
   - Erarbeiten Sie für den Vorstand einen Gewinnverwendungsvorschlag, der soweit wie möglich die Finanzierung der Übernahme erleichtert und eine Stückdividende von 1,00 € berücksichtigt.
     Begründen Sie Ihre Vorgehensweise.
   - Begründen Sie, ob die Finanzierung der Übernahme gesichert ist.

8 Strategic planning and management accounting Unternehmensführung und Controlling

Strukturzusammenhang

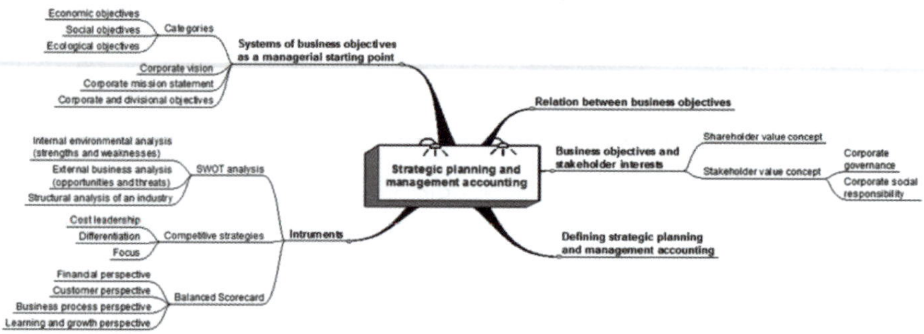

8.1 System of business objectives as a managerial starting point

Kernwissen

- Management is conducted on different levels and therefore each level has got different objectives with different criteria.

Level of management	Top-level management	Middle-level management	First-level management
Activities	Strategic management: development of basic objectives and strategic plans	Strategic and operational management: defining objectives in accordance with the ideas of the top-level management	Operational management: planning, controlling and directing, supervising the employees

Table 1: Management levels in a company

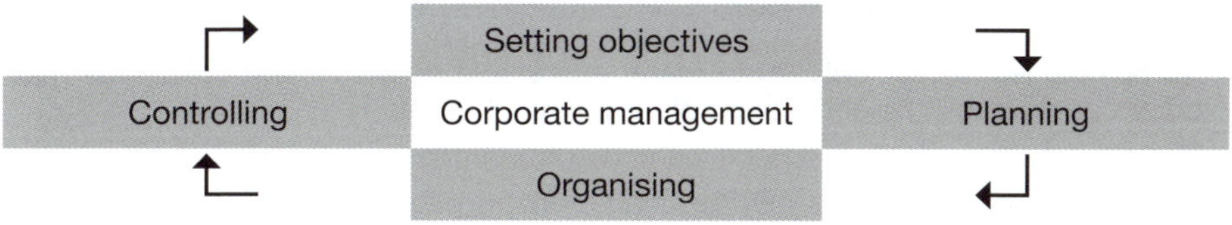

Figure 1: The management process

8.1.1. Economic, social and ecological objectives

Types of business objectives:

Business objectives are the specific intended outcomes of a business strategy. These objectives are adopted by the company in order to achieve its primary aims.

- Business objectives can be divided into economic, social and ecological objectives.

Economic objectives	Social objectives	Ecological objectives
Describe the targets a company wants to achieve economically	escribe the targets a company wants to achieve for people, e.g. their employees	Describe the targets a company wants to achieve in order to protect the environment

Table 2: Business objectives

- If a company is profit-oriented, the superior objective is profit maximisation. To show the success of the money invested, you can calculate the return on equity (ROE) which shows how much money you have generated with the capital invested (shareholder perspective). Subordinate objectives help to achieve the superior objectives, e.g. by increasing sales or decreasing costs, a company can maximise its profit.
- Besides the monetary objectives mentioned above, there are also non-monetary objectives that help to maximise profit and they cannot be measured in monetary terms. For example, by increasing the product quality, a company could probably increase its profit further. You can define many different non-monetary economic objectives in several areas, like objectives that relate to the market, to the customer, to the product or to your employees.
- You can also define special social objectives for your employees in order to make them contribute to the company's success. These objectives should be motivating in order to increase the performance. A good working atmosphere could also lead to higher loyalty and commitment, and could have positive effects on the company's image.
- Ecological objectives need to be taken into consideration as pollution is a serious threat to our environment. In order to reduce the impact on the environment, companies often commit themselves to protecting the environment, e.g. by focussing on environmentally-friendly purchasing, production and sale.

Correlation of objectives:

- As companies do not only try to reach one single objective and objectives may differ considerably, objectives correlate with each other.
- There are complementary objectives and competitive objectives.
- Complementary objectives can be characterized that there is harmony between two or more objectives. The objectives promote each other.
- Competitive objectives are objectives that are in conflict with other objectives. Thus, reaching one objectives leads to problems of reaching the other objectives.

Strategic and operational objectives:

Strategic objectives	Operational objectives
Strategic objectives are those objectives that are determined by the top-level management. They are interpreted to be long-term objectives and are not directly measurable.	Operational objectives are closely related to strategic objectives, but focus more on how a goal can be achieved. It is not about what the company wants to achieve in the long-run, but how they can achieve a goal in the short-run. Operational objectives are defined by the middle-level management and should be SMART, which means specific, measurable, achievable, realistic, and time related.

Table 3: Strategic and operational objectives

8.1.2. Corporate vision

- A vision is a statement that expresses a company's ultimate objectives. These are the core values, the core purpose and visionary goals.
- It includes objectives and values and talks about the future.

8.1.3. Corporate mission statement

- The mission statement states what a company is currently doing.
- It is focussed on the present and includes various aspects such as customers, products, employees and the environment and how the company deals with each of the aspects.
- A mission statement is a guideline for all activities of a company and therefore can affect every stakeholder of a company, such as shareholders, employees, or the society.

8.1.4. Corporate and divisional objectives

Vision and mission statement have a common problem: They do not contain specific objectives for the company. Consequently corporate objectives have to be created in accordance to vision and mission statement.

There are several different corporate objectives, but probably most common one is profit maximisation. Others are growth, increasing the market share, survival, or maximising the shareholder value.

After establishing corporate objectives the management have to break down the corporate objectives into specific aims for the members of the company. For example, you have define divisional objectives (e.g. for a special region or country, or for a special product), followed by departmental objectives (e.g. for a special target for the marketing department), and individual objectives (e.g. for a team member of the marketing department to increase sales of his or her clients by 5%).

Aufgaben

1 What are the three levels of management?

2 Distinguish the three levels of management by explaining their activities.

3 Describe the management process beginning with its starting point of setting objectives.

4 Why do companies also have to include social and ecological objectives in their set of business objectives?

5 What does correlation of objectives mean for a business?

6 How do strategic objectives differ from operational objectives?

7 What is the difference between the vision statement and the mission statement?

8 What is written down in a mission statement?

8.2 Business objectives and stakeholder interests

Kernwissen

Business objectives	
Business objectives of shareholders	Business objectives of stakeholders
• Maximising the capital of the share-holders • Single focus on shareholders' demands and their interest in the increase of their income and capital ➔ Short-term orientation	• Aiming at a long-term survival of the business • Interests of all stakeholders should be included in the objectives of the business ➔ Long-term orientation

Table 4: Business objectives

8.2.1. Shareholder value concept

- Shareholders are owners of stock companies who normally do not have any decision-making power on day-to-day business.
- Decisions are made by managers who often have other interests than the shareholders.
- Shareholders are mainly interested in the financial outcome of a business, thus maximising the shareholder value is the central aspect of the shareholder value concept.
- This means that you want to increase the capital invested by the shareholders.
- The increase of capital can occur by dividend payments or as a result of rising share prices.
- Following the principles of the shareholder value concept does not only have advantages for shareholders, but for all people interested in the business.

8.2.2. Stakeholder value and stakeholders' interests

- Stakeholder is a much broader term, meaning that not only shareholders are interested in the business, but also any other group that has got a special interests in the company.
- Stakeholders are customers, suppliers, employees, state and society, management, creditors, and, of course, shareholders.
- The objective of this approach is to maximise the value by following policies that minimise cost and waste while improving the quality of its products, enhance the

skills and satisfaction of its employees, and contribute to the development of the community from which it draws its resources.

- As a consequence of the broad group of stakeholders, there are various demands that the management has to include when making a decision.
- Examples:
  - Shareholders want a sufficient income and increase of their capital.
  - Customers want to get high-quality products and fair prices.
  - Suppliers want to receive fair payment for their products and services.
  - Employees want fair pay and good working conditions.
  - State and society expect that companies provide jobs for the region it is located.

8.2.3. Corporate governance

The OECD states that "[c]orporate governance involves a set of relationships between a company's management, its board, its shareholders and other stakeholders. Corporate governance also provides the structure through which the objectives of the company are set, and the means of attaining those objectives and monitoring performance are determined. Good corporate governance should provide proper incentives for the board and management to pursue objectives that are in the interests of the company and its shareholders and should facilitate effective monitoring."[1]

In other words, the concept comprises a set of principles and values that enable a responsible and transparent management activity. It refers to all the rules of conduct that the management and supervisors of a business have to consider.

If the behaviour and activities of a business and its management conform to the standards of law and ethics as well as the prevention of violations of law, this is called compliance.

The purpose of corporate governance is to establish rules of conduct that encourage the development of more efficient processes (internal view). On the other hand corporate governance should protect the shareholders (external view), as their interests might differ from those of the management.

8.2.4. Corporate social responsibility

Corporate Social Responsibility is a concept by which a business includes the interests of society by taking responsibility for the consequences of their activities to the environment, the community, their customers and employees affected by all the activities of the business. This responsibility normally goes beyond that required by law. The resulting tendency is that of organizations actively and voluntarily helping their employees and the local and wider community to improve their quality of life.

1 https://www.oecd.org/corporate/ca/corporategovernanceprinciples/31557724.pdf, page 13

There are several different approaches to corporate social responsibility. One of them is the United Nations Global Compact, which is adopted by over 2,000 companies all over the world:

Human Rights	• Principle 1: Businesses should support and respect the protection of internationally proclaimed human rights; and • Principle 2: make sure that they are not complicit in human rights abuses.
Labour	• Principle 3: Businesses should uphold the freedom of association and the effective recognition of the right to collective bargaining; • Principle 4: the elimination of all forms of forced and compulsory labour; • Principle 5: the effective abolition of child labour; and • Principle 6: the elimination of discrimination in respect of employment and occupation.
Environment	• Principle 7: Businesses should support a precautionary approach to environmental challenges; • Principle 8: undertake initiatives to promote greater environmental responsibility; and • Principle 9: encourage the development and diffusion of environmentally friendly technologies.
Anti-Corruption	• Principle 10: Businesses should work against corruption in all its forms, including extortion and bribery.

Table 5: The UN Global Compact's Ten Principles

Aufgaben

1 What different groups of stakeholders are there and what are their interests?

2 Describe the shareholder value concept.

3 Why is the shareholder value concept regarded critically?

4 What is corporate governance?

5 What is corporate social responsibility?

8.3 Defining strategic planning and management accounting

Kernwissen

Management control…			
…is aimed at achieving defined goals within an established timetable, and usually understood to have four components:			
Setting standards	Measuring actual performance	Taking corrective action	Collecting information from the financial accounting department
→ Planning	→ Supervision	→ Controlling	→ Providing information

Table 6: Management control

Management accounting	Strategic planning
→ Focus on short-term profit controlling → Examples for key parameters: – Liquidity – Return – Profitability	→ Focus on the long-term success of the business → Examples for key parameters: – Protecting old potentials for success – Generating new potentials for success

Table 7: Management accounting and strategic planning

- There are several instruments to gain information for management accounting and strategic planning.
- In regard of management accounting, key data and performance measurement systems, such as the return on investment (ROI), are required.
- Strategic planning uses several analysis tools, such as SWOT, the industry analysis and the balanced scorecard.

Aufgaben

1 What is management control?

2 Explain the difference between management accounting and strategic planning.

8.4 Instruments

Strategic analysis is the process of conducting research into the business environment. Aim of this research is to get help for forming future strategies.

Kernwissen

8.4.1. SWOT analysis

- Swot analysis involves the collection and portrayal of information about internal and external factors which have, or may have, an impact on business.
- By the help of the SWOT analysis a company can identify and analyse its main internal strengths and weaknesses as well as its external opportunities and threats. These factors will influence future decisions and success of the company.

	Helpful	Harmful
Internal	Strengths	Weaknesses
External	Opportunities	Threats

Table 8: The basic structure of the SWOT analysis

- In order to collect data for the internal perspective a company has to conduct a business analysis, i.e. you have to take internal factors into consideration for your analysis, like resources or competences.
- If getting data for the external perspective is required, you can find relevant information by conducting an environmental analysis or scanning. In this case, you might focus on the environment of the company, the industry or the market (customers and/or competition).

In order to gain information for the SWOT analysis, companies can use the following tools:

Environmental analysis (external)	Company analysis (internal)
• Global environmental analysis: collecting all political, economic, ecological, social and technological influences on the company • Industry structure analysis: collecting data on competition within an industry • Market analysis: Examining the market by taking a close look on demand and supply in a market	The company wants to analyse its strengths and weakness by conducting a company analysis.

Table 9: Tools for collecting information for a SWOT analysis

8.4.2. Competitive strategies (Porter's generic strategies)

	Strategic target	
	total market	partial market segment
Strategic advantage	differentiation (unique selling proposition = quality)	niche strategy (focus)
	cost leadership	

Table 10: Competitive strategies (overview)

Cost leadership	Differentiation	Focus
If a company decides on this strategy, the business tries to gain a cost advantage over the competitors. This can be achieved by an increase of sales by selling its products at a lower price or by charging the market price and producing more cheaply than the competitors.	If a company chooses this strategy, it tries to permanently set itself apart from its competitors. By doing so, the company wants to avoid pricing pressure. To be successful with this strategy, the product has to be different in quality (added value) compared to similar products, leading to a higher willingness of customers buying this product (unique selling proposition).	By deciding on this strategy, the company attempts to be different than its competitors by positioning itself in niche market. This means that the company does not want to satisfy the whole market but only a small segment of it.

Table 11: Explanation of competitive strategies

8.4.3. Balanced Scorecard

The balanced scorecard is a strategic planning and management system that is used to align business activities to the vision and strategy of the organisation, improve internal and external communications, and monitor organisation performance against strategic goals.

	Vision and strategy			
	↓	↓	↓	↓
Perspective	Financial	Process-oriented (internal processes)	Employee (innovation and learning)	Customer
Key facts	This perspective looks into the financial performance of the company.	This perspective deals with internal business processes.	This perspective includes employee training and corporate cultural attitudes related to both individual and corporate self-improvement.	This perspective is related to customer satisfaction in order to achieve the objectives.
Focus	• Return on investment (ROI) • Growth in sales • Cashflow	• Error rate of processes • Time to market • Processing time	• Time for further training • Frequency of intranet access • Number of informal database queries	• Customer satisfaction rate • Delivery times • Customer loyalty/ repurchasing rate

Table 12: Balanced scorecard

- Each perspective requires defining strategic objectives.
- Then you have to set parameters, target values and measures for each of the objectives.

Example: Customers often complain about high processing times of orders.

Customer perspective			
Strategic objectives	Parameters	Target values	Measures
Reduction of processing time of orders	Processing time	1 day	Training of staff

- Cause-effect relationships show the interaction between the perspectives and how changing one perspective might affect the other perspectives.

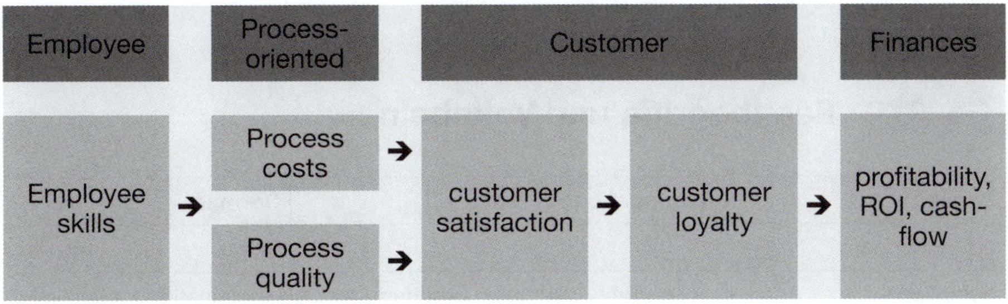

Figure 2: Cause-effect relationship

Critical evaluation of the balanced scorecard:

Advantages	Disadvantages
• Focus on different aspects rather than only on finances. • Strategies and objectives can be communicated within the business and lead to a better understanding of the employees. • Cause-effect relationships can be identified.	• Time-consuming and high costs (e.g. external advice might be necessary). • Focusing on different objectives might lead to contradictory situations. • Risk of subjective choice of parameters.

Table 13: Evaluation of the balanced scorecard

Aufgaben

1 How does the environmental analysis differ from the company analysis in general?

2 What is a SWOT analysis?

3 How does differentiation differ from cost leadership?

4 What is the balanced scorecard?

5 What are the perspectives of the balanced scorecard and what are their purposes?

6 How do the perspectives relate to each other?

Fachbegriffe und Vokabeln

English	Explanation	German
advisory board		Beirat
compliance	A company meets the requirements of accepted practices, legislation, prescribed rules and regulations, specified standards, or the terms of a contract.	Übereinstimmung
in compliance		gesetzeskonform
to conform to sth		etw entsprechen
controlling	Controlling is the basic management function of establishing standards, comparing actual performance against them, and taking corrective action, if necessary.	Steuerung, Leitung
corporate governance	Corporate governance is the system of rules, practices and processes by which a company is directed and controlled. It involves balancing the interests of a company's many stakeholders.	Unternehmensführung
corporate social responsibility	These are the activities of a business that go beyond compliance with legal requirements.	
management board		Vorstand
mission statement	A statement of the company's core purpose and focus which is should motivate employees and attract people from outside.	Aufgabenbeschreibung
profit maximisation	An assumption in classical economics is firms seek to maximise profits.	Profitmaximierung
outcome		Ergebnis
repurchasing rate		Wiederkaufsquote

English	Explanation	German
return on equity	Return on equity (ROE) is the amount of net income returned as a percentage of shareholders equity. Return on equity measures a corporation's profitability by revealing how much profit a company generates with the money shareholders have invested.	Eigenkapitalrendite
return on investment	A performance measure used to evaluate the efficiency of an investment or to compare the efficiency of a number of different investments.	Kapitalrendite
shareholder	An individual, group, or organization that owns one or more shares in a company.	Aktionär(in), Anteilseigner(in)
shareholder value approach (concept)	This is a management philosophy that regards maximisation of shareholders' equity as its highest objective.	Shareholder Value-Ansatz (Shareholder Value: Marktwert des Eigenkapitals)
stakeholder	A person, group or organisation that has interest or concern in an organisation.	Teilhaber, Anspruchgruppe
stakeholder value approach	This is a management philosophy that regards maximisation of the interests of its all stakeholders as its highest objective.	Stakeholder Value-Ansatz
stock company		Aktiengesellschaft
supervisory board		Aufsichtsrat
vision statement	A statement of what the company would like to achieve in the long term.	Vision

1 *Behaviour of market participants in competitive markets Verhalten der Marktteilnehmer unter Wettbewerbsbedingungen*

Strukturzusammenhang

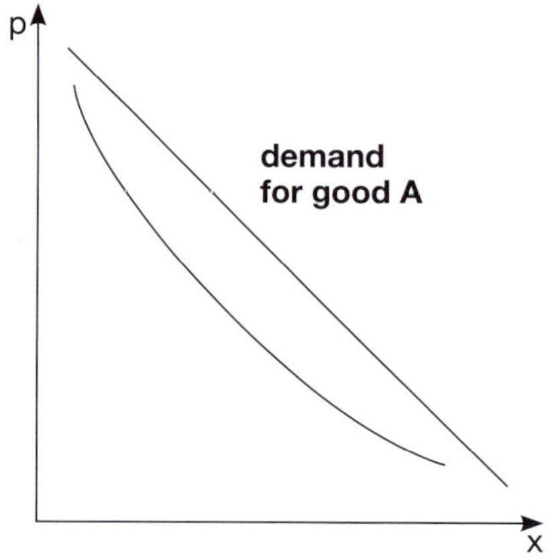

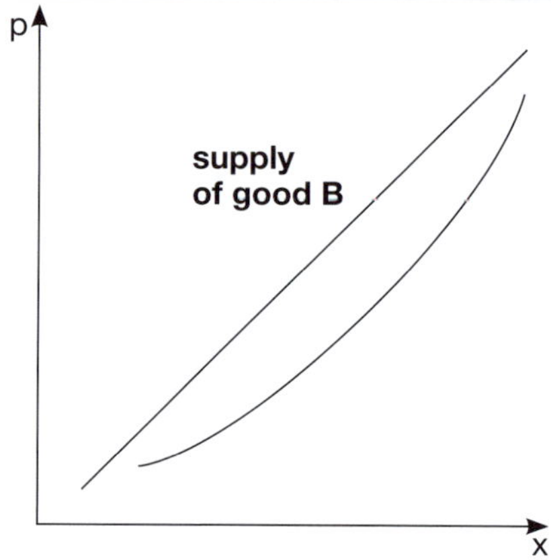

The quantity demanded (x) depends on **many** determining factors.
In the economic model the **only** factor to be varied is **price (p)**; everything else remains the same, which is known as the ceteris paribus* condition.

↓

The responsiveness of demand to **changes in the price of a good** is expressed by the measure of **price elasticity** (elastic or inelastic demand).

The quantity supplied (x) depends on **many** determining factors.
In the economic model the **only** factor to be varied is **price (p)**; everything else remains the same, which is known as the ceteris paribus condition.

* **Ceteris paribus** means as much as *"all other things remaining equal"*.
Using this assumption we analyse the influence of one factor supposing that all other factors remain unchanged.

1.1 Factors determining demand

Kernwissen

Factors determining the demand for good A

- price of good A
- price of other goods
- tastes and preferences (Veblen Effect; snob appeal)
- income
- wealth
- future expectations
- number of demanders

Kinds of demand

When considering demand, one has to distinguish between:

- **individual demand**
  (**one** economic subject`s demand for a good)
- **market demand**
  (**all** economic subjects` demand for a good; sum of all individual demand curves)

Reasons for changes in demand and their ramifications on the graph

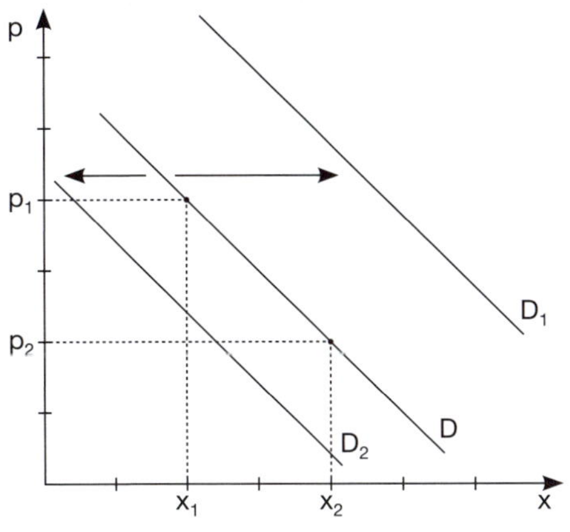

Most economic models are simplified by the assumption that demand is **only** determined **by the price** of the considered good. All other factors remain unchanged.

Reasons for changes in demand for good A	Effect	Changes in the graph
price of good A increases (from p_2 to p_1)	demand for good A decreases (from x_2 to x_1)	new combination of price and demand on the existing demand curve (movement along the curve)
price for good A decreases (from p1 to p2)	demand for good A increases (from x_1 to x_2)	new combination of price and demand on the existing demand curve (movement along the curve)

If other determining factors change, the demand curve will shift.

Reasons for changes in demand for good A	Effect	Changes in the graph
e.g. **income** increases	demand for good A increases (typical with superior goods)	demand curve will shift to the right (from D to D1), because there will be more demand at all prices
e.g. pessimistic **future expectations**	there will be a decrease in demand for good A, because people will save more (and spend less) money due to worries about future development	demand curve will shift to the left (from D to D2), because there will be less demand at all prices

Aufgaben

1 There are three people demanding a similar good.

a) Calculate the market demand.

Price per unit in €	Person A	Person B	Person C
0.00	5	8	10
1.00	4	6	8
2.00	3	4	6
3.00	2	2	4
4.00	1	0	2
5.00	0	0	1

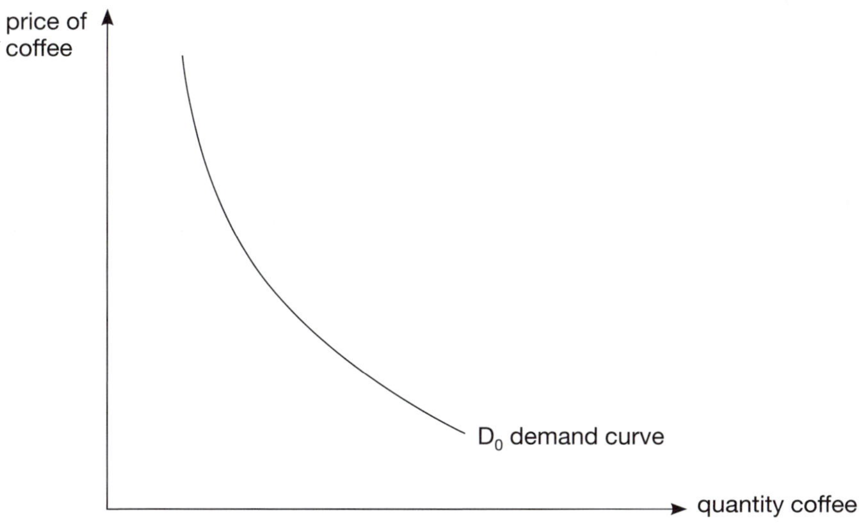

b) Describe the depicted demand curve.

c) Explain how you would expect the demand curve for coffee to be affected by the following events.
   1. price of coffee drops
   2. price of coffee increases
   3. from now on many people drink more coffee than tea
   4. population increases steadily
   5. price of cigarettes increases
   6. price of high quality tea decreases
   7. available income decreases
   8. population declines
   9. price of high quality tea increases
   10. available income increases

d) Copy the above coordinate system and D_0.
   1. Draw an increase in demand (D_1).
   2. Draw an decrease in demand (D_2).

1.2 Elasticity of demand

Kernwissen

Own price elasticity of demand

change in price of good A → effect on demand for good A

Own price elasticity measures the relative effect on demand for good A caused by a relative change in price of good A.
For instance, if a decrease in price of 10 per cent leads to an increase in demand of 20 per cent then demand is elastic. The relative change in quantity demanded is higher than the relative change in price.

$$E_{own} = \frac{\text{percentage change in quantity demanded}}{\text{percentage change in price}} = \frac{\dfrac{\Delta x \cdot 100}{x}}{\dfrac{\Delta p \cdot 100}{p}}$$

Δx = change in quantity　　Δp = change in price
x = original quantity　　p = original price

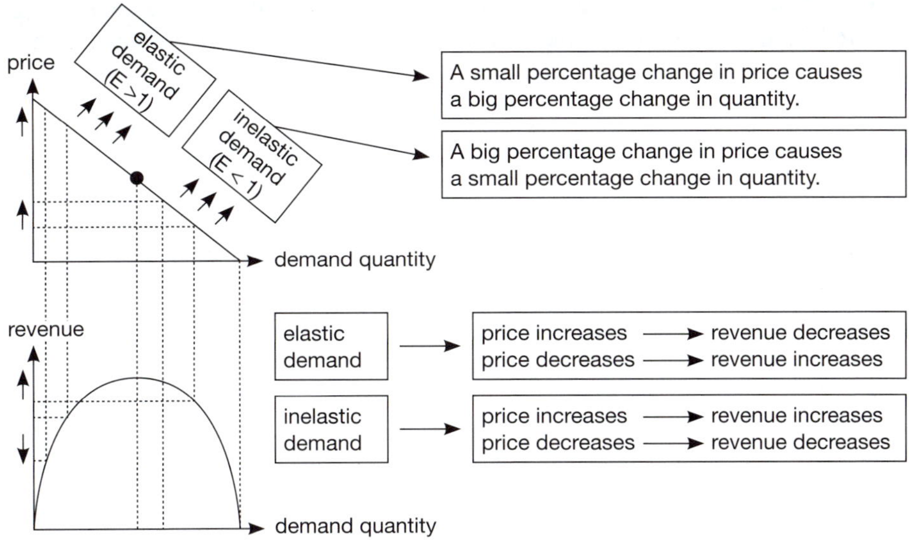

Usually the own price elasticity of demand is negative, because an increase in price (+) causes a decrease in quantity (-) and vice versa. This is why only the absolute value is considered. The important question is: Which is stronger – the change in price or the change in quantity?

E > 1 A small percentage change in price causes a big percentage change in quantity (elastic demand).

Effects on revenue

- if price increases: smaller revenue, because relative decrease in quantity bigger than relative rise in price.
- if price decreases: more revenue, because relative increase in quantity bigger than relative decrease in price.

E < 1 A big percentage change in price causes a small percentage change in quantity (inelastic demand).

Effects on revenue

- if price increases: more revenue, because relative decrease in quantity smaller than relative rise in price.
- if price decreases: smaller revenue, because relative increase in quantity smaller than relative decrease in price.

Cross-price elasticity of demand

change in price of good B ➔ effects on demand for good A

Cross-price elasticity measures the relative effect on demand for good A caused by a relative change in price of good B.

$$E_x = \frac{\text{percentage change in quantity demanded for good A}}{\text{percentage change in price of good B}} = \frac{\frac{\Delta x_A \cdot 100}{x_A}}{\frac{\Delta p_B \cdot 100}{p_B}}$$

Δx_A = change in quantity good A
x_A = original quantity good A

Δp_B = change in price good B
p_B = original price good B

With cross-price elasticity the sign of the elasticity value is of significance.

negative cross-price elasticity

↓

The price for good B falls from $p_1 = 4$ to $p_2 = 2$.
Demand for good A rises from $x_1 = 8$ to $x_2 = 10$.

↓

$$E_x = \frac{+25\%}{-50\%} = -0{,}5$$

↓

Demand for good A and good B rises.

↓

negative value for elasticity

↓

Good A and good B are **complementary goods** (goods which are often used together)

positive cross-price elasticity

↓

The price for good B falls from $p_1 = 4$ to $p_2 = 2$.
Demand for good A decreases from $x_1 = 8$ to $x_2 = 6$.

↓

$$E_x = \frac{-25\%}{-50\%} = +0{,}5$$

↓

More demand for good B (if price goes down);
Less demand for good A.

↓

positive negative for elasticity

↓

Good A and good B are **substitute goods** (either one or the other good is used).

Aufgaben

1 The price for a good is increased from €8 to €9. As a result sales go down from 300 to 285 units.

a) Calculate the own price elasticity of demand.

b) Give reasons whether the demand is elastic or inelastic.

c) Why is knowledge about elasticity important for our revenue targets?

2 The value for good A´s own price elasticity is 1.5.

a) How will demand for good A respond if the price for good A goes up?

b) 200 units of good A will be sold at a price of €10. What will be the change in demand if the price increases to €13? How will revenue change?

c) What will be the change in demand if the price decreases to €8? How will revenue change?

3 The price for coffee increases by 25 %. Subsequently the demand for tea increases by 10 %.

a) Which kind of elasticity should be used in this case?

b) Calculate and interpret the corresponding elasticity.

4 There is an increase in fuel prices from €1.20 to €1.56. As a consequence the demand for cars drops from 5 to 4.625 million. Calculate and interpret the corresponding elasticity.

1.3 Factors determining supply

Strukturzusammenhang

Goods are supplied by companies. Supply theory assumes that companies always offer goods at their optimum output (i.e. at given cost and price-demand situations, companies choose the quantity that maximises their profit).

Business plan of the company

procurement division

factor prices	factor quantity
q_1	r_1 ....
q_2	r_2 ....
.	.
.	.
.	.
q_n	r_n

costs
$C = q_1 \cdot r_1 + q_2 \cdot r_2 \; ... + q_n \cdot r_n$

Input →

production division

combination of factors of production

production function
$x = f\,(r_1, r_2 \; ... \; r_n)$

Output →

sales division

sales prices	quantity in sales
p_1	x_1 ....
p_2	x_2 ....
.	.
.	.
.	.
p_n	x_n

revenue
$R = p \cdot x$

profit = revenue - costs

costs function
$C = f\,(x)$

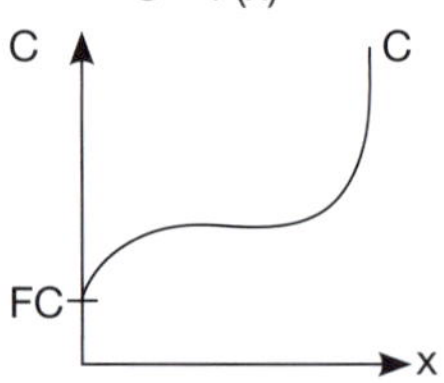

profit maximising quantity

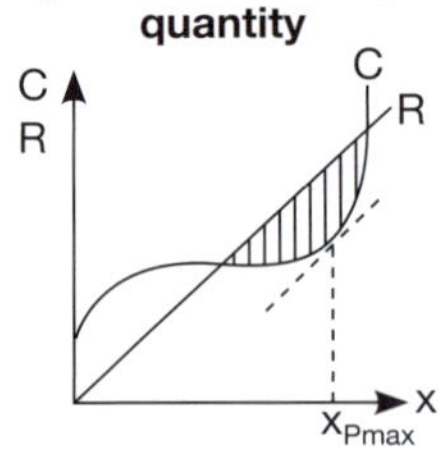

revenue function
$R = f\,(x)$

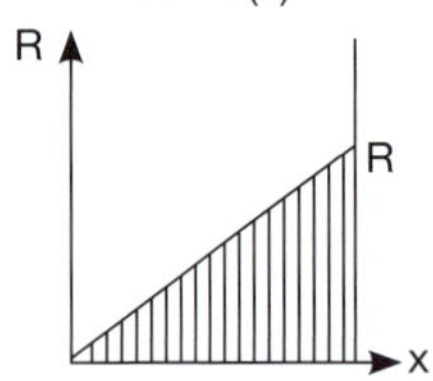

Price and quantity supplied at linear revenue curves and s-shaped cost curves

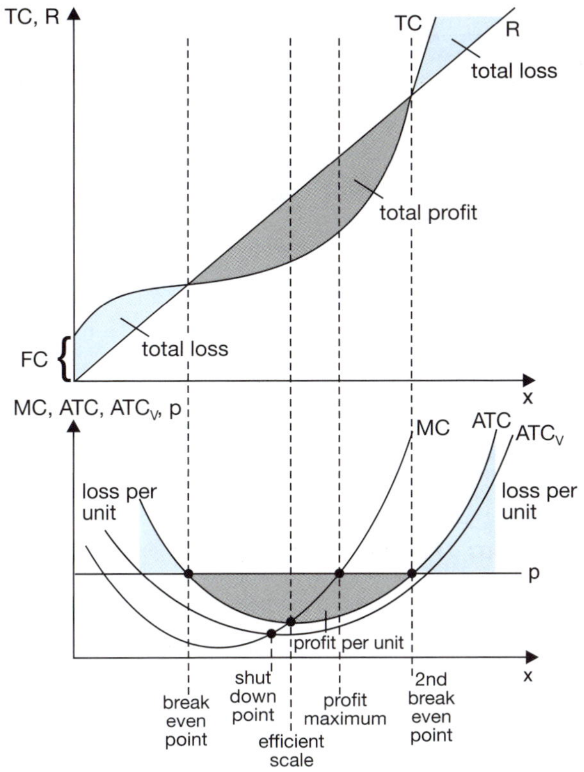

Explanations:

- supply curve (long-term): part of MC (marginal costs) curve with a positive slope starting in efficient scale
- supply curve (short-term): part of MC curve with a positive slope starting in shut down point
- efficient scale: minimum of average total costs (ATC) (MC = ATC): lowest-price limit
- shut down point: minimum of average variable costs (MC = AVC): price minimum in the short run
- profit maximum: R – C → max. (MC = p)

Price and quantity supplied at linear revenue curves and linear cost curves

Total view:

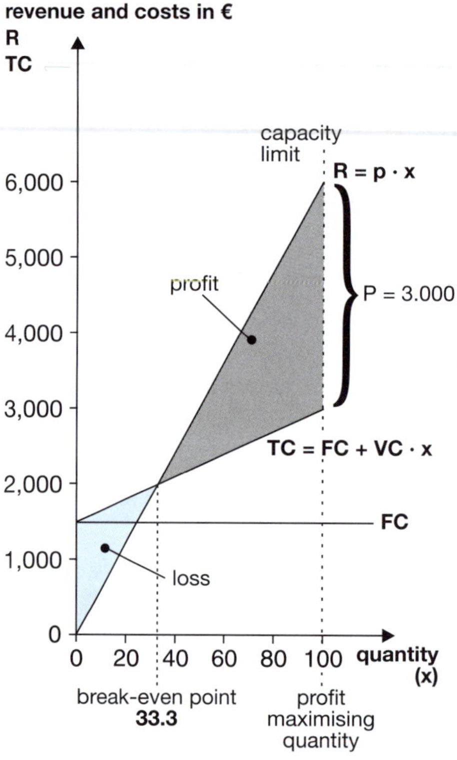

Per unit view:

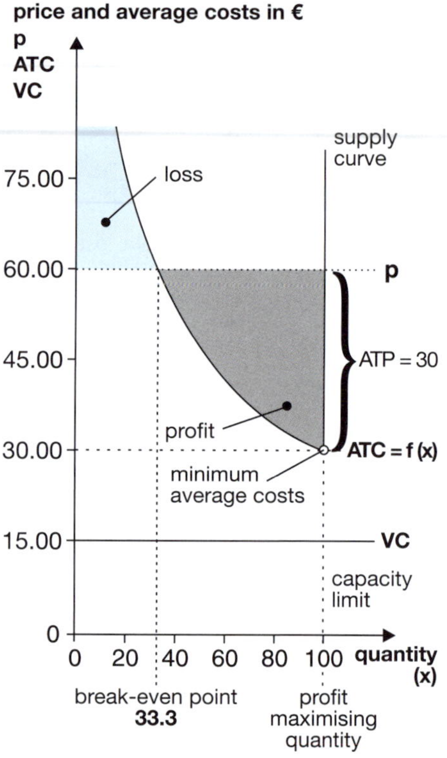

Profit maximisation rule:

With linear total revenue and linear total cost curves, the maximum profit is at the greatest possible production quantity (capacity limit).

Kernwissen

Factors determining the supply of good A

- attainable price for good A
- costs of good A (prices of factors of production/ production technique)
- attainable price for other products
- available capacity
- competitive situation
- goals and expectations of suppliers

Kinds of supply

When considering supply, one has to distinguish between:

- **individual supply**
  (**one** economic subject`s supply of a good)
- **market supply**
  (**all** economic subjects` supply of a good; sum of all individual supply curves)

Reasons for changes in supply and their ramifications on the graph

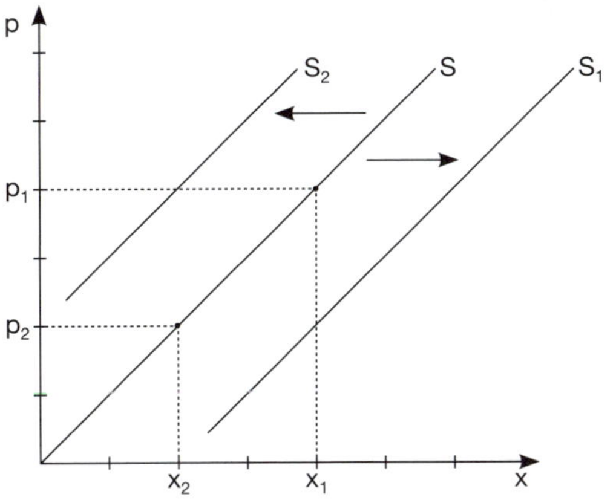

Most economic models are simplified by the assumption that supply is **only** determined **by the price** of the considered good. All other factors remain unchanged (c.p.).

Reasons for changes in supply of good A	Effect	Changes in the graph
Price of good A increases (from p_2 to p_1)	Supply of good A increases (from x_2 to x_1)	New combination of price and quantity on the existing supply curve (movement along the curve)
Price of good A decreases (from p_1 to p_2)	Supply of good A decreases (from x_1 to x_2)	New combination of price and quantity on the existing supply curve (movement along the curve)

If other determining factors change, the supply curve will shift.

Reasons for changes in supply of good A	Effect	Changes in the graph
E.g. ***more suppliers enter the market***	Market supply **increases**	Supply curve will **shift to the right** (from S to S_1), because there will be more supply at all prices
E.g. ***number of suppliers decreases***	Market supply **decreases**	Supply curve will **shift to the left** (from S to S_2), because there will be less supply at all prices

Aufgaben

1 Three companies offer a similar product. The table shows the quantities of the good the sellers are prepared to sell at the given prices:

Price per unit in €	Firm A	Firm B	Firm C
0	–	–	–
20	10	–	–
40	10	7	–
60	10	7	3

a) Calculate the market supply.

b) What are possible reasons for an increase in market supply?

2 The following graph depicts the market supply for high-quality raw milk cheese:

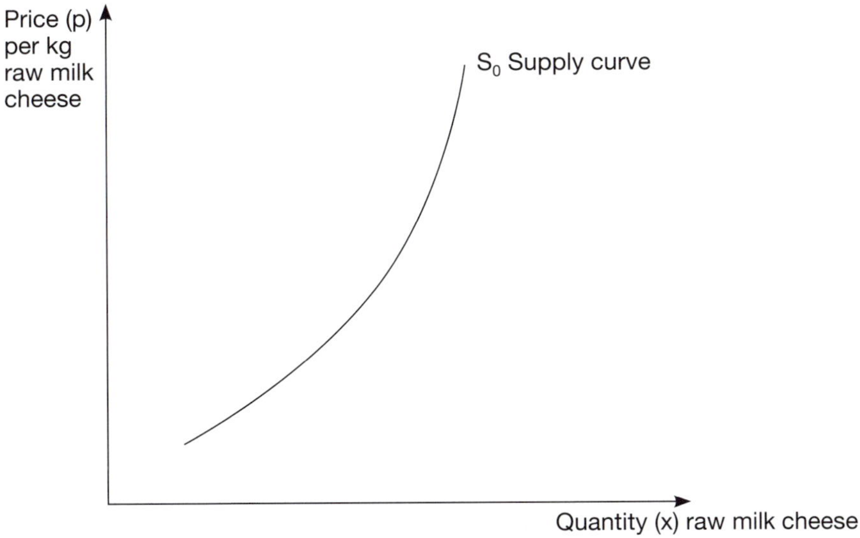

a) Describe the supply curve.

b) Explain how you would expect the supply curve to be affected by the following events.

   1. More and more dairy companies offer raw milk cheese.
   2. The RAWMILK Ltd. switches to capital intensive methods of production.
   3. Increasing costs of production are passed on to consumers.
   4. More and more dairy companies offer fat-free butter.
   5. More and more dairy companies stop offering raw milk cheese.
   6. Lower costs of production are passed on to consumers.

c) Copy the graph above and...

   1. add an increased market supply A_1.
   2. add a decreased market supply A_2.

Fachbegriffe und Vokabeln

English	Explanation	German
assume		annehmen, von etw. ausgehen
average total costs (ATC)	total costs per unit	gesamte Stückkosten
ceteris paribus condition (c.p.)	all other factors remain unchanged	unter sonst gleichen Bedingungen
complementary goods	goods which are often used together (e.g. cinema tickets and popcorn)	Komplementärgüter
cross-price elasticity	explains how strong the quantity demanded for a good reacts to changes in price for another good	Kreuzpreiselastizität
decrease		verringern
demand		Nachfrage
increase		erhöhen
individual demand	one economic subject`s demand for a good	
individual supply	one economic subject`s supply of a good	
loss		Verlust
marginal costs (MC)	additional costs for one more unit	Grenzkosten
marginal revenue (MR)	additional revenue for one more unit	Grenzumsatz
market demand	all economic subjects` demand for a good	Marktnachfrage
market supply	all economic subjects` supply of a good	Marktangebot

English	Explanation	German
maximum capacity		Kapazitätsgrenze
own price elasticity	explains how strong the quantity demanded for a good reacts to changes in price for the same good	direkte Preiselastizität
price elasticity of demand	explains how strong the quantity demanded reacts to changes in price (strong reaction –> elastic demand/ weak reaction –> inelastic demand)	Preiselastitztät
profit	revenue – costs	Gewinn
quantity demanded		nachgefragte Menge
quantity supplied		angebotene Menge
revenue	price · quantity	Umsatz
slope		Steigung
substitute goods	goods which can be exchanged (e.g. Coke & Pepsi)	Substitutionsgüter
supply		Angebot

Zusammenfassende Aufgaben
Behaviour of market paticipants in competitive markets

1 A tax reform caused the taxes on petrol to increase by 3 cents per litre. Even before this tax reform the petroleum industry expected a lower demand for petrol.

a) Describe two possible reasons for the petrol industry to expect the demand for petrol to fall.

b) Describe two possible goals that may be behind the decision to levy a higher tax on petrol.

c) Sketch the effects of a higher petrol tax and the expected fall in demand in one graph. Explain how the market demand and the market supply will react. Assume a normal demand and supply curve.

d) The tax hike caused demand to fall by 6 million barrel (1 barrel = 159 litres). Before the tax increase demand was at 500 million barrel at a price of 93 cent per litre. Calculate the own price elasticity of demand.

e) The petrol industry is accused of using the tax hike as an excuse for even higher prices on petrol. Use the calculated elasticity from above and discuss whether this way would pay off for petrol companies.

2 A company faces the following cost situation (in €): (see table)

Output (x)	Total costs (TC)
0	800
20	1 200
40	1 600
60	2 000
80	2 400
100	2 800
120	3 200

a) Make a cost table consisting of the columns output, fixed costs, variable costs and total costs.

b) Sketch a coordinate system and draw the cost curves from a).

c) Make a cost table consisting of the columns output, fixed average costs, variable average costs and average total costs.

d) Sketch a coordinate system and draw the cost curves from c).

3 Assuming perfect competition, the following table shows how many goods are offered at which prices by a company.

Quantity (x)	Price (p)	Revenue (R)	Costs (TC)
0	20	0	600
20	20	400	800
40	20	800	1 000
60	20	1 200	1 200
80	20	1 600	1 400
100	20	2 000	1 600
120	20	2 400	1 800

a) Sketch a coordinate system and draw the cost and the revenue curve. Also, highlight the break-even point.

b) Calculate the profit (or loss) at a production volume of 80 goods.

c) The supplier does not realise a profit nor a loss at the break-even point. Why?

d) At which point does the supplier maximise its profit?

e) Calculate the marginal costs and the marginal revenue.

f) Explain how the total cost curve would look like if the supplier increased his maximum capacity for a short time? How do you call the law which is responsible for that?

2 Price determination on different kinds of markets Preisbildung auf verschiedenen Arten von Märkten

Strukturzusammenhang

Price formation in a market economy

Free market economy

(without government interventions)

↓

• come together in a market

Supply ←→ Demand

• price formation also determines the level of supply

↑

influences price formation and supply of goods

↑

Social market economy

(with government interverntions)

Competitive market

many sellers ⇨ **Market** equalises demand and supply by price formation ⇦ many buyers

Market price = equilibrium price	Market price ≠ equilibrium price

Market price = equilibrium price

- best possible supply of goods at equilibrium price
- equilibrium price clears the market; no demand or supply gaps

Market price ≠ equilibrium price

- supply of goods can be improved
- there will be excess demand or excess supply

Functions of price

Signalling function	Allocation function	Equilibrium function	Incentive function
The price shows the scarcity of a good.	The price shows where and how to use factors of production in a profitable way.	The price synchronises the plans of firms and households and equalises supply and demand.	The price educates to use scarce resources economically.
Competition is the basic condition for the price mechanism to perform the functions above.			

Supply monopoly

one seller ⇨ **Monopolist** can set the price **or** the quantity supplied. ⇦ many buyers

monopoly price = profit maximising price

2.1 Price formation in perfectly competitive markets

Kernwissen

Assumptions of the model of perfectly competitive markets

- **Homogeneity of goods**
  The goods are completely identical.
- **No preferences**
  Buyers act according to the economic principle and make decisions without preferring one seller over the others (no personal, spatial, etc. preferences).
- **Perfect market transparency**
  Buyers and sellers possess perfect knowledge of prices and products.

Effect:
There is only one price for the good.

Equilibrium price; Consumer and producer surplus

The supply of the many sellers (market supply) and the demand of the many buyers (market demand) come together at the market.

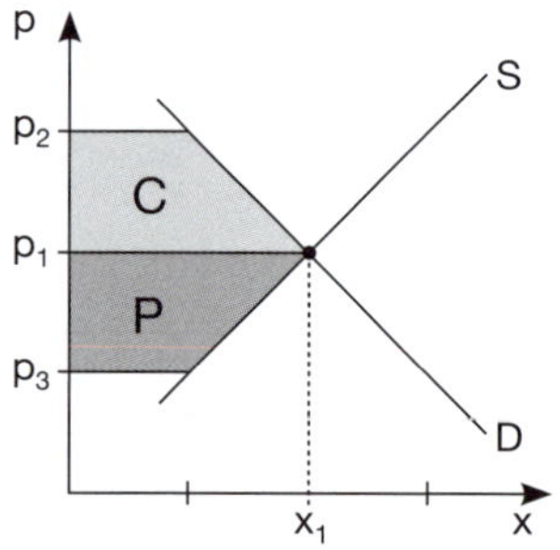

p_1 = equilibrium price (p_e)

C = consumer surplus

P = producer surplus

p_1 equalises supply and demand. Therefore it is called **equilibrium price**.

- equilibrium price guarantees best possible market saturation
- equilibrium price empties the market; there is no excess demand and no excess supply

Consumer surplus: Benefit for buyers who would have paid a price above the equilibrium price (e.g. p_2).

Producer surplus: Benefit for sellers who would have sold at a price lower than the equilibrium price (e.g. p_1).

Changes of the equilibrium price

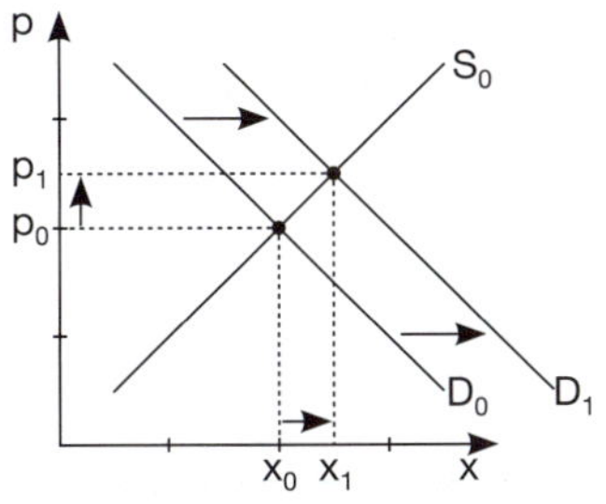

Changes in the factors that determine supply and demand result in changes of the equilibrium price.

e.g. increase in income
shift $D_0 \rightarrow D_1$
new equilibrium price: p_1 (> p_0)
new equilibrium quantity: x_1 (>x_0)

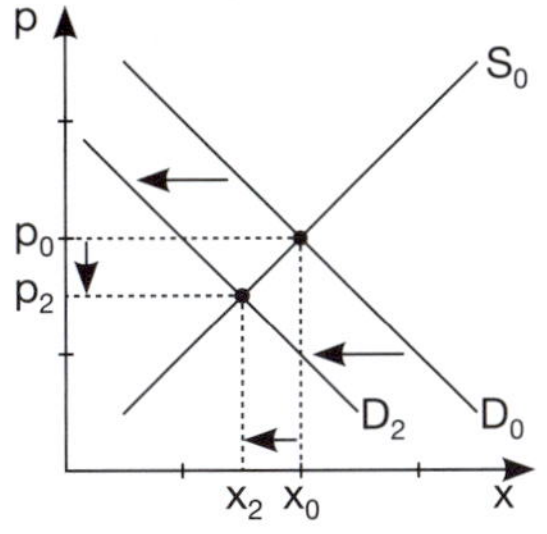

e.g. decrease in income
shift $D_0 \rightarrow D_2$
new equilibrium price: p_2 (< p_0)
new equilibrium quantity: x_2 (< x_0)

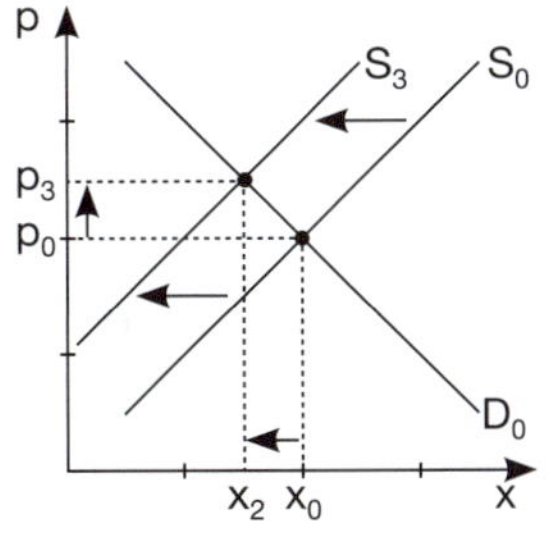

e.g. crop failure
shift $S_0 \rightarrow S_3$
new equilibrium price: p_3 (> p_0)
new equilibrium quantity: x_3 (< x_0)

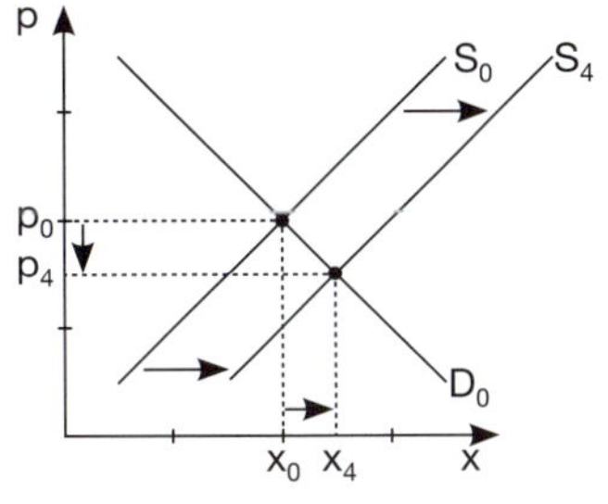

e.g. increase in productivity
shift $S_0 \rightarrow S_4$
new equilibrium price: p_4 (< p_0)
new equilibrium quantity: x_4 (> x_0)

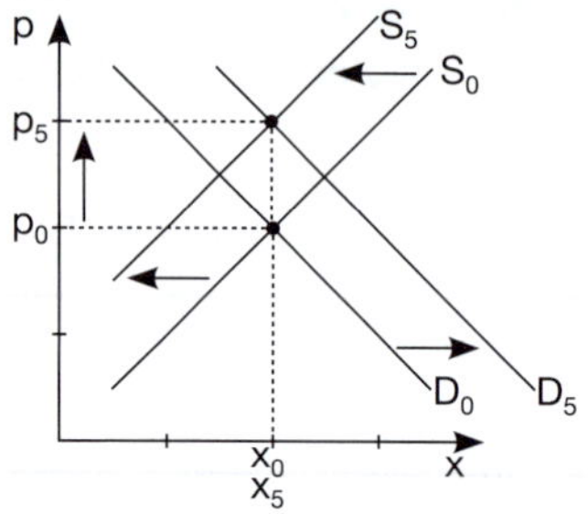

e.g. increase in income and crop failure
shift $S_0 \rightarrow S_5$
shift $D_0 \rightarrow D_5$
new equilibrium price: p_5 (> p_0)
new equilibrium quantity: x_5 (in this case: $x_5 = x_o$)

Excess demand and excess supply

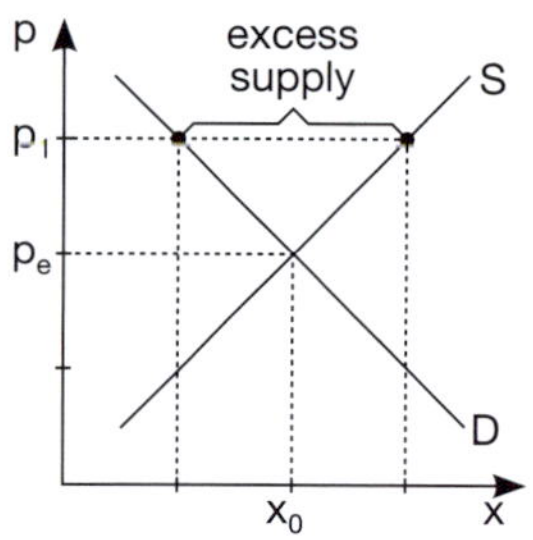

$p_1 > p_e$

market supply is bigger than market demand
=> excess supply

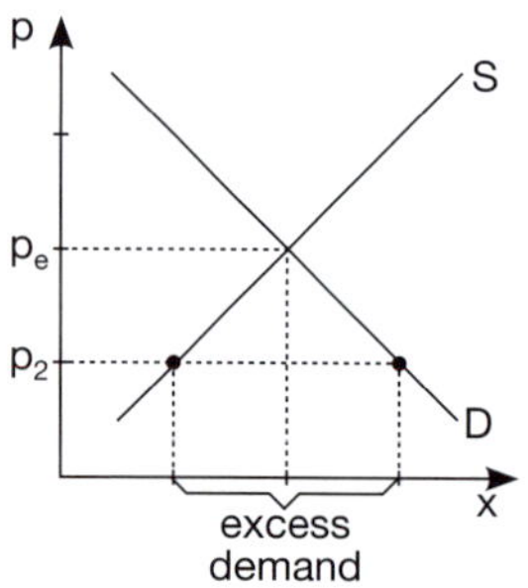

$p_2 < p_e$

market demand is bigger than market supply
=> excess demand

Aufgaben

1

a) In economics we often work with models. One model is the model of the perfectly competitive market. What is a model and why is it necessary to work with models in economics?

b) Why is a perfectly competitive market a model? Explain by using the basic assumptions of this model.

c) What is the main principle the model of a perfectly competitive market teaches us with regards to price formation?

d) At perfectly competitive markets, why is the price for every single seller a datum (a pre-set variable)?

2 The broker of a stock exchange collects the incoming orders in the following table:

Share price (in €)	Purchasing orders (in units)	Selling orders (in units)
300	400	190
301	380	220
302	350	260
303	310	310
304	260	360
305	200	440
306	130	520

The broker aims to set the stock market price which maximises his revenue.

a) Calculate this price by listing the possible quantity of business transactions and the corresponding revenue at all prices.

b) Why can this price be called "equilibrium price"?

c) Buying orders go up due to positive future expectations on international stock markets. At every price, buying orders increase by 50 units. Selling orders decrease by 50 units at every price,
– Calculate the new stock market price.
– Depict the change of the market situation in a coordinate system (without numeric values).

d) Compare a stock exchange with the market for car production in Germany by using three different features.

e) Assume a perfectly competitive market and normal supply and demand situations resulting in a market price of €15. Firm 1 and 2 (f1 and f2) are among the sellers. However, f1 can sell at cheaper prices. The buyers b1 and b2 demand the good at this price. B1 is willing to pay even more than €15. For b2 in turn this is the maximum price he is willing to pay.

– Considering these differences between b1 and b2 and f1 and f2, why do we still end up with a unitary market price?

– How do you call the different situations the demanders and the suppliers are in? Explain these situations.

3 The broker of the sole commodity exchange of an economy receives the following buying and selling orders:

Buying orders			**Selling orders**		
buyers	quantity in t	max. price per t in MU	sellers	quantity in t	min. price per t in MU
A	50	80	E	30	80
B	20	96	F	45	96
C	30	108	G	30	108
D	25	120	H	50	120

a) Calculate the quantity supplied, the quantity demanded, the maximum possible amount of transactions and the maximum attainable revenues at the given prices. Use the structure as follows:

Price per t in MU	Demand in t	Supply in t	Transactions in t	Revenue in MU

b) Which price will be set by the broker? Give reasons.

c) Which orders can be realised at this price?

d) What will be the consumer surplus of buyer D in total (in MU)?

e) Which sellers will realise a producer surplus?
What will be the producer surplus of seller E?

2.2 Effects of government intervention on the price mechanism in competitive markets

Kernwissen

Market-based measures

- government influences demand or supply; government intervention causes a shift of the supply or demand curve
- price mechanism continues to work
- functions of price are not restricted

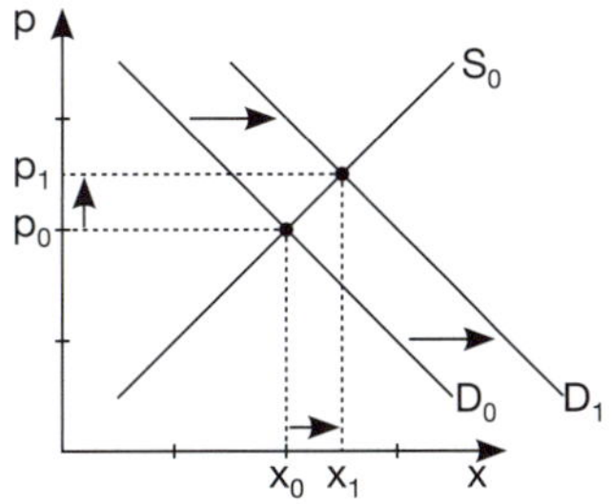

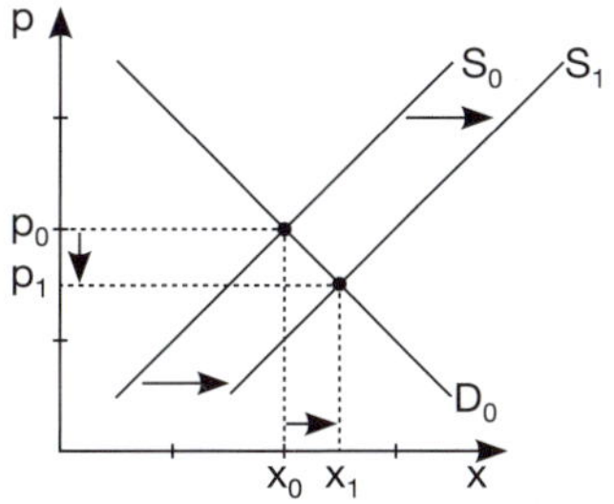

- e.g. increase in government demand
  (see graph above)
  - market price p_1 brings supply and shifted demand into equilibrium
  - market price climbs from p_o to p_1
- e.g. decrease in government demand
  - market price drops

- e.g. subsidies given to companies
  (see graph above)
  - new market price p_1 brings demand and shifted supply into equilibrium
  - market price drops from p_o to p_1
- e.g. cutting subsidies
  - market price goes up

Price and quantity controls

- prices are fixated by the government in terms of maximum, minimum or fixed prices
- price mechanism defunct
- functions of price are restricted or defunct

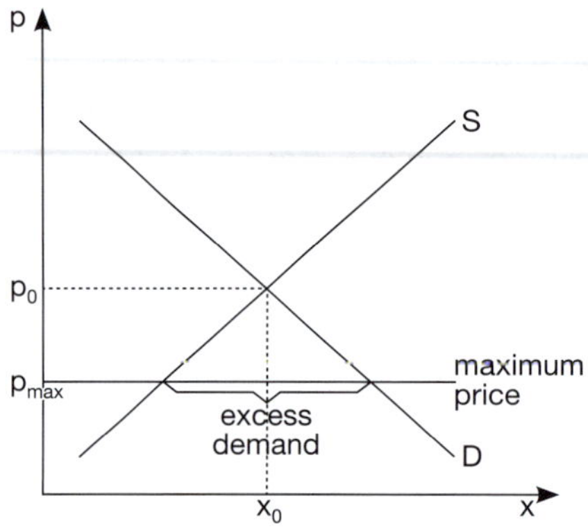

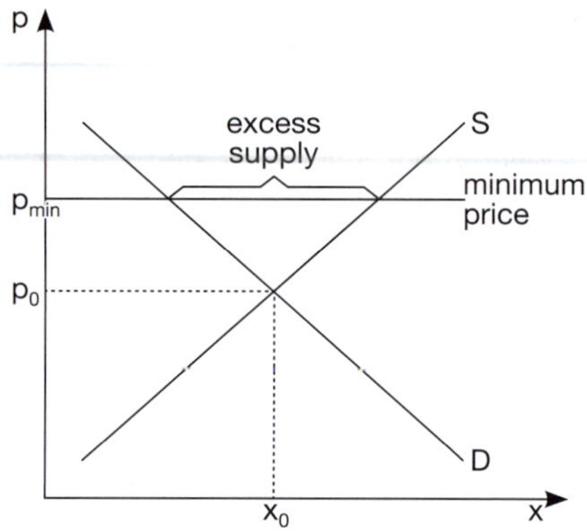

- e.g. **maximum price** on a good (p_{max})
- to protect consumers
- effects:
  - excess demand
  - government has to ration the good
  - black market emerges

- e.g. **minimum price** on a good (p_{min})
- to protect producers
- effects:
  - excess supply
  - government has to restrict production or to buy up the surplus and store it (then dispose the goods or sell it abroad at low prices)

Aufgaben

1 Prices for environmental technology are falling. As a consequence, supplier companies suffer from losses. The government decides to subsidise suppliers of the environmental technology industry.

a) Give two reasons why the government should be interested in supporting private companies of the environmental technology industry.

b) Name two possible ways of subsidising. Pick one example and explain whether this is a market-based measure or not.

c) Assuming the government wanted to protect national companies from cut-throat competition by imposing fixed prices.
   - Should the government set a minimum or a maximum price to achieve this aim? Give reasons.
   - Which accompanying measures should be taken?

2 The following graph depicts the market for an agricultural product (assumption of a perfectly competitive market applies):

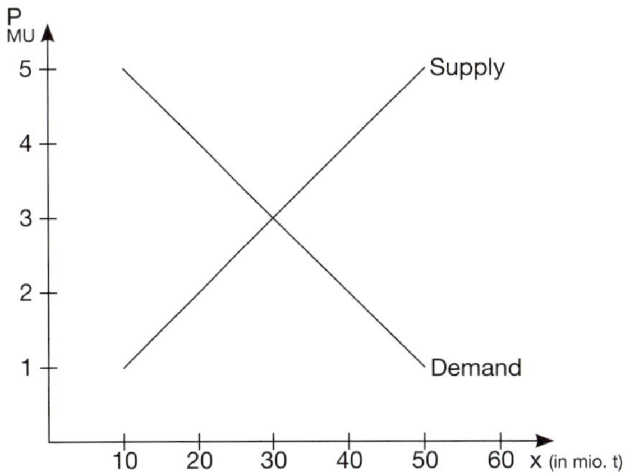

To support farming, the government decides to introduce a minimum price which is one MU (money unit) above the market price. The state buys up the resulting surplus.

a) Why is it not advisable to set the minimum price lower than the market price? Give reasons.

b) How much would the introduction of the minimum price cost the government?

c) What further effects could the government`s decision to buy up the surplus have?

d) How high is the farmers revenue before the introduction of the minimum price? How high would be the farmers revenue if the government did not buy up the surplus? Assess the different situations (also by considering the price elasticity).

e) In order to reduce the surplus the government introduces production quotas. Thereafter farmers are not allowed to offer more than 30 million tonnes at the minimum price. How will that affect the financial situation of the state and the farmers?

f) E.g. subsidies could also help to increase farmers incomes. Compare this kind of government intervention with setting a minimum price (regulatory and considering the different functions of price).

3 There are equilibriums on the markets for two agricultural products (A and B) as depicted underneath. Aiming at an increase of the income of famers, the ministry of economy decided to introduce a minimum price which exceeds the market price by one MU (money unit). Production costs are left out of consideration.

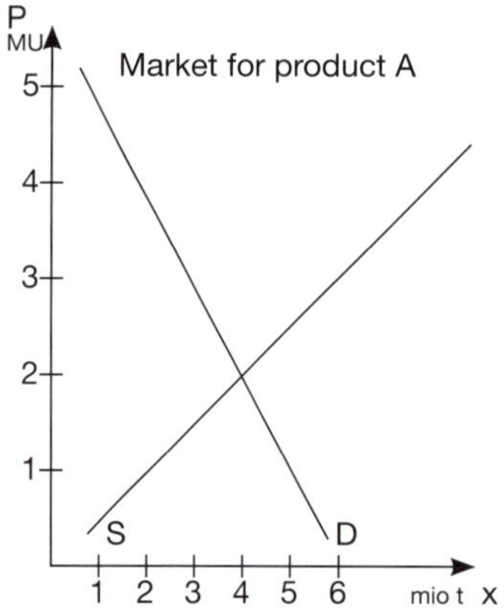

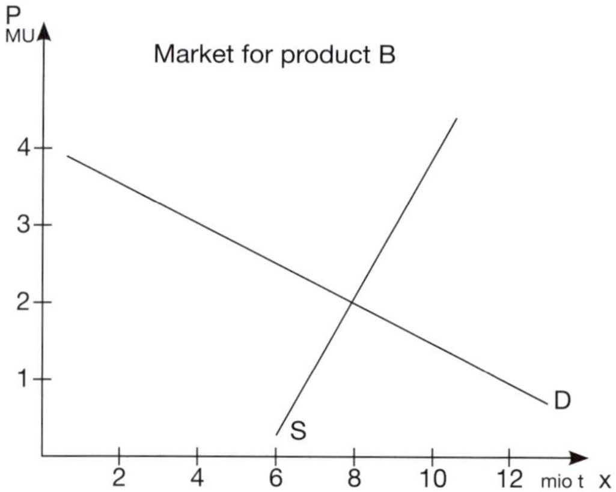

First the ministry of economy analyses the effects of a restriction in producing good A and B. The aim is not to have production surpluses on the markets.

a) Compare the possible income of farmers before and after the introduction of minimum prices. Give reasons for the different responses on the markets.

b) What accompanying measures have to be taken to push through minimum prices (considering to the stated conditions).

c) Evaluate the effects of a minimum price on the state budget.
State your mathematical results.

4

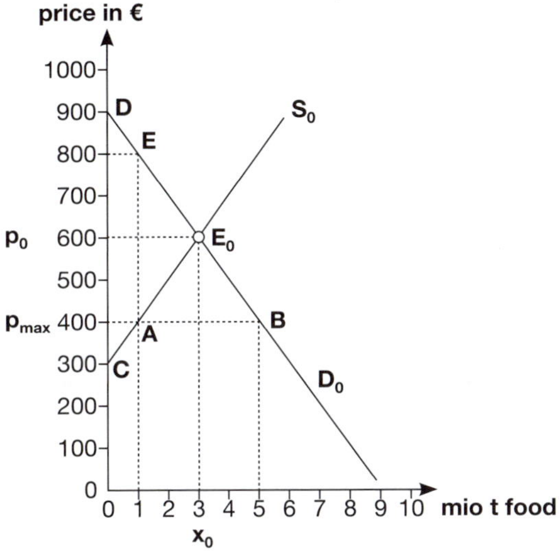

The government introduces a maximum price for one ton of basic foods which is (pmax) €400.
Before government intervention, the equilibrium price was at €600.

Calculate the effects the maximum price has on:

a.) the production quantity

b.) the revenue of the producers

c.) the state budget (if the government pays the producers €200 per t) the welfare

5

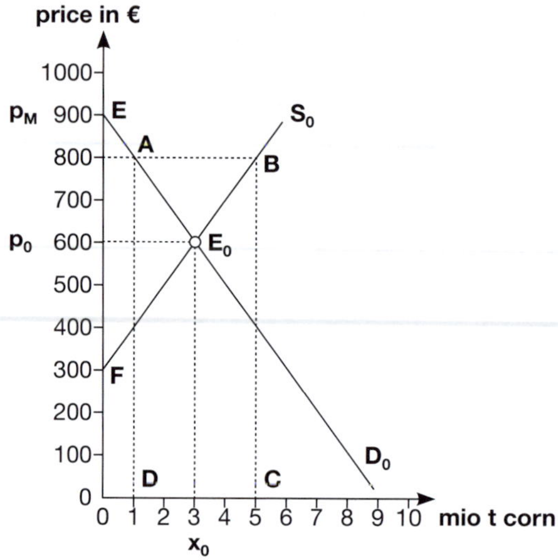

The EU subsidises the cultivation of a special kind of corn by 200 € per t.

a) Calculate the effect on the government`s budget.

b) Calculate the effects a minimum price of 800 €/t would have on
- the production quantity
- the producer`s revenues
- the economy`s welfare.

2.3 Maximum profit in a perfect monopoly

Kernwissen

Perfect monopoly

Unlike in perfect market, a monopolist can set prices and quantities. The profit maximising combination of price and quantity (point of Cournot) can be realised.

Example: A monopolist faces the following price, cost and sales situation:

x	0	1	2	3	4	5	6	7	8	9	10
p	25	22.5	20	17.5	15	12.5	10	7.5	5	2.5	0
TC	10	15	20	25	30	35	40	45	50	55	60

Calculate the maximum profit and the profit maximising quantity (total view and unit view).

Suggested approach:

(1) plot price demand function (PDF)

(2) calculate marginal costs (MC) and plot in unit view

$$VC = \frac{C_2 - C_1}{x_2 - x_1} = \frac{20 - 15}{2 - 1} = 5$$

(3) plot marginal revenue (MR) in unit view (intersects segment origin to PDF/x-axis in its half)

(4) Intersection MR = MC indicates profit maximising quantity. Project intersection onto PDF. Thus you get the Point of Cournot which assigns a price to the profit maximising quantity.

(5) plot R = p * x in total view

(6) plot TC in total view

(7) highlight maximum revenue
(value for x corresponds to intersection of MR/x-axis)

(8) shift of TC curve to the left to tangent

Total view

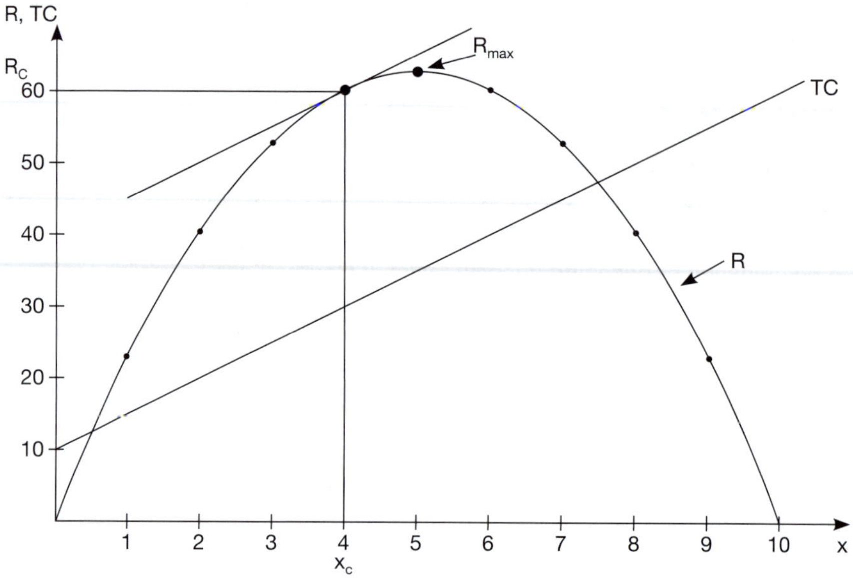

Unit view

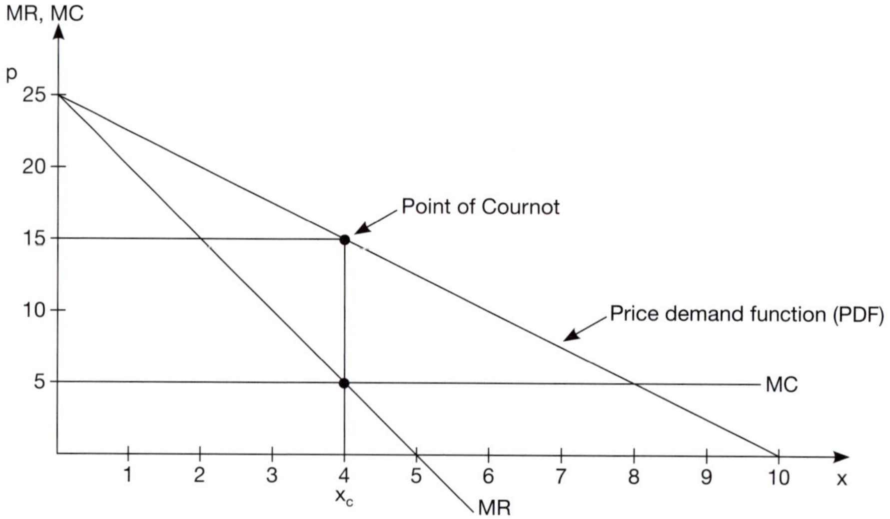

Aufgaben

1 Students of a commercial high school in Heilbronn plan their school leavers` ball. The location picked by the students has a maximum capacity of 600 seats. Fixed costs would be €2,500 and variable costs would be 1 €/person. The leavers` ball committee expects the price-demand situation as follows:

Price per ticket in €	12.00	11.50	11.00	10.50	10.00	9.50	9.00	8.50
Sold tickets	250	275	300	325	350	375	400	425

Price per ticket in €	8.00	7.50	7.00	6.50	6.00	5.50	5.00
Sold tickets	450	475	500	525	550	575	600

a) Assuming the leavers` ball committee decides to sell all tickets at the same price. Determine the profit maximising ticket price by using a table with the following columns.

Price per ticket in €	Number of guests	Revenue	Total costs	Profit/loss

b) How many tickets would remain unsold if the profit maximising price (monopoly price) was set?

c) At which combination of price and quantity would the revenue be maximised?

d) Why do we find the maximum revenue and the maximum profit at different price-quantity combinations?

e) The leavers` ball committee wants to use price discrimination in order to increase their profit while selling all tickets. This is why seats are divided into four categories. The first category (100 seats for teachers) is €12. The second category (200 seats) costs €10, the third category (200 seats) costs €7 and the fourth category (another 100 seats) costs €5. Do you think that all tickets will be sold? What would be the committee`s profit?

f) What price was to be set when using the cost covering principle instead of profit maximisation?

g) What are the preconditions that price discrimination is possible?

2

a) Explain why monopolists are at their profit maximum when marginal costs equal marginal revenue.

b) Analyse the effects upcoming substitute goods have on the demand curve, on the marginal revenue curve and thus on the market power of a monopolist.

c) Describe possible dangers for an economy that come along with the formation of a monopoly price.

3 A company develops a new telephone system and enjoys a monopolist position in the market. Variable costs are 6,000 MU.

Market situation:

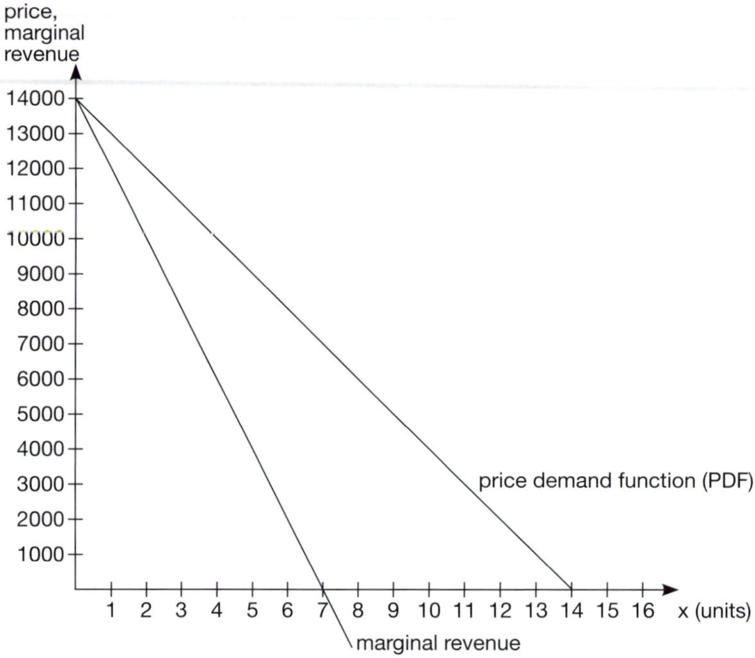

a) At what quantity does the company reach its maximum profit? Determine the profit maximising price.

b) At what quantity does the company reach its maximum revenue?

c) The company cuts the price by 2,000 MU to increase its sales figures and to cement its market position.
- Calculate the change in revenue.
- Determine the price elasticity of demand.
- Explain the change in demand by using the concept of elasticity.

d) The management considers price discrimination.
   - What are the preconditions that price discrimination is possible?
   - Describe two kinds of price discrimination.

e) In the following years more and more suppliers will enter the booming market. Let`s assume more telephone systems will be demanded at the same time and as a consequence prices will fall. Sketch this development (assuming perfect competition and normal behaviour of demand and supply).

2.4 Preisbildung beim Polypol auf dem unvollkommenen Markt

Kernwissen

Viele Anbieter und viele Nachfrager stehen sich am Markt gegenüber. Ein einheitlicher Preis kommt aber nicht zustande, weil mindestens eine Bedingung des vollkommenen Marktes nicht erfüllt ist (siehe Seite 228).

Preis-Absatz-Kurve bei „monopolistischer Konkurrenz"

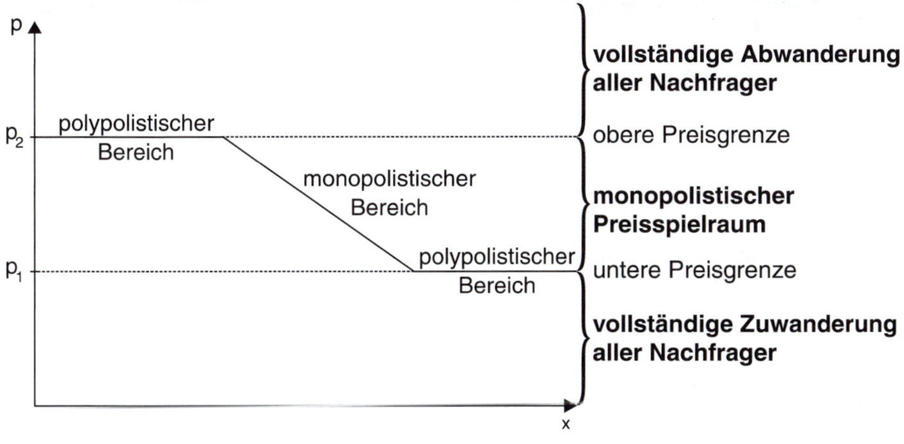

Die Anbieter beim **Polypol auf dem unvollkommenen Markt** können den Preis innerhalb gewisser Grenzen verändern, ohne befürchten zu müssen, Kunden an die Konkurrenz zu verlieren. Sie können also innerhalb eines bestimmten Preisintervalls **Preispolitik** wie beim Monopol betreiben. Grafisch wird der gewinnmaximale Punkt (**Cournot'scher Punkt**) wie beim Monopol ermittelt. In vorheriger Grafik wären Grenzkosten und Grenzerlöse einzuzeichnen. Der Schnittpunkt K' = U' gibt die gewinnmaximale Menge an, projiziert man diesen auf die PAF ordnet der Cournot'sche Punkt der gewinnmaximalen Menge den gewinnmaximalen Preis zu.

Aufgaben

1 Bei einem Polypol auf dem unvollkommenen Markt liegen einem Anbieter folgende Preis-Absatz-Werte vor:

x	0	5	10	15	20	25	30	35	40	45	50
p	120	120	120	120	120	120	120	115	110	105	100

x	55	60	65	70	75	80	85	90	95	100
p	95	90	85	80	75	70	65	60	60	60

Die fixen Kosten belaufen sich auf 2 000 GE, die variablen Stückkosten betragen 20 GE.

a) Erstellen Sie eine Wertetabelle mit den Spalten x, p, Umsatz (Erlös), Grenzerlös, Kosten, Grenzkosten und Gewinn.

b) Zeichnen Sie die Preis-Absatz-Kurve, Grenzkosten und Grenzerlös in ein Koordinatensystem ein.

c) Stellen Sie die gewinnmaximale Absatzmenge und den gewinnmaximalen Preis fest.

d) Für welche Absatzmenge wird sich der Polypolist hier entscheiden, wenn er nach Umsatzmaximierung strebt? Begründen Sie Ihre Lösung.

2 Verwenden Sie die bei Aufgabe 1 dargestellte Wertetabelle.

a) Begründen Sie, welcher ökonomische Sachverhalt bei einem Preis > 120 gilt. Wie wird dieser Preisbereich bezeichnet?

b) Begründen Sie, welcher ökonomische Sachverhalt bei einem Preis < 60 gilt. Wie wird dieser Preisbereich bezeichnet?

c) Begründen Sie, welcher ökonomische Sachverhalt bei einem Preis zwischen 60 und 120 gilt. Wie wird dieser Preisbereich bezeichnet?

Fachbegriffe und Vokabeln

English	Explanation	German
consumer surplus	benefit for buyers resulting mostly from new price situation	Konsumentenrente
demand gap		Nachfragelücke
equilibrium price	price that clears the market	Gleichgewichtspreis
equilibrium quantity		Gleichgewichtsmenge
excess demand	if market supply < market demand (market price < equlibrium price)	Nachfrageüberhang
excess supply	if market supply > market demand (market price > equlibrium price)	Angebotsüberhang
government intervention		Staatseingriff
homogeneity of goods		Homogenität der Güter
imperfect market		unvollkommener Markt
introduce a minimum price		einen Mindestpreis einführen
market-based government interventions	e.g. subsidies	marktkonforme Staatseingriffe
monopoly		Monopol
perfect market		vollkommener Markt
perfectly competitive market		vollkommenes Polypol
Point of Cournot	determines the profit maximising quantity and price	Cournot`scher Punkt

English	Explanation	German
price and quantity controls	e.g. introducing a minimum price	Im Deutschen spricht man hier von markt-konträren Staatsein-griffen (den Marktme-chanismus außer Kraft setzend)
price formation		Preisbildung
producer surplus	benefit for sellers resulting mostly from new price situation	Produzentenrente
purchasing order		Kaufauftrag
selling order		Verkaufsauftrag
subsidies		Subventionen
supply gap		Angebotslücke

Zusammenfassende Aufgaben
Price determination on different kinds of markets
Preisbildung auf verschiedenen Arten von Märkten

1 Suppose there is a perfectly competitive market with a linear demand and supply curve.

Price (€)	10	50
Demand (units)	100	10
Supply (units)	10	100

a) Determine the equilibrium price and the equilibrium demand graphically.

b) Which market participants are not buying / not selling at the given conditions? Plot this demand and supply in the graph from a.

c) Due to changes in the supply structure the equilibrium price changed to €20. The demand structure has not changed.
- Give two possible reasons for the new situation.
- What is the new equilibrium quantity?
- Calculate the own price elasticity of demand and depict its impacts on revenue.

2 On the EU market for pork there are many producers (pig farmers) and many buyers (slaughterhouses). The price for pork has fallen in the last years. Currently pig farmers get €3.60 a kilo. Assume that the pork market is a perfect market and that the demand and supply curve show standard behaviour.
Following fierce protests of pig farmers, two measures are discussed:
- a guaranteed minimum price of € 3.80 for pig farmers
- direct EU subsidies for pig farmers (direct payments per animal)

a) Explain the impact each measure would have on the market situation using a sketch.

b) Compare the suggested measures with regards to the following aspects: aim, necessary additional measures and effect on EU budget.

c) The EU introduces a minimum price of €3.80. EU politicians assumed that a price increase from €3.60 to €3.80 will raise the pig farmers revenue.
Find one value (in per cent) for the demand change which would cause the aimed revenue increase. Give reasons for your suggested value and take it to calculate the elasticity of demand.

3 There are different analyses and suggestions for the increasing housing shortage in German cities. The functioning of the market and the effects of government interventions are main points of the discussion. At least basic elements can be explained by the economic model of a perfectly competitive market. Plot the following statements into the given graphs and explain the situations:

fig. 1

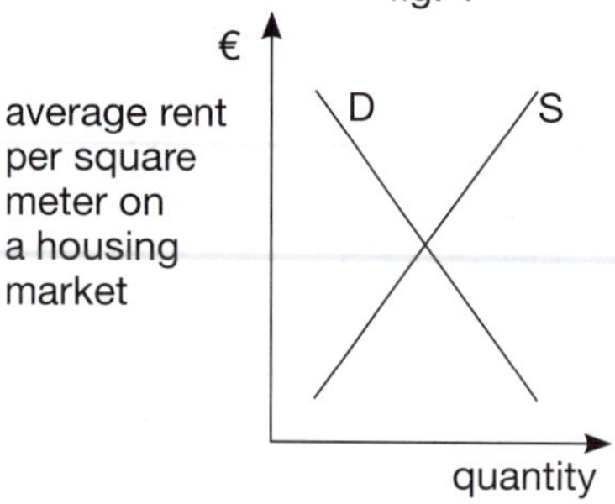

fig. 2

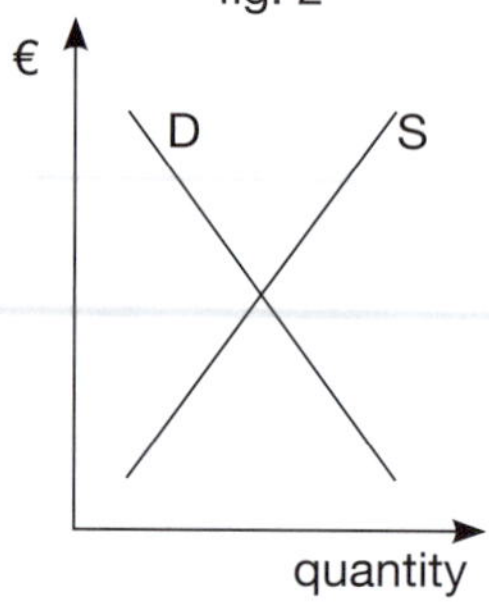

fig. 3

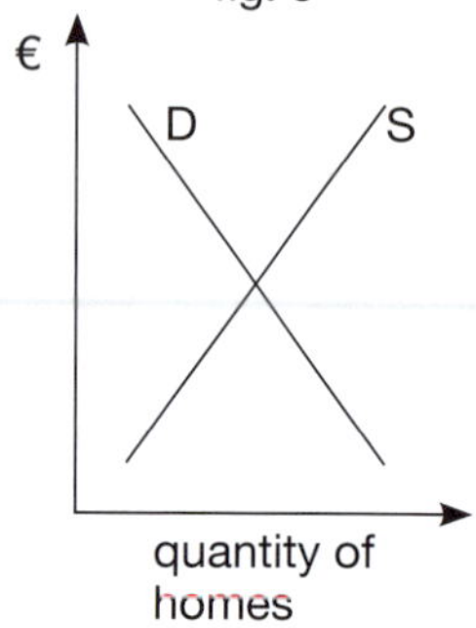

a) A maximum price (rent) prevents the implementation of the market price and market saturation. (fig. 1)

b) Housing allowances for tenants would change the market situation. (fig. 2)

c) Subsidies for landlords would change the market situation. (fig. 3)

d) Explain whether the measures mentioned in a., b. and c. are market-based or not.

4 The price for petrol rises from €1.50 to €2.00 ceteris paribus. The government imposes a maximum price of €1.70.

a) Draw a graph which illustrates the given situation. Explain the resulting combination of the quantity demanded and the quantity supplied.

b) Instead of price controls the government could have used subsidies to influence the market. Compare subsidies with price controls as measures of government intervention with respect to the following aspects:
   - kind of government intervention
   - functions of price
   - market saturation

c) What will be the effects on the whole economy if the government raises the taxes on petrol to more than 60 per cent per litre. Assume a price elasticity of demand of I – 0.6 I.

5 High ancillary wage costs are often considered a major reason for unemployment in Germany. A spokesperson of the employer`s association says: "Unemployment is also a problem of collective bargaining policies. Union wages prevent employers to pay wages lower than the agreed level. Basic market functions are suspended."

a) Sketch a graph that illustrates the statement above.

b) Describe two possible market-based measures to increase the demand for workers.

c) Assuming there are no union wages anymore:
   - What effects would this have for the price for work?
   - How would the unemployment rate be effected? Why?
   - Take the perspective of single employers and discuss the introduction or the abolition of union wages.

6 On an online exchange for oil there are many sellers and many buyers. The following table shows the corresponding purchasing and selling orders:

Buying orders			Selling orders		
Buyers	Quantity in 1000 l	Price in € per l	Sellers	Quantity in 1000 l	Price in € per l
A	100	cheapest	F	60	best
B	90	0.61	G	90	0.61
C	40	0.62	H	170	0.62
D	140	0.63	I	80	0.63
E	40	0.64	J	70	0.64

a) Name two features of a perfect market and show that they apply in the example above.

b) Calculate the total quantity demanded and the quantity supplied at each price. Determine the equilibrium quantity.

c) Which of the ten market participants realises consumer surplus? Why? Choose two of them and calculate their consumer surplus.

d) The government helps households with low income by subsidising oil purchases. Will this measure change the market situation? What type of government intervention applies for this example?

e) Imagine there was a new crisis in the Middle East. Explain two possible effects this crisis could have for the oil market.
Illustrate your answers by drawing a coordinate system which shows the market supply and the market demand curve (standard behaviour). Plot possible changes into this coordinate system.

7 Die Heizölhandlung Müller GmbH bietet Heizöl auf einem unvollkommenen polypolistischen Markt im Großraum Stuttgart an.

Vergleichen Sie die Möglichkeiten der Preisgestaltung der Müller GmbH mit dem Anbieterverhalten bei einer Marktform, wie sie in Aufgabe a) vorliegt. Gehen Sie auch auf die Ursachen der Unterschiede ein.

8 Due to the price development on energy markets, the government considers subsidising alternative energy sources. Explain one market-based measure and one non-market-based measure to promote alternative energies.

9 The German GeoTec PLC has reached a technical breakthrough. They invented a new drilling system which generates geothermal energy. GeoTec is the only company offering this system at the moment. Market research found that the price demand function is:

$x = 1000 - 0.002\,p$

The total cost function of the company is:

$TC = 20000 + 20000\,x$

a) Determine the profit maximising price and quantity.

b) More advanced production techniques change the cost structure. Fixed costs go up and variable costs go down. How will the new cost structure change the profit maximising price and quantity?

3 Notwendigkeit und Ziele der Wirtschaftspolitik

Strukturzusammenhang

Konjunkturverlauf

↓

angezeigt durch
Konjunkturindikatoren

↓

verlangt
Wirtschaftspolitische Konzepte
zur Konjunktursteuerung

Wirken auf Konjunkturverlauf

3.1 Konjunktur

Kernwissen

Konjunktur = in gewisser Regelmäßigkeit auftretende mehrjährige Auf- und Abwärtsbewegungen der gesamtwirtschaftlichen Aktivitäten einer Volkswirtschaft

Konjunkturelle Schwankungen = zyklische Wirtschaftsschwankungen (kurze und lange Konjunkturwellen)

Der idealtypische **Konjunkturzyklus** besteht aus vier Phasen:
- Aufschwung (Erholung)
- Boom (Hochkonjunktur)
- Rezession (Abschwung, d.h. Entspannung, Abkühlung)
- Depression (Tiefstand)

Konjunkturverlauf (kurze Wellen)

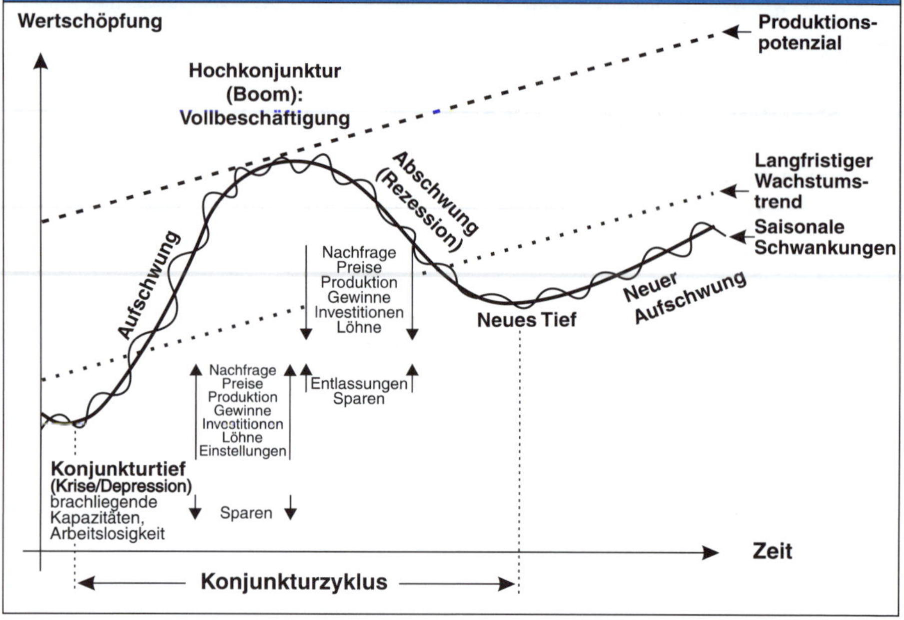

Konjunkturindikatoren zeigen die Konjunkturentwicklung an:

Frühindikatoren	Präsensindikatoren	Spätindikatoren
stellen Grundlage für Prognosen über zukünftigen Konjunkturverlauf dar	zeigen die aktuelle Konjunkturentwicklung an	reagieren mit zeitlicher Verzögerung auf Konjunkturänderungen
z.B. • Auftragseingang • Geldmenge • Börsenkurse • Lagerhaltung • Geschäftserwartung	z.B. • reales BIP • Kreditnachfrage • Güterproduktion • Kapazitätsauslastung • Umsatzentwicklung	z.B. • Preisentwicklung • Arbeitslosenquote (Personalpolitik / offene Stellen) • Anzahl der Insolvenzen

3.2 Ziele der Wirtschaftspolitik

Strukturzusammenhang

Problem:
In der marktwirtschaftlichen Ordnung kommt es immer wieder zu Ungleichgewichten (Krisen); beispielsweise zu hoher Inflation oder zu hoher Arbeitslosigkeit.

Lösung:
Die Träger der Wirtschaftspolitik (Zentralbank und Regierung) bekommen einen gesetzlichen Auftrag, bestimmte wirtschaftspolitische Ziele zu verfolgen.

	Regierung und Parlament	Bundesbank bzw. EZB
Gesetz	StabG	§ 3 BBankG, Artikel 2 ESZB
Auftrag (wirtschaftspolitische Ziele)	Im Rahmen der **marktwirtschaftlichen** Ordnung sind ***gleichzeitig*** anzustreben: • Preisniveaustabilität • Hohe Beschäftigung • Außenwirtschaftliches Gleichgewicht • Stetiges und angemessenes Wirtschaftswachstum Außerhalb des StabG • gerechte Einkommens- und Vermögensverteilung • lebenswerte Umwelt	***Vorrangiges Ziel,*** • die Preisniveaustabilität zu gewährleisten **Weitere Ziele** • sorgt für bankmäßige Abwicklung des Zahlungsverkehrs im Inland und mit dem Ausland • sorgt für angemessene Liquidität der Banken
Welches Ziel genießt Vorrang?	Das am stärksten gefährdete Ziel	Preisniveaustabilität

Europäischer Stabilitäts- und Wachstumspakt (Maastricht Vertrag von 1992):

- Grenzen der Staatsverschuldung
- jährliche Neuverschuldung maximal 3 % des BIP
- Schuldenstand insgesamt höchstens 60 % des BIP

Ziel:
- Bindung der Kreditaufnahme an nachhaltige Investitionen
- Vermeidung einer übermäßigen Verschuldung zu Lasten künftiger Generationen
- Preisniveaustabilität und nachhaltiges Wirtschaftswachstum in der EU.

Zielkonflikt:
Das Anstreben eines Zieles beeinträchtigt das Erreichen anderer Ziele.

Zielharmonie:
Das Anstreben eines Zieles unterstützt das Erreichen anderer Ziele.

Zielindifferenz:
Das Anstreben eines Zieles wirkt sich auf ein anderes Ziel nicht aus.

3.3 Bereiche und Träger der Wirtschaftspolitik

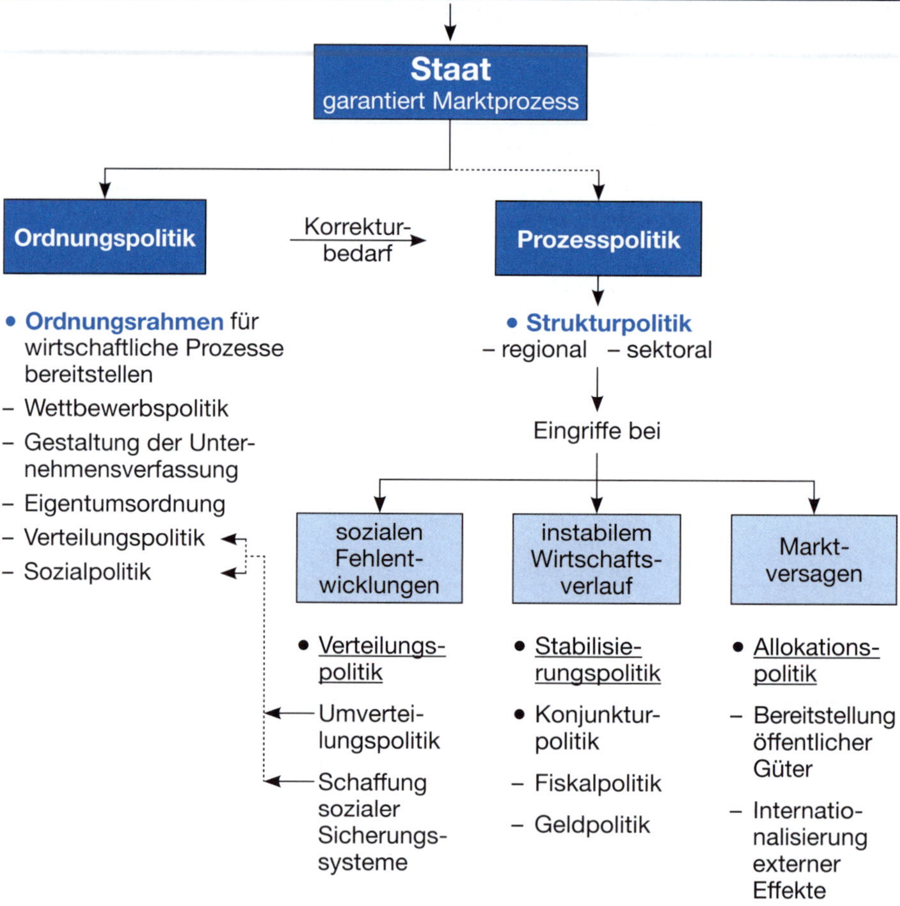

Aufgaben

1 Das Stabilitäts- und Wachstumsgesetz definiert die Hauptziele staatlicher Wirtschaftspolitik.

a) Bei welchen Idealwerten gelten die jeweiligen Ziele als erreicht?

b) Wie sind die Ziele derzeit erreicht?

c) Die im Stabilitäts- und Wachstumsgesetz geschriebenen Ziele werden als „quantitative Ziele“ bezeichnet.
Begründen Sie diese Bezeichnung.

d) Neben den quantitativen Zielen werden weitere wichtige, nicht ausdrücklich im Stabilitätsgesetz erwähnte qualitative Ziele diskutiert. Welche Ziele gehören zu den qualitativen Zielen der Wirtschaftspolitik?

2 Beurteilen Sie, ob in den nachstehenden Fällen Zielharmonie, Zielindifferenz oder Zielkonflikt zwischen den Zielen des Stabilitäts- und Wachstumsgesetzes besteht.

a) Bei gleichbleibenden Staatseinnahmen beschließt die Regierung höhere Staatsausgaben, um die schwache Konjunktur zu stärken.

b) Die Regierung beschließt die Einführung einer „Ökosteuer“. Mit dieser Steuer wird der Energieverbrauch verteuert.

c) In einer Volkswirtschaft wird wesentlich mehr importiert als exportiert. Die Regierung beschließt höhere Importzölle.

3 Das Konzept einer freien Marktwirtschaft bezieht sich prinzipiell auf eine Staats- und Gesellschaftsordnung, in der dem Staat nur Aufsichts- und Ordnungsfunktionen zukommen, während er sich jeglicher Beeinflussung des Wirtschaftsgeschehens enthält. Der größtmöglichen Freiheit im Hinbllick auf wirtschaftliche Gestaltungsmöglichkeiten steht dabei jedoch die Erfahrung gegenüber, dass in einem „ökonomischen Dschungelkampf“ nicht jeder überleben kann und gemeinschaftsbezogenen Anliegen wie dem der Erhaltung einer lebenswerten Umwelt nicht in ausreichendem Maße Rechnung getragen wird. In der Sozialen Marktwirtschaft übernimmt daher der Staat neben der Ordnungsfunktion im Sinne einer Gestaltung der Rahmenbedingungen die Funktion der sozialen Absicherung und Umverteilung, um sozial untragbare ökonomische Ungleichheiten abzumildern, sowie gemeinschaftsbezogene Aufgaben wie die angemessene Sicherstellung des Umweltschutzes. (aus: Altmann, J; Wirtschaftspolitik).

a) Beschreiben Sie vier wesentliche Merkmale der freien Marktwirtschaft.

b) Stellen Sie an selbstgewählten Beispielen, die nicht dem Bereich der Agrarpolitik entstammen, je zwei staatliche Maßnahmen zur Verwirklichung sozialer und ökologischer Ziele der Sozialen Marktwirtschaft dar.

4 Die Entscheidung über Art, Zeitpunkt und Dosierung wirtschaftspolitischer Maßnahmen erfordert eine sachgerechte Beurteilung der konjunkturellen Situation mithilfe von Konjunkturindikatoren.

Konjunkturindikatoren einer Volkswirtschaft für das Jahr 2014

		Mai	Juni	Juli	Aug.	Sept.	Okt.	Nov.	Dez.
a)	Auftragseingangsindex - Verarbeitendes Gewerbe - Investitionsgüterindustrie - Bauhauptgewerbe	 106 103 132	 102 100 148	 105 96 132	 94 93 131	 112 105 147	 97 98 126	 108 102 120	 104 94 120
b)	Nettoproduktionsindex produzierendes Gewerbe	98	99	95	89	103	104	104	96
c)	Verbraucher-preisindex	114,6	115,0	115,2	115,3	115,2	115,1	115,1	115,4
d)	Einzelhandelsumsätze	132	131	128	125	133	135	140	168
e)	Handelsbilanzüberschuss in Mio. EURO	8 603	8 994	6 188	7 571	8 132	8 500	10 600	11 110
f)	Geldmarktzinssatz (Zwölfmonatsgeld)	3,8 %	3,6 %	3,7 %	3,5 %	3,2 %	3,1 %	3,0 %	2,8 %

a), b), c) Indexwerte: 2 010 = 100 ***d) Indexwerte 2005 = 100***

Führende Wirtschaftsforschungsinstitute sagten bereits im Herbst 2014 voraus, dass sich die Konjunktur im Jahre 2015 weiter abschwächen werde.

a) Was versteht man unter „Konjunktur“?

b) Belegen Sie obige Prognose an drei geeigneten Konjunkturindikatoren der abgedruckten Tabelle.

c) Welche Gefahren können selbst mit „richtigen“ Konjunkturprognosen verbunden sein? Erläutern Sie mögliche Auswirkungen.

Fachbegriffe zu Notwendigkeit und Ziele der Wirtschaftspolitik

Konjunktur	*In gewisser Regelmäßigkeit auftretende Auf- und Abwärtsbewegungen der gesamtwirtschaftlichen Aktivitäten*
Konjunkturzyklus	*Aufschwung (Erholung)* *Boom (Hochkonjunktur)* *Rezession (Abschwung)* *Depression (Tiefstand)*
Indikatoren	*Aneiger*
Konjunkturindikationen	*Zeigen die konjunkturelle Entwicklung an*
Wirtschaftspolitische Ziele nach § 1 StabG:	
Preisniveaustabilität	*Inflationsrate < 2 %*
Hohe Beschäftigung (Vollbeschäftigung)	*Arbeitslosenquote niedrig (ideal < 3%)*
Außenwirtschaftliches Gleichgewicht	*Export und Import langfristig ausgeglichen (positiver Außenbeitrag 1 – 2% des nominalen BIP)*
Stetiges und angemessenes Wirtschaftswachstum	*Zunahme des realen BIP, jährlich 2 – 3%*
Europäischer Stabilitäts- und Wachstumspakt	*– jährliche Neuverschuldung max. 3% des BIP* *– Schuldenstand insgesamt max. 60% des BIP*

Zusammenfassende Aufgaben zu Notwendigkeit und Ziele der Wirtschaftspolitik

1 Die führenden Wirtschaftsforschungsinstitute prognostizierten in ihrem Herbstgutachten einen drastischen Konjunktureinbruch.
Bei der Beobachtung gesamtwirtschaftlicher Aktivitäten lassen sich Schwankungen in unterschiedlichen zeitlichen Abständen feststellen.

a) Beschreiben Sie drei unterschiedliche Arten der zeitlichen Schwankungen. Kennzeichnen Sie allgemein den Begriff Konjunktur.

b) Zeichnen Sie einen idealtypischen Konjunkturzyklus und benennen Sie die verschiedenen Konjunkturphasen.

c) Begründen Sie anhand jedes der Ziele des Stabilitätsgesetzes, welche negativen Folgen eintreten, wenn das jeweilige Ziel verfehlt wird.
Verwenden Sie hierzu folgende Tabelle:

Ziel lt. StabG	Aktuelle Zielerreichung	Gesamtwirtschaftliche Folgen aufgrund der aktuellen Situation (Begründung)
...	...	...

d) Um Konjunkturschwankungen frühzeitig zu erkennen, werden Konjunkturindikatoren verwendet.
Erklären Sie die Aussagekraft eines Früh-, Gegenwarts- und Spätindikators.

2 In einem Bericht des Sachverständigenrates wird die wirtschaftliche Lage in Deutschland wie folgt beschrieben: „... Die positiven außenwirtschaftlichen Einflüsse und die anhaltende Binnenschwäche prägten das Konjunkturbild auch dieses Jahres. Getragen von kräftigen Exportzuwächsen löste sich die deutsche Volkswirtschaft mit einem Zuwachs des Bruttoinlandsprodukts von 1,8 % aus einer dreijährigen Stagnationsphase. [...] Vor dem Hintergrund einer zwar robusten, aber vor allem durch den Ölpreisanstieg verlangsamten weltwirtschaftlichen Entwicklung im nächsten Jahr kommt es entscheidend darauf an, dass die inländische Investitionsnachfrage und der private Konsum Tritt fassen. Die Erholung der Ausrüstungsinvestitionen in der zweiten Hälfte dieses Jahres ist hier ein erstes ermutigendes Zeichen. Die Prognose für das kommende Jahr geht von einer allmählichen Belebung der inländischen Verwendung bei grundsätzlich weiterhin positiven Einflüssen durch die Weltwirtschaft aus. Das Bruttoinlandsprodukt wird im kommenden Jahr mit 1,4 % zunehmen. ...

Eine Prognose der Arbeitslosigkeit für das kommende Jahr 2005 ist angesichts der zahlreichen Veränderungen bei der Erfassung der registrierten Arbeitslosigkeit mit erheblichen Unsicherheiten behaftet. Ohne Berücksichtigung der Arbeitsmarktreformen würde die Zahl der registrierten Arbeitslosen im Jahresdurchschnitt annähernd konstant bleiben, im Jahresverlauf wäre ein allmählicher Rückgang zu erwarten."

a) Erläutern Sie die im Text enthaltenen Begriffe „Konjunktur" und „Bruttoinlandsprodukt".

b) Stellen Sie den idealtypischen Konjunkturzyklus grafisch dar und kennzeichnen Sie in der Grafik die verschiedenen Konjunkturphasen.

c) Nennen Sie vier Konjunkturindikatoren, mit denen der Sachverständigenrat in seinem Gutachten (siehe Textabschnitt oben) die konjunkturelle Lage im laufenden Jahr beurteilt.

d) Begründen Sie anhand des Artikels, in welcher Konjunkturphase sich Deutschland befand.
Markieren Sie diese Stelle in Ihrer Grafik aus Aufgabe b) und begründen Sie Ihr Ergebnis.

e) Nehmen Sie an, im kommenden Jahr habe die Wachstumsrate des realen Bruttoinlandsprodukts 2,0 % betragen. Prognostizieren Sie das weitere Wirtschaftswachstum Deutschlands in den folgenden zwei Jahren, wenn die Entwicklung dem idealtypischen Konjunkturzyklus entsprechen würde. Begründen Sie Ihre Vorhersage.

f) Begründen Sie, warum der Sachverständigenrat trotz des steigenden Bruttoinlandsprodukts im folgenden Jahr erst zum Jahresende mit einem Rückgang der Arbeitslosenzahlen rechnete.

g) Der Zuwachs des Bruttoinlandsprodukts im laufenden Jahr wurde nach dem Sachverständigengutachten vor allem durch kräftige Exportzuwächse verursacht (siehe oben). Dennoch wird der Verlust deutscher Arbeitsplätze an die so genannten „Billiglohnländer" beklagt.
Beschreiben Sie, worauf dieser scheinbare Widerspruch zurück geführt werden kann.
Begründen Sie, unter welchen Voraussetzungen die Globalisierung auch Chancen für inländische Arbeitskräfte bieten kann.

4 *Geldtheorie und Geldpolitik*

Strukturzusammenhang

Geld

wird produziert durch

EZB	**Geschäftsbanken**	**Staat**
Durch Ausgabe von Banknoten ***(Notenmonopol)***	Giralgeldschöpfung bei Bargeldrückfluss in das Bankensystem	Durch Ausgabe von Münzen (Nennwert > Materialwert) ***(Münzregal bzw. Münzmonopol)***

Der Binnenwert des Geldes

wird gemessen als

Verbraucherpreisindex	Kaufkraft des Geldes	Reallohn (Kaukraft des Lohnes)

Geldwertschwankungen

werden verursacht durch

Inflation aufgeblähte Geldmenge, Merkmal: Anhaltend steigendes Preisniveau	**Deflation** Geldmenge < Gütermenge Merkmal: Anhaltend sinkendes Preisniveau

Geldwertsteuerung

durch ESZB

↓

Hauptziel: Geldwertstabilität durch Einsatz des geldpolitischen Instrumentariums

4.1 Grundbegriffe der Geldtheorie – Geldschöpfung

Kernwissen

Geldmengenbegriffe des ESZB

Sofort nachfragewirksames Geld	Bargeldumlauf (Noten + Münzen) + Sichteinlagen (Giralgeld)	M 1
+ kurzfristige Einlagen	+ Einlagen mit Laufzeit ≤ 2 Jahre + Einlagen mit Kündigungsfrist ≤ 3 Monate	M 2 (= M 1 + kurzfristige Einlagen)
+ kurzfristig von den Banken (MFI) ausgegebene Papiere	+ Geldmarktfondsanteile + Repogeschäfte + Schuldverschreibungen ≤ 2 Jahre Laufzeit	M 3 (= M 2 + kurzfristig ausgegebene Papiere)
= Steuerungsgröße der Geldpolitik (M3)		

Geldmengenziel des ESZB:
jährliche Steigerung der Geldmenge M3 von 4,5 % (Referenzwert).
Ziel des ESZB:
- ausreichende Geldversorgung
- Preisniveaustabilität (< 2 %)
- angemessenes nachhaltiges Wirtschaftswachstum (2 % – 3 %) ermöglichen.

Geldschöpfung der Zentralbank

ESZB kauft Aktiva von Nichtbanken
- Kauf von Devisen
- Kauf von Wertpapieren
- Kauf von Gold

bewirkt ↓

Geldschöpfung des ESZB
am Markt verfügbare Geldmenge steigt

ESZB verkauft an Nichtbanken
- Verkauf von Devisen
- Verkauf von Wertpapieren
- Verkauf von Gold

bewirkt ↓

Geldvernichtung des ESZB
am Markt verfügbare Geldmenge sinkt

Giralgeldschöpfung der Geschäftsbanken

Giralgeldschöpfung	$= \frac{\text{Überschussreserve}}{\text{Reservesatz}}$
Geldschöpfungsmultiplikator	$= \frac{1}{\text{Reservesatz}} = \frac{1}{\text{Barreserve} + \text{Mindestreserve}}$

Aufgaben

1

a) Dem Geschäftsbankensystem fließen Einlagen in Höhe von 500 000,00 € zu. Der Barreservesatz beträgt 13 %, der Mindestreservesatz 2 %. Berechnen Sie die maximal mögliche Giralgeldschöpfung.

b) Aus welchen Gründen kann die tatsächliche Giralgeldschöpfung geringer ausfallen?

2 Die EZB gibt unter „Geldmengenaggregate“ folgende Werte an:

Schuldverschreibungen bis 2 Jahre	85,3 Mrd. €
Bargeldumlauf	313,4 Mrd. €
Einlagen mit Laufzeit bis zu 2 Jahren	861,5 Mrd. €
Repogeschäfte	208,2 Mrd. €
Täglich fällige Einlagen	1 334,1 Mrd. €
Einlagen mit Kündigungsfrist bis 3 Monate	1 192,6 Mrd. €
Geldmarktpapiere	289,4 Mrd. €

Berechnen Sie die Geldmengen M 1, M 2, M 3.

3 Aus den Bilanzen einer Zentralbank werden nachstehende Informationen gewonnen:

	Jahr 06	Jahr 07
Gold	14,2	12,0
Devisen	16,0	42,2
Banknotenumlauf	34,6	40,8
Tendergeschäfte mit Kreditinstituten	19,4	13,4
Einlagen inländischer Kreditinstitute	16,9	25,9
Einlagen des Staates	4,0	4,0
Sonstige Aktiva	24,1	25,8

a) Um welchen Betrag stiegen die für internationale Zahlungsvorgänge verwendbaren Mittel (Währungsreserven)? Welchen Grund könnte die Veränderung der Währungsreserven haben?

b) Welche Gefahr birgt die Zunahme der Währungsreserven?

c) Welche Maßnahmen hat die Zentralbank dem Anwachsen der Währungsreserven entgegengesetzt?

d) Welche Geldschöpfungsmöglichkeiten hat eine Zentralbank? Welche Bilanzpositionen werden dadurch berührt?

4 Die zusammengefasste Bilanz **aller Geschäftsbanken** weist folgende Posten aus:

Bilanz aller Geschäftsbanken

Aktiva		Passiva	
Kassenbestand einschl. Zentralbankguthaben	170	Sichteinlagen	1 000
Forderungen	2 220	Pensionsverbindlichkeiten gegenüber der Zentralbank	520
Aktien	80	Sonstige Passiva	1 280
Festverzinsliche Wertpapiere	150	Eigenkapital	200
Sonstige Aktiva	380		
	3 000		**3 000**

Der einheitliche Mindestreservesatz beträgt 6 %. Die Geschäftsbanken halten eine Barreserve von 9 %.

a) Wie hoch ist die Überschussreserve des Geschäftsbankensystems?

b) Welchen Spielraum zur Kreditvergabe hat das Geschäftsbankensystem insgesamt?

c) Berechnen Sie Kreditschöpfungsmultiplikator und mögliche Kreditschöpfung.

d) Beschreiben Sie zwei Ursachen, warum dieser Spielraum nicht voll ausgenutzt wird.

e) Die Zentralbank erhöht den Mindestreservesatz um 50 %.
- Welche Auswirkung hat die Mindestreserveerhöhung auf die Kreditschöpfungsmöglichkeit der Geschäftsbanken?
- Um welchen Betrag müsste unter sonst gleichen Bedingungen der Kassenbestand ausgewiesen werden?
- Beschreiben Sie Möglichkeiten, wie der erforderliche Kassenbestand erreicht werden könnte.
- Beschreiben Sie kurz weitere Instrumente und deren Einsatz durch die Zentralbank als flankierende Maßnahme zu der Mindestreserveerhöhung!

5

Aktiva	Bilanz Geschäftsbank A in Mrd. €		Passiva
Guthaben bei der Zentralbank	12	Sichteinlagen	50
Kassenbestand	6	Termineinlagen	20
Kreditforderungen	90	Spareinlagen	40
Wertpapiere	14	Sonstige Passiva	8
Sonstige Aktiva	8	Eigenkapital	12
	130		**130**

a) Der Mindestreservesatz der Zentralbank beträgt einheitlich 10 %.
Welchen Betrag muss **Geschäftsbank A** als Mindestreserve bei der Zentralbank halten?

b) Die Zentralbank erhöht den bisherigen Mindestreservesatz von 10 % auf 15 %.
Welchen Betrag muss die Geschäftsbank A nun als Mindestreserve halten?

c) Welche Möglichkeiten hat die Geschäftsbank, eine eventuelle Unterdeckung der Mindestreserve abzubauen? Berücksichtigen Sie dabei nur die Aktivseite der Bilanz.

4.2 Binnenwert des Geldes (Kaufkraft)

Kernwissen

Verkehrsgleichung des Geldes:

(Quantitätsgleichung nach Fisher)

$P \cdot H$	$= M \cdot U$
Güterseite	= Geldseite
(Verkauf)	= (Kauf)

Beispiel:

Geldmenge (M)[1] gestiegen von 100 auf 120 GE;
Umlaufgeschwindigkeit des Geldes (U bleibt gleich);
Handelsvolumen, d.h. umgesetzte Güter (H = 100);
Preisniveau (P)

$$P = \frac{M \cdot U}{H} = \frac{120}{100} = 1{,}20 \quad \text{(Preisniveau ist um 20 \% gestiegen)}$$

Quantitätsgleichung hat keinen praktischen, sondern nur erkenntnistheoretischen Wert, da nur M messbar, H und U statistisch nicht exakt erfasst werden können.

Preisniveau (P)

Um wie viel Prozent hat sich der Preis einer bestimmten Menge unterschiedlicher Güter verändert?

Berechnung Preisindex:[2]

$$PN = \frac{\sum p_1 \cdot q_0}{\sum p_0 \cdot q_0} \cdot 100$$

Reallohnentwicklung

Gütermenge, die man mit einem bestimmten Nominaleinkommen kaufen kann.

Berechnung:

Nominallohnveränderung
– Preisindexveränderung
= Reallohnentwicklung

Kaufkraft des Geldes (K)

Wie viel Güter kann man für eine Geldeinheit kaufen?

Berechnung:

$$K = \frac{1}{\text{Preisniveau}}$$

p_0 = Preis im Basisjahr
q_0 = Gewichtung im Basisjahr
p_1 = Preis im Berichtsjahr

- bei steigendem Preisniveau sinkt die Kaufkraft des Geldes
- bei sinkendem Preisniveau steigt die Kaufkraft des Geldes
- bei steigendem Preisniveau und Lohnerhöhung > Preisniveauanstieg => die Kaufkraft des Geldes sinkt; der Reallohn (Kaufkraft des Lohnes) steigt jedoch
- bei steigendem Preisniveau und Lohnerhöhung < Preisniveauanstieg => die Kaufkraft des Geldes sinkt; der Reallohn (Kaufkraft des Lohnes) sinkt ebenfalls
- ist die nominale Lohnerhöhung > Anstieg Verbraucherpreisindex liegt ein Reallohnanstieg vor

1 Geldmenge wird mit M oder G abgekürzt.
2 Laspeyres - Index

Aufgaben

1 Der Verbraucherpreisindex (VPI) betrug 2008 104,5; 2009 106,2; 2010 108,3; 2011 110,1. Basisjahr 2005.

a) Berechnen Sie die Preisniveauveränderung 2011 gegenüber 2008.

b) Berechnen Sie das Preisniveau 2011 gegenüber 2008.

c) Berechnen Sie die Preisniveauveränderung 2010 gegenüber dem Vorjahr.

d) Berechnen Sie das Preisniveau 2011 gegenüber dem Basisjahr.

e) Berechnen Sie die Kaufkraftveränderung 2011 gegenüber dem Basisjahr.

f) Berechnen Sie die Kaufkraft des Geldes 2011 gegenüber 2008.

g) Berechnen Sie die Kaufkraft des Geldes 2009 gegenüber 2008.

h) Berechnen Sie die Kaufkraftveränderung 2009 gegenüber 2008.

2 Erläutern Sie anhand von 3 Argumenten, welche Schwierigkeiten bei der Ermittlung des Verbraucherpreisindexes auftreten können.

3 Ein wichtiger Indikator für das Preisniveau bzw. die Geldwertstabilität ist der Verbraucherpreisindex. Wie aus der nachstehenden Aufstellung zu ersehen ist, hat sich die Preissituation in der betrachteten Volkswirtschaft entspannt.

Index der Verbraucherpreise:	Ende Jahr 03	104,5
	Ende Jahr 04	106,2
	Ende Jahr 05	108,2

a) Erklären Sie, wie der Verbraucherpreisindex ermittelt wird, und was er aussagt.

b) Welche Probleme ergeben sich bei der Ermittlung dieses Indexes, und wie wird versucht diese Probleme zu lösen?

c) Warum kann der oben dargestellte Anstieg der Verbraucherpreise in den Jahren 03 bis 05 keinen Aufschluss über die gesamte Preisentwicklung in der Volkswirtschaft geben?

4 Pressemitteilung: „Das Statistische Bundesamt hat den Warenkorb mit 751 Gütern und Dienstleistungen von 'Otto Normalverbraucher' neu gepackt. Veränderte Verbrauchsgewohnheiten und das Vordringen neuer Produkte zwangen die Wiesbadener Statistiker, den Verbraucherpreisindex auf eine zeitgemäße Basis zu stellen".

a) Inwiefern ist es wichtig, veränderte Verbrauchsgewohnheiten und das Vordringen neuer Produkte zu berücksichtigen, um den Verbraucherpreisindex zu ermitteln?

b) Der Verbraucherpreisindex hat sich von 2010 (Basisjahr) bis zum Vergleichsjahr auf 110,1 erhöht. Wie hat sich die Kaufkraft des Geldes in diesem Zeitraum verändert?

5 Der Verbraucherpreisindex beträgt 110. Bei konstanten übrigen Preisen steigen die Mieten nun um 10 %. Berechnen Sie den neuen Indexstand, wenn die Gewichtung der Mieten am Warenkorb 15 % beträgt.

6

Jahr	Brutto-inlandsprodukt nominal	Brutto-inlandsprodukt real	Verbraucher-preisindex	Lohnindex
01	1 123,0	1 123,0	100,0	100,0
05	1 543,1	1 261,9	123,9	132,8
06	1 600,0	1 248,6	130,5	138,2

a) Ermitteln Sie, ausgehend vom nominalen Bruttoinlandsprodukt für das Jahr 06, unter Berücksichtigung des Verbraucherpreisindex das reale Bruttoinlandsprodukt für das Jahr 06. Vergleichen Sie zusätzlich das von Ihnen ermittelte Ergebnis mit dem angegebenen Wert, und erläutern Sie, weshalb zwischen beiden Werten eine Differenz besteht.

b) Ermitteln Sie den Preisniveauanstieg von dem Jahr 01 bis zum Jahr 06.

c) Ermitteln Sie die prozentuale Lohnsteigerung von dem Jahr 05 bis zum Jahr 06, und machen Sie – anhand Ihrer Ergebnisse und der Werte in der Tabelle – Aussagen über die Reallohnveränderungen in diesem Zeitabschnitt.

d) Berechnen Sie, um wie viel Prozent sich die Kaufkraft des Geldes vom Jahr 05 bis zum Jahr 06 verändert hat, und erläutern Sie das Ergebnis.

4.3 Geldwertschwankungen

Kernwissen

Nicht monetäre Ursachen der Geldwertschwankungen

nachfrageinduzierte Inflation		angebotsinduzierte Inflation	
↓	↓	↓	↘
Außennachfrageinflation	**Binnennachfrageinflation**	**Kosteninflation**	**Gewinninflation**
Exporte > Importe Folge:	da	da	da
Geldmenge im Inland ↑ Gütermenge im Inland ↓	– sinkende Sparquoten – Ausgaben > Einnahmen	Löhne ↑ Rohstoffpreise ↑ Importkosten ↑ Steuern ↑	höhere Gewinnerwartungen zu Preiserhöhungen führen

Aufgaben

1 Fishersche Verkehrsgleichung.

a) Wie lautet die Verkehrsgleichung des Geldes nach Irving Fisher? Erklären Sie die verwendeten Symbole.

b) Erläutern Sie den Satz: „Die Verkehrsgleichung ist ein geeignetes Mittel, unsere Aufmerksamkeit auf eine Reihe von Faktoren zu lenken, die eine allgemeine Preissteigerung und damit eine Geldentwertung hervorrufen können“.

c) Beschreiben Sie drei Einwendungen gegen die Verkehrsgleichung.

2 Nachstehend werden Preisniveauveränderungen und die Entwicklung des Handelsvolumens (zu konstanten Preisen) dargestellt.

Jahr	Preisniveauveränderung gegenüber dem Vorjahr	Änderung des Handelsvolumens gegenüber dem Vorjahr
01	+ 5,3 %	– 1,0 %
02	– 0,2 %	+ 2,5 %

Ermitteln Sie mit Hilfe der Fisherschen Verkehrsgleichung auf drei Stellen hinter dem Komma, um wie viel Prozent sich das nachfragewirksame Geld jeweils gegenüber dem Vorjahr verändert hat, und begründen Sie Ihr Ergebnis.

4.4 Europäisches System der Zentralbanken (ESZB)

Kernwissen

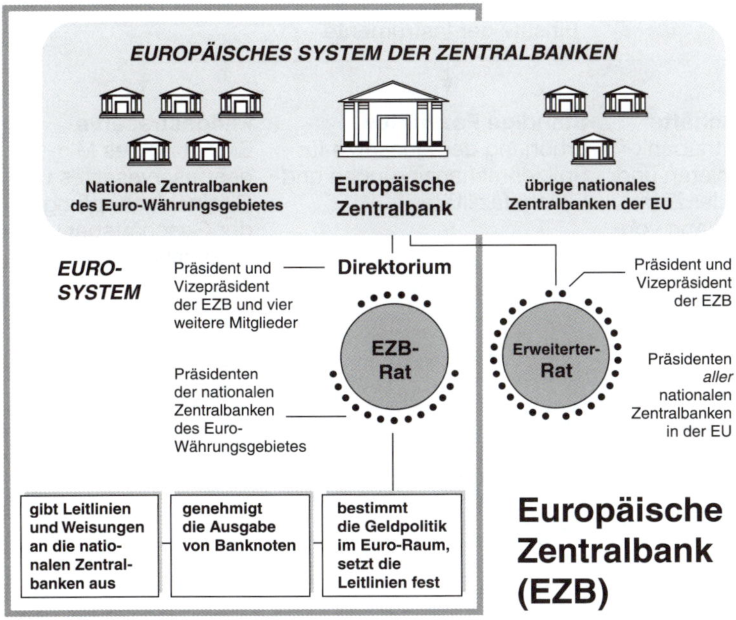

Europäische Zentralbank (EZB)

Oberstes Ziel des ESZB:	•	Preisniveaustabilität durch Geldpolitik gewährleisten
Weitere Ziele:	•	Gewährleistung des reibungslosen Zahlungsverkehrs
	•	Bank der Geschäftsbanken
	•	Allgemeine Wirtschaftspolitik in der Gemeinschaft unterstützen (autonom; keine Kreditvergabe an öffentliche Hand)

↓

durch Einsatz des **Geldpolitischen Instrumentariums des ESZB**

Geldpolitische Handlungssituationen

Situation I:

- Geldwertstabilität ist stark gefährdet
- Ziel: Eindämmung der Inflation durch restriktive Geldpolitik

Einsatz der Instrumente

Offenmarktgeschäfte
Verkauf von zentralbankfähigen Wertpapieren und/oder Erhöhung der Zinssätze für die Vergabe von Krediten gegen Verpfändung von Wertpapieren

Ständige Fazilitäten
Erhöhung der Zinssätze für Spitzenrefinanzierungen und Einlagefazilitäten

Mindestreserve
Erhöhung des Mindestreservesatzes um Giralgeldschöpfung der Geschäftsbanken einzuschränken

Situation II:

- Geldwertstabilität ist gewähleistet; Konjunktur „lahmt“
- Ziel: Ankurbelung der Konjunktur durch Geldmengenerhöhung

Einsatz der Instrumente

Offenmarktgeschäfte
Kauf von zentralbankfähigen Wertpapieren und/ oder Senkung der Zinssätze für die Vergabe von Krediten gegen Verpfändung von Wertpapieren

Ständige Fazilitäten
Senkung der Zinssätze für Spitzenrefinanzierungen und Einlagefazilitäten

Mindestreserve
Senkung des Mindestreservesatzes, um Giralgeldschöpfung der Geschäftsbanken zu erweitern

Beachte: nur bei stabilem Preisniveau

Aufgaben

1 Im Gebiet der EZB werden die neuesten Wirtschaftsdaten im Jahresvergleich vorgelegt:

Preisniveauveränderung:	+ 4,6 %
Nominelles BIP:	+ 5,4 %
Arbeitslosigkeit	+ 0,3 Prozentpunkte.

a) Welche Geldpolitik wird die EZB in dieser Situation laut Satzung betreiben?

b) Welche Zielkonflikte können sich daraus für die Volkswirtschaft ergeben?

c) In wie weit stellt sich dieser Zielkonflikt für die EZB?

d) Welche geldpolitischen Instrumente könnte die EZB in welcher Weise einsetzen? Beschreiben Sie die jeweils beabsichtigte Wirkung.

2 Im Gebiet der EZB werden die neuesten Wirtschaftsdaten im Jahresvergleich vorgelegt:

Preisniveauveränderung:	+ 0,6 %
Nominales BIP:	+ 1,0 %
Arbeitslosigkeit	+ 3,9 Prozentpunkte.

a) Welche Geldpolitik wird die EZB in dieser Situation laut Satzung betreiben?

b) Welche Zielkonflikte können sich daraus für die Volkswirtschaft ergeben?

c) In wie weit stellt sich dieser Zielkonflikt für die EZB?

d) Welche geldpolitischen Instrumente könnte die EZB in welcher Weise einsetzen? Beschreiben Sie die jeweils beabsichtigte Wirkung.

3 Angenommen, die EZB möchte Zentralbankgeld an die Geschäftsbanken zuteilen. Die Geschäftsbank A bietet 18 Mrd. €, B 15,6 Mrd. €, C 21,6 Mrd. €, D 6,0 Mrd. €, und E 10,8 Mrd. €.

a) Der Zinssatz wird auf 3,68 %, die Zuteilung auf 48 Mrd. € festgelegt. Wie hoch ist die jeweilige Zuteilung an die einzelnen Banken beim Mengentender?

b) Bei der Ausschreibung im Zinstenderverfahren bieten die Banken bei gleichbleibenden Kreditwünschen (siehe Sachverhalt) und 48 Mrd. € Zuteilung folgende Zinssätze:

Bank A 3,80 %	Bank B 3,75 %	Bank C 3,70 %
Bank D 3,65 %	Bank E 3,60 %	

Ermitteln Sie beim **holländischen Verfahren** den Zuteilungsbetrag und den Zinssatz für jede Bank.

c) Ermitteln Sie beim **amerikanischen Verfahren** den Zuteilungsbetrag und den Zinssatz für jede Bank.

4 Begründen Sie, welche Maßnahmen die EZB in folgenden Fällen ergreifen sollte:

a) Die Wirtschaft ist „überhitzt“, die Preissteigerungsraten erhöhen sich stark.

b) Die Geldumlaufgeschwindigkeit nimmt um 1,4 % gegenüber dem Vorjahr ab.

c) In der Volkswirtschaft steigt die Arbeitslosigkeit stark an, das BIP stagniert bei sehr geringer Inflationsrate.

d) Die Geldumlaufgeschwindigkeit nimmt um 0,9 % gegenüber dem Vorjahr zu.

5 Die Europäische Zentralbank möchte die gegenwärtige Preissteigerungsrate in Höhe von 2,8 % auf unter 2 % verringern. Um dieses Ziel zu erreichen, kann die Europäische Zentralbank u.a. das Instrument der Offenmarktpolitik einsetzen.

a) Beschreiben Sie, wie in diesem Fall die Offenmarktpolitik eingesetzt werden muss. Erklären Sie dabei auch die Auswirkungen auf Geldmenge und Kapitalmarktzinsniveau.

b) Beschreiben Sie drei mögliche Entwicklungen, die eine stabilitätsorientierte Zentralbankpolitik unterlaufen können.

Fachbegriffe zur Geldtheorie und Geldpolitik

Preisniveau	*Durchschnitt aller wichtigen Güterpreise in einer Volkswirtschaft – zeigt die Preisniveauveränderungen an*
Verbraucherpreisindex	*Anzeiger von Preisniveauveränderungen der Lebenshaltung*
Basisjahr	*Jahr der Zusammenstellung eines Warenkorbes und Gleichsetzung mit 100 %*
Warenkorb	*Besteht aus ca. 750 repräsentativen Gütern und Dienstleistungen.*
Wägungsschema	*Gewichtung der Güter des Warenkorbes nach ihrer Bedeutung*
Kaufkraft des Geldes	*Gibt an, ob man für eine Geldeinheit jetzt mehr oder weniger als bisher kaufen kann*
Kaufkraft des Lohnes	*Gibt an, ob man für den erhaltenen Lohn jetzt mehr oder weniger Güter kaufen kann als bisher*
Reallohn	*Stellt die Kaufkraft des Lohnes dar. Gibt die Gütermenge an, die mit dem Nominaleinkommen gekauft werden kann.*
Inflation	*Anhaltend steigendes Preisniveau*
Deflation	*Anhaltend sinkendes Preisniveau; Güterangebot nimmt ständig ab*
Überschussreserve (frei verfügbares Zentralbankgeld)	*Zur erstmaligen Kreditvergabe verfügbarer Betrag; Berechnung: Sichteinlagen – Reservehaltung (Bar- u. Mindestreserve)*
Geldschöpfungsmultiplikator	*Gibt das Vielfache der ursprünglichen Überschussreserve an, das die Geschäftsbanken insgesamt an Krediten vergeben können*

Reservesatz	*Setzt sich aus Barreservesatz und Mindestreservesatz zusammen*
Mengentender	*Festsatztender: Das ESZB legt im Voraus den Zinssatz fest, zu dem Zentralbankgeld überlassen wird. Bei Überzeichnung wird repartiert*
Repartierung	*Quotenmäßige Zuteilung bei Überzeichnung eines Mengentenders*
Zinstender	*Tender mit variablem Zinssatz. Geschäftsbanken geben Gebote ab, in welcher Höhe und zu welchem Zinssatz Zentralbankgeld benötigt wird.*
Holländisches Verfahren	*Zinstender mit einheitlichem Zinssatz*
Amerikanisches Verfahren	*Zuteilung des Zinstenders zu den individuellen Bietungssätzen (mind. marginaler Zinssatz)*
Marginaler Zinssatz	*Zinssatz, zu dem eine Zuteilung gerade noch (ganz oder teilweise) möglich ist*
Ständige Fazilitäten	*Ständige Kredit- bzw. Einlagemöglichkeiten der Geschäftsbanken beim ESZB*
Spitzenrefinanzierungsfazilität	*Gewährung von Tagesgeldkrediten des ESZB*
Einlagefazilität	*Verzinsliche Anlage von Tagesgeld beim ESZB*
Mindestreserve	*Geschäftsbanken müssen einen Teil der erhaltenen Einlagen bei der Zentralbank hinterlegen*
Expansive Geldpolitik	*Geldmenge soll gesteigert werden*
Restriktive Geldpolitik	*Geldmenge soll reduziert werden*
Offenmarktpolitik	*Kauf und Verkauf von Wertpapieren durch die Zentralbank am Geld- und Kapitalmarkt sowie Vergabe von Krediten gegen Verpfändung von Wertpapieren*

Zusammenfassende Aufgaben zur Geldtheorie und Geldpolitik

1 „Die Geldmenge soll im laufenden Jahr mit einer Rate von vier bis sechs Prozent expandieren. Die Zentralbank bekräftigt damit einmal mehr ihre stablitätspolitische Entschlossenheit".

a) Welche Absicht verfolgte die Zentralbank mit der Festlegung und Bekanntgabe eines Geldmengenzieles?

b) Inwiefern kann bei einem geplanten Geldmengenwachstum von vier bis sechs Prozent von „stabilitätspolitischer Entschlossenheit" geredet werden?

c) Für welche Zielgruppen der Wirtschaft ist die Bekanntgabe des Geldmengenziels gedacht?
Begründen Sie Ihre Antwort.

d) Die Kaufkraft einer Deutschen Mark sank von 1948 bis Ende 1989 auf 33 Pfennige.
- Wie hoch wäre der Preisindex 1989 auf der Basis 1948, wenn eine konstante Indexrechnung unterstellt wird?
- Um wie viel Prozent müssten die Löhne von 1948 bis 1989 gestiegen sein, damit der Kaufkraftverlust ausgeglichen werden könnte?

e) Der Verbraucherpreisindex wird zur Berechnung von Preisniveau- und Kaufkraftveränderungen herangezogen.
- Für Juli 2014 betrug die jährliche Preissteigerungsrate nach dem Warenkorb von 2005 2,4 %, nach dem Warenkorb von 2010 2,1 %.
  Wie erklären Sie die vorhandene Differenz?
- Von 2014 auf 2015 ist das Bruttoinlandsprodukt in jeweiligen Preisen um 3,3 %, in Preisen von 2010 um 2,2 % gestiegen. Die Preissteigerung nach dem Verbraucherpreisindex aller privaten Haushalte (Basis 2010) war 1,8 %.
  Warum wurde das reale Bruttoinlandsprodukt nicht mit diesem Index berechnet?

2

Ergänzen Sie jeweils die Tabelle unter Berücksichtigung der Ausgangslage.

a)	**Wie die Geldpolitik wirkt** Instrumente der EZB und wie sie den Wirtschaftsablauf beeinflussen
	Ausgangslage: Preisniveauanstieg soll durch **restriktive Geldpolitik** gedämpft werden.

	Steuerungsgröße		
	Instrumente		
	Wirkungskette		
	Ziel:		

b)	**Wie die Geldpolitik wirkt** Instrumente der EZB und wie sie den Wirtschaftsablauf beeinflussen
	Ausgangslage: Volkswirtschaftliche Nachfrage soll erhöht werden (**expansive Geldpolitik**).

	Steuerungsgröße		
	Instrumente		
	Wirkungskette		
	Ziel:		

3 Geldschöpfung und Geldpolitik, auch anhand wirtschaftspolitischer Tagesfragen

a) Die folgenden Daten sind verschiedenen Monatsberichten der Europäischen Zentralbank (EZB) entnommen:

Komponenten der Geldmengenaggregate und längerfristige Verbindlichkeiten der Monetären Finanzinstitute (MFIs) im Euro-Währungsgebiet in Mrd. €

	Jahr 01	Jahr 02
Bargeldumlauf	420,5	493,7
Täglich fällige Einlagen	2 369,7	2 763,7
Einlagen mit vereinbarter Laufzeit von bis zu 2 Jahren	995,2	1 039,9
Einlagen mit vereinbarter Kündigungsfrist von bis zu 3 Monaten	1 586,7	1 518,7
Repogeschäfte	220,2	239,7
Geldmarktfondsanteile	611,5	622,9
Schuldverschreibungen bis zu 2 Jahren	95,0	118,5
Schuldverschreibungen von mehr als 2 Jahren	1 900,6	2 122,6
Einlagen mit vereinbarter Kündigungsfrist von mehr als 3 Monaten	89,1	91,6
Einlagen mit vereinbarter Laufzeit von mehr als 2 Jahren	1 298,5	1 449,2
Kapital und Rücklagen	1 020,7	1 134,0
Nachrichtlich:		
Bruttoinlandsprodukt in jeweiligen Preisen in Mrd. €	1 879,6	1 972,6
Preisindex für das Bruttoinlandsprodukt (BIP-Deflator)	109,1	110,6
Harmonisierter Verbraucherpreisindex (HVPI)	98,6	101,0

1. Bestimmen Sie die Geldmengen M1 und M3 für die Jahre 01 und 02 sowie die Veränderung der Geldmenge M3 in Prozent.

2. Die Preisniveauentwicklung im Euro-Währungsraum wird mit Hilfe des Harmonisierten Verbraucherpreisindex (HVPI) gemessen.
   Berechnen Sie die Höhe der Preisniveauveränderung vom Jahr 01 zum Jahr 02 (zwei Nachkommastellen).
3. Beurteilen Sie Ihre Ergebnisse aus 1. und 2. im Hinblick auf die entsprechenden Zielvorgaben des ESZB.
4. Erläutern Sie, warum im vorliegenden Fall die prozentuale Geldmengenerhöhung nicht zu einer Preisniveauerhöhung im gleichen Umfang geführt hat.

b) Das System der Europäischen Zentralbanken (ESZB) hat im April und Juli 2011 die Leitzinsen jeweils um 0,25 Prozentpunkte auf 1,50 % erhöht.

1. Beschreiben Sie, wie sich die Erhöhung der Leitzinsen im Bereich der Offenmarktpolitik und im Bereich der ständigen Fazilitäten jeweils auswirkt. Gehen Sie dabei auch auf die Veränderung des Zinskanals ein.

2. Erläutern Sie vor dem Hintergrund der in Aufgabe a) ermittelten Geldmengen- und Preisniveauveränderungen den beabsichtigten Wirkungsmechanismus der Zinsanhebung.

c) Im Rahmen der Hauptrefinanzierungsgeschäfte bietet die EZB den Geschäftsbanken 100 Mio. € als Zinstender an. Innerhalb von 24 Stunden sind folgende Gebote eingegangen:

Zinssatz in %	**Gebote der Banken in Mio. €**				
	A	**B**	**C**	**D**	**E**
2,31	5	15	10	15	5
2,29	16	14	18	15	17
2,27	15	10	5	5	10
2,25	0	0	0	0	0

1. Ermitteln Sie mit Hilfe der Lösungstabelle in der Anlage auf der Folgeseite den marginalen Zinssatz dieses Refinanzierungsgeschäfts und berechnen Sie, in welchem Umfang die einzelnen Banken Zentralbankgeld erhalten.
   Berechnen Sie für Bank A, wie viel Zinsen bei einer Kreditlaufzeit von 7 Tagen zu zahlen sind, wenn die Zuteilung nach dem amerikanischen Verfahren abgerechnet wird.

2. Berechnen Sie die Veränderung der Zentralbankgeldmenge durch das aktuelle Hauptrefinanzierungsgeschäft, wenn in der Vorwoche ein Hauptrefinanzierungsgeschäft mit einer Laufzeit von sieben Tagen und einem Zuteilungsbetrag von 180 Mio. € durchgeführt wurde.

3. Ermitteln Sie, wie sich die Geldschöpfungsmöglichkeit des Bankensystems durch diese Veränderung der Zentralbankgeldmenge entwickelt. Unterstellen Sie, dass die Banken insgesamt 10 % ihres Zentralbankgeldbestandes als Reservesatz für Bar- und Mindestreserve zurückbehalten.

Anlage zu Nr. 1.

	Zugeteilte Beträge (in Mio. €) zu einem Zinssatz von.....%						
Zinssatz (in %)	**A**	**B**	**C**	**D**	**E**		
Zuteilung gesamt							

d) Vertreter keynesianischer Wirtschaftspolitik fordern anlässlich einer bevorstehenden Erhöhung der Leitzinsen vom ESZB eine stärkere Berücksichtigung der aktuellen konjunkturellen Situation bei seinen geldpolitischen Entscheidungen. Darauf reagiert der EZB-Präsident mit folgender Pressemitteilung:

Zentralbank erhöht die Leitzinsen

FRANKFURT (hom). Die Europäische Zentralbank (EZB) sieht keine Gefahr, dass ihre erste Zinserhöhung seit gut fünf Jahren die Konjunktur im Euroraum bremsen könnte. EZB-Präsident Jean-Claude Trichet hat nach der gestrigen Ratssitzung allerdings mehrfach betont, die Anhebung der Leitzinsen ... sei kein Signal dafür, dass weitere Schritte dieser Art folgen werden. (...)

1. Beschreiben Sie den wirtschaftspolitischen Zielkonflikt bei einer Anhebung der Leitzinsen, auf den im obigen Artikel Bezug genommen wird.
2. Erläutern Sie, welche Rolle die Geldpolitik aus Sicht des Keynesianismus in Zeiten hoher Arbeitslosigkeit einnehmen soll.
3. Erläutern Sie, inwieweit der Staat auf die Geldpolitk des ESZB Einfluss nehmen kann.

5 Wirtschaftspolitische Konzeptionen zur Wachstumsförderung und Konjunkturstabilisierung

Strukturzusammenhang

Soziale Marktwirtschaft

↓

Konjunkturelle Schwankungen

↓

Stabilisierung durch wirtschaftspolitische Konzeptionen

↓ Angebotsorientierte Wirtschaftspolitik

↓ Nachfrageorientierte Wirtschaftspolitik

Kernwissen

5.1 Wirtschaftspolitische Strategien

5.1.1 Angebotsorientierte Wirtschaftspolitik

- Steuerung des Angebots
- Langfristige Verbesserung des Produktions- und Investitionsklimas, *z.B. durch Leistungsanreize für Unternehmer und Arbeitnehmer durch Steuersenkungen*
- Verstetigungspolitik: stetige Beseitigung von Angebotshemmnissen, *z.B. Förderung von Existenzgründungen, Bürokratieabbau*

Langfristige, nachhaltige Verstetigungspolitik:

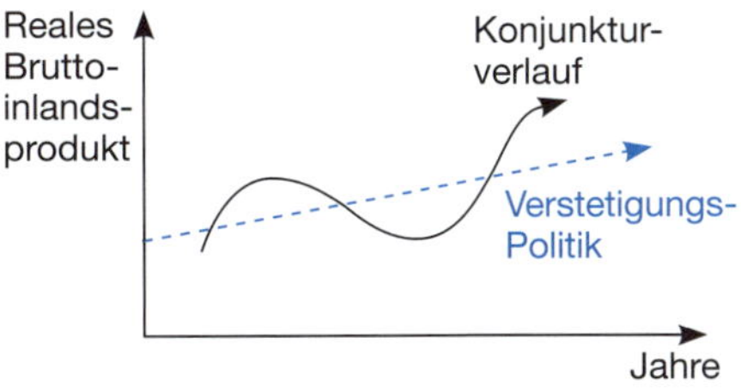

5.1.2 Nachfrageorientierte Wirtschaftspolitik

- Steuerung der Nachfrage
- Kurzfristige Eingriffe je nach der Konjunkturlage zur Stabilisierung der Gesamtnachfrage, *z.B. durch Senkung der Ausweitung der Staatsausgaben*
- Antizyklische Politik: entgegengesetzt zum Konjunkturverlauf, um eine optimale Auslastung des Produktionspotenzials zu erreichen

fallweise, kurzfristige Eingriffe durch antizyklische Politik

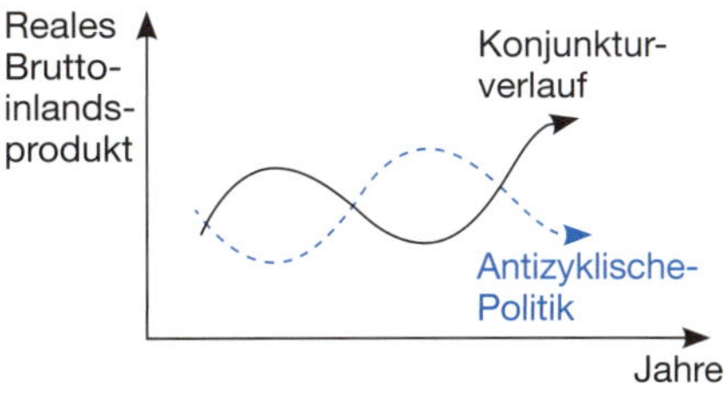

5.2 Ziele und Ansatzpunkte

5.2.1 Angebotsorientierte Wachstumspolitik

- stetiges, angemessenes Wirtschaftswachstum
- Preisniveaustabilität
- liberale Ordnungspolitik
- potenzialorientierte Geld- und Finanzpolitik
- Qualität der Produktionsfaktoren Flexibilisierung des Arbeitsmarktes

5.2.2 Nachfrageorientierte Konjunkturpolitik

- Vollbeschäftigung
- angemessene Lohnerhöhungen zur Stärkung der Konsumnachfrage Prozesspolitik
- antizyklische Finanzpolitik
-

5.3 Kombinierter Einsatz wirtschaftspolitischer Instrumente

Kernwissen

	Fiskalismus (Keynesianismus) ***Nachfrageorientierte Wirtschaftspolitik***	**Monetarismus** (Friedmann) ***Angebotsorientierte Wirtschaftspolitik***
Vorrangiges wirtschaftspolitisches Ziel	**Sicherung eines hohen Beschäftigungsstandes**	**Preisniveaustabilität**
Ansatzpunke der Steuerung	**Nachfragesteuerung:** Die gesamtwirtschaftliche Nachfrage muss durch verschiedene wirtschaftspolitische Instrumente gesteuert werden (**Globalsteuerung**).	**Angebotssteuerung:** Der Staat muss den Rahmen für das optimale Funktionieren des Marktsystems zur Verfügung stellen.
	Theoretischer Ansatz: Die gesamtwirtschaftliche Nachfrage bestimmt die Höhe von Inlandsprodukt und Beschäftigung.	**Theoretischer Ansatz:** Die Rentabilität der Produktion bestimmt die Höhe von Inlandsprodukt und Beschäftigung.
Aufgabe der staatlichen Finanzpolitik	Die gesamtwirtschaftliche Nachfrage wird mit staatlicher Einnahmen- und Ausgabenpolitik gesteuert. Bekämpfung der Unterbeschäftigung durch kreditfinanzierte Staatsausgaben (**deficit-spending**).	Staatliche Einnahmen und Ausgaben sollen konjunkturneutral sein. Die Unternehmenssteuern sollen auf ein leistungsfreundliches Niveau gesenkt werden.
Aufgaben der Geldpolitik	Die Geldpolitik soll die Fiskalpolitik unterstützen. Im Boom duch „Politik des knappen Geldes“, in der Rezession durch „Politik des billigen Geldes“.	Die Geldmengenentwicklung soll sich am Wachstum des Produktionspotenzials orientieren.
Aufgaben der Lohnpolitik	Die Gewerkschaften argumentieren, dass Lohnerhöhungen zu mehr Güternachfrage und damit zu mehr Beschäftigung führen (**Lohnkaufkrafttheorie**).	Lohnpolitik soll nach Arbeitgeberansicht produktivitätsorientiert und somit kostenniveauneutral sein.

Aufgaben

1 In einer Volkswirtschaft beträgt das Wirtschaftswachstum 0,2 %, die Inflationsrate 0,8 %, die Arbeitslosenquote 11,8 %. Die Regierung will mit fiskalpolitischen Maßnahmen in das Wirtschaftsgeschehen eingreifen.

a) In welcher konjunkturellen Phase befindet sich diese Volkswirtschaft?

b) Was versteht man unter „Fiskalpolitik“?

c) Beschreiben Sie fiskalpolitische Instrumente und deren Einsatz und Auswirkung in der beschriebenen Konjunktursituation.

d) Welche Probleme stehen dem konsequenten fiskalpolitischen Mitteleinsatz in der beschriebenen Konjunkturphase im Wege?

2 In einer Volkswirtschaft beträgt das Wirtschaftswachstum 6,2 %, die Inflationsrate 4,9 %, die Arbeitslosenquote 3,2 %.

a) In welcher konjunkturellen Phase befindet sich die Volkswirtschaft?

b) Beschreiben Sie fiskalpolitische Instrumente und deren Einsatz und Auswirkung in der beschriebenen Konjunktursituation.

c) Welche Probleme stehen dem konsequenten fiskalpolitischen Mitteleinsatz in der beschriebenen Konjunkturphase im Wege?

3 Stellen Sie die Grundgedanken von angebots- und nachfrageorientierter Wirtschaftspolitik einander gegenüber.

4 Stellen Sie ausgehend von der normalen Marktsituation für Angebot und Nachfrage in jeweils einer Skizze an einem konkreten Beispiel

a) die Veränderung dar, die ein fiskalpolitischer Eingriff zur Wirtschaftsankurbelung verursacht

b) die Veränderung dar, die ein monetaristischer Eingriff zur Wirtschaftsankurbelung verursacht

c) die Veränderung dar, die ein fiskalpolitischer Eingriff zur Wirtschaftsdämpfung verursacht

d) die Veränderung dar, die ein monetaristischer Eingriff zur Wirtschaftsdämpfung verursacht.

Fachbegriffe zu wirtschaftspolitische Konzeptionen zur Wachstumsförderung und Konjunkturstabilisierung

antizyklische Fiskalpolitik

Steuerung der Staatsausgaben entgegengesetzt zum Konjunkturverlauf

- *Erhöhung der Staatsausgaben in der Rezession/Depression*
- *Senkung der Staatsausgaben in der Hochkonjunktur*

defizit - Spending

Ankurbelung der Konjunktur durch kreditfinanzierte Staatsausgaben

Fiskalismus (nachfrageorientiert)

Beeinflussung der gesamtwirtschaftlichen Nachfrage durch staatliche Einnahmen- und Ausgabenpolitik.
Führende Rolle: Staat

Monetarismus (angebotsorientiert)

Die Geldmengenentwicklung soll am Wachstum des Produktionspotenzials ausgerichtet werden. Um die Beschäftigung zu erhöhen, müssen die Kosten der Unternehmer (Güteranbieter) gesenkt werden.
Führende Rolle: Zentralbank

Ziel der Stabilisierungspolitik:

Gesamtwirtschaftliches Gleichgewicht:

- *Hoher Beschäftigungsstand*
- *Preisniveaustabilität*
- *Stetiges/angemessenes Wirtschaftswachstum*
- *Außenwirtschaftliches Gleichgewicht*
- *gerechte Einkommens- und Vermögensverteilung*
- *Lebenswerte Umwelt*

Zusammenfassende Aufgaben zu wirtschaftspolitische Konzeptionen zur Wachstumsförderung und Konjunkturstabilisierung

1 Eine Volkswirtschaft weist unter anderem folgende Transaktionen auf:

	Vorjahr	**Berichtsjahr**
Export	759	712
Import	618	700
Nettoinvestitionen	225	195
Sparen der privaten Haushalte	391	332
Staatliche Kreditaufnahme	25	125
Konsum der privaten Haushalte	1 280	1 278

a) Die Entwicklung der Daten dieser Volkswirtschaft weist auf fiskal- und arbeitsmarktpolitische Probleme hin.
Belegen Sie diese Aussage an je zwei Beispielen.

b) Zur Bekämpfung der fiskalpolitischen Probleme dieser Volkswirtschaft wird eine Erhöhung der Mehrwertsteuer beschlossen.
Erläutern Sie mögliche Auswirkungen auf die genannten inländischen Kreislaufströme.

2 „Es ist bisher keiner Konjunkturtheorie umfassend gelungen, die volkswirtschaftlichen Größen, die den Konjunkturverlauf bestimmen, in einem grundlegenden System von Zusammenhängen zu erfassen. Jedoch sind bestimmte Abhängigkeiten bei der Entwicklung einzelner volkswirtschaftlicher Größen zu beobachten, die sich aber im Zeitverlauf verändern und verschieben können. Aus der Veränderung wichtiger Indikatoren lassen sich in gewissem Umfang Rückschlüsse auf die konjunkturelle Lage ziehen und Prognosen für die zukünftige Entwicklung ableiten." (Vgl. Altmann, J: Wirtschaftspolitik).
Das Bruttoinlandsprodukt wird als relativ umfassender Indikator für die wirtschaftliche Situation und den Wohlstand eines Landes angesehen.

Jahre	01	02	03	04	05
Veränderung des realen Bruttoinlandsprodukts gegenüber dem Vorjahr in %	3,6	0,9	– 2,0	+ 0,5	+ 1,0
Preissteigerungsrate gegenüber dem Vorjahr in %	3,5	4,0	4,2	+ 2,7	+ 1,7

a) Nehmen Sie Stellung zur Aussagekraft des Bruttoinlandsprodukts als Wohlstands- und Konjunkturindikator.

b) Erläutern Sie, warum die Entwicklung der angegebenen Indikatoren im Jahr 03 atypisch ist.

c) Zeigen Sie zwei mögliche Ursachen für die von der Theorie abweichende Entwicklung der beiden Indikatoren im Jahr 03 auf.

d) Beschreiben Sie allgemein die Konjunkturphasen im Jahr 03 und 05 anhand von vier Konjunkturindikatoren.

e) Stellen Sie, ausgehend von den Teilströmen der Inlandsnachfrage, mögliche Maßnahmen einer nachfrageorientierten Wirtschaftspolitik dar.

f) Erläutern Sie drei mögliche Probleme, die einer nachfrageorientierten Politik entgegenstehen könnten.

g) Um die Neuverschuldung des Staates zu begrenzen wurde über eine Mineralölsteuererhöhung nachgedacht.
   - Erläutern Sie mögliche wirtschaftliche Auswirkungen dieser Steuererhöhung auf die Sektoren private Haushalte, Unternehmen, Staat und auf die zukünftige Konjunkturentwicklung.
   - Leiten Sie zwei mögliche ökologische Effekte der Mineralölbesteuerung ab.

h) Immer wieder wird bei Steuerdiskussionen die sogenannte „Ökosteuer" genannt. Verschiedene Verfechter der Ökosteuer wollen den Energieverbrauch höher besteuern und mit den entsprechenden Mehreinnahmen die Lohnnebenkosten senken.
   Erläutern Sie mögliche ökologische und beschäftigungspolitische Effekte der Ökosteuer.

3 Adam Smith schrieb 1776: „Jeder einzelne... interessiert sich lediglich für seine eigene Sicherheit und seinen eigenen Gewinn. Dabei wird er von einer unsichtbaren Hand geleitet... Indem er seinen eigenen Interessen dient, fördert er das Wohl der Allgemeinheit..."

a) Beschreiben Sie zwei Fehlentwicklungen, die im Unterschied zu diesen idealtypischen Aussagen zur Marktwirtschaft auftraten.
   Begründen Sie die sich daraus ergebende Notwendigkeit einer staatlichen Wirtschaftspolitik.

b) In Deutschland haben verschiedene Organisationen bzw. Institutionen Einfluss auf die Wirtschaftspolitik.
   - Nennen Sie drei Träger der Wirtschaftspolitik und deren wirtschaftspolitische Ziele.
   - Beschreiben Sie einen wirtschaftspolitischen Zielkonflikt, der durch Maßnahmen eines Trägers der Wirtschaftspolitik ausgelöst werden kann.

c) Aus einer Zeitungsmeldung:
   „**Die Zinssenkung ist keine Wunderwaffe**. Der von Politikern und Gewerkschaften lautstark geforderte Zinsschritt der Zentralbank ist da. Doch die erhofften heilsamen Wirkungen für die deutsche Konjunktur dürften noch eine Weile auf sich warten lassen, wenn sie denn überhaupt eintreten..."

- Begründen Sie, in welchen Phasen des Konjunkturzyklus eine Senkung der Leitzinsen sinnvoll ist.
- Beschreiben Sie eine dieser Phasen anhand von vier weiteren Konjunkturindikatoren.
- Begründen Sie, warum die Zinssatzsenkung nicht als „Wunderwaffe" angesehen werden kann.

d) Die Phasen des Aufschwungs werden in den westlichen Industrieländern zunehmend durch ein steigendes Bruttoinlandsprodukt bei steigender oder stagnierender Arbeitslosenzahl gekennzeichnet.
Nennen Sie dafür drei Ursachen.

e) Fiskalismus und Monetarismus haben unterschiedliche Erklärungs- und Lösungsansätze zu den Konjunkturschwankungen.
- Beschreiben Sie, mit welchen grundsätzlichen Instrumenten beim Fiskalismus versucht wird, die Konjunktur zu beeinflussen.
- Erläutern Sie zwei Kritikpunkte am Fiskalismus.

4 Die wirtschaftliche Lage in Deutschland war durch folgende Merkmale gekennzeichnet:
- Bruttoinlandsprodukt in jeweiligen Preisen 2 903,8 Mrd. €
- Wachstumsrate des realen Bruttoinlandsprodukts 0,2 %
- Zahl der Arbeitslosen im Jahresdurchschnitt ca. 1,91 Mio.
- Außenbeitrag in jeweiligen Preisen 189,2 Mrd. €
- Veränderung des Verbraucherpreisindex gegenüber dem Vorjahr + 1,4 %

a) Beurteilen Sie anhand der Angaben die Erreichung der in § 1 des Stabilitätsgesetzes formulierten Zielsetzung.

b) Die Maßnahmen zur Erreichung der wirtschaftspolitischen Ziele orientieren sich an zwei unterschiedlichen wirtschaftspolitischen Konzepten.
1. Kennzeichnen und erläutern Sie anhand von zwei Beispielen Unterschiede zwischen diesen beiden Konzepten.
2. Ein wesentliches wirtschaftspolitisches Ziel ist der Abbau der Arbeitslosigkeit. Zeigen Sie Gemeinsamkeiten und Unterschiede der beiden wirtschaftspolitischen Konzepte zur Erreichung dieses Ziels am Beispiel der Steuerpolitik.
3. Beide wirtschaftspolitischen Konzepte stoßen in Deutschland bei ihrer Umsetzung an Grenzen.
Erläutern Sie dies für die beiden Konzepte anhand von je zwei Umsetzungsproblemen.

c) Neben der Steuerung der gesamtwirtschaftlichen Entwicklung besteht für den Staat weiterer Handlungsbedarf zur Erhaltung und Weiterentwicklung der sozialen Marktwirtschaft.
Erläutern Sie anhand von zwei Wirtschaftsbereichen, dass der Markt als Steuerungsinstrument versagen kann und daher staatliche Maßnahmen notwendig sein können.

6 Employment and labour market policies in Europe Beschäftigungs- und Arbeitsmarktpolitik in Europa

Kernwissen

$$\textbf{unemployment rate} = \frac{\text{registered unemployed} \times 100}{\text{civilian economically active population}^1}$$

Population and employment (domestic concept) in Germany in 2015[2]

<table>
<tr><td colspan="4">population (residents)
81.7 million</td></tr>
<tr><td colspan="3">economically active population
(potential labour force)
44.9 million</td><td>economically inactive population
36.7 million</td></tr>
<tr><td colspan="2">employed persons
43.0 million</td><td>unemployed persons
1.9 million</td><td></td></tr>
<tr><td>employees
38.7 million</td><td>self-employed
4.3 million</td><td></td><td></td></tr>
</table>

Registered unemployed: Persons who officially filed for unemployment (approx. 2.8m in 2015) including e.g. persons who are in work for up to 15 hours and registered as unemployed. This is why the amount of registered unemployment is greater than the amount of unemployed persons.

Hidden unemployed: Part of economically active population which is actually unemployed but not registered (e.g. people who have given up finding a job, participants in job creation schemes, etc.)

1 not civilian: soldiers, prisoners, etc.

2 Source: Federal Statistical Office, Aug 2016

6.1 Reasons for unemployment

cyclical unemployment	Cyclical unemployment occurs when the business cycle moves from boom to recession. A weak economy means less demand for goods. As a consequence, fewer goods need to be produced which will in turn decrease the demand for workers.
structural unemployment	The structure of work demand and work supply doesn`t go together. For example, potential workers do not have the required set of skills to fill current job vacancies (mismatch unemployment). Or there are particular regions with a lack of job vacancies (regional unemployment).
frictional unemployment	When people change jobs there might be a transition period in which they are unemployed.
seasonal unemployment	Some jobs are only demanded in particular seasons. So the demand for work varies on a seasonal basis, too (e.g. very common in tourism or construction industry).

Beveridge Curve
= shows the relationship between job openings and unemployment assuming that more job openings go along with decreasing unemployment rate. The intention of this model is to explain whether the problem of unemployment has cyclical or structural reasons.

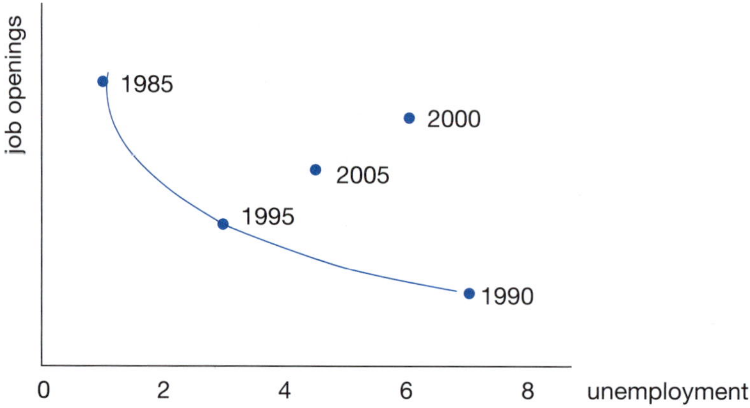

Movements along the curve signal changes on the labour market because of cyclical reasons.

- e.g. booming economy (1990 –> 1995):
  – job vacancies ↑ and unemployment ↓
- e.g. contracting economy (1985 –> 1990):
  – job vacancies ↓ and unemployment ↑

Movements away from the curve (**shift of the curve**) signal changes on the labour market because of structural reasons.

- e.g. mismatch of qualifications (1995 –> 2000):
  – job vacancies ↑ and unemployment ↑
- e.g. successful governmental programme that increases mobility of workers (2000 –> 2005):
  – job vacancies ↓ and unemployment ↓

6.2 Effects of unemployment

macroeconomic effects	social effects
• high payments from the government for unemployment benefits, employment programmes, etc. • lower social security contributions and thus higher financial pressure on social security system • unused economic potential (opportunity costs)	• lower living standard for unemployed/ increasing income gap • unsatisfied basic human needs • decreasing mental stability and increasing amount of physical and psychological illnesses • social unrest (crime, etc.)

6.3 Characteristics of the German labour market

- *comparably low unemployment rate*
  Compared with other European countries, Germany`s unemployment rate is low. This has been particularly the case since 2005 when tough labour market reforms were made. Also the recent economic crisis did not change this development which is sometimes called the "German Jobwunder".
- *regional differences*
  Higher unemployment rate in former East Germany.
- *correlation between education and unemployment*
  Approx. 50 % of the unemployed persons in Germany have not completed a vocational training or do not have a comparable education level.

- *unemployment among older people*
  People older than 45 years make up for about 45 % of Germany`s total unemployment.
- *long-term unemployment*
  In 2015, 37.2 % of Germany`s unemployed were unemployed for at least one year or longer.

6.4 Employment and labour market policies

Possible employment and labour market policies to fight unemployment	
measure	intended effect
creating an employer friendly environment (reduction of corporate taxes, reducing bureaucracy, relaxation of dismissal protection, lower non-wage labour costs, introduction of a low wage sector etc.)	Boosting the business and investment activities of companies. Thus existing jobs are secured and new jobs can be created (neo-classical measure).
job creation schemes	Subsidised schemes should create jobs for disabled, long-term unemployed or poorly qualified.
economic stimulus packages and wage level increases (e.g. tax cuts for private households and companies, transfer payments, government investments in infrastructure, etc.)	Increasing aggregate demand to boost the economy and create new jobs (Keynesian measure). .
education and research programmes	In general, better education reduces the likelihood to become unemployed. Moreover, a more qualified workforce is one way to tackle the problem of mismatch unemployment.
re-education programmes for people who are employed in dying industries	Offering support to people who need to adapt to a changing business environment or to find a new job. This measure aims at a reduction of structural unemployment.

Aufgaben

1 According to the Federal Employment Agency, there are about 3m unemployed people in Germany. In Western Germany (about 6 %) the unemployment rate differs significantly from the rate in Eastern Germany (about 9.5 %). In total, Germany faces an unemployment rate of about 7 %.
Several newspapers reported that the actual number of unemployed Germans would amount to more than 3.8m people.

a. Describe the calculation of the unemployment rate in Germany.
b. Assess the validity of the unemployment rate.
c. Give four possible reasons for unemployment in Germany.
d. In order to find possible measures to be taken against the problem of unemployment, two basic approaches are discussed:
   - Erläutern Sie kurz die wesentlichen Elemente einer angebotsorientierten Wirtschaftspolitik.
   - Using this approach, describe two examples for possible measures.
   - Erläutern Sie kurz die wesentlichen Elemente einer nachfrageorientierten Wirtschaftspolitik.
   - Using this approach, describe two examples for possible measures.

2 The Federal Office of Statistics published the following labour market data for the years 2000, 2010 and 2014.

Year	2000	2010	2014
Registered unemployed	3 899 700	3 239 000	2 898 400
Job vacacies	450 100	359 400	490 300
Potential labour force	42 906 000	43 804 000	44 686 000
Employed persons	39 792 000	40 983 000	42 598 000
Population	82 188 000	81 757 000	82 407 000

a. Calculate Germany`s rate of unemployment for the years 2000, 2010 and 2014.
b. Why does the rate of unemployment not explain the actual labour market situation in Germany?
c. Why did the increase in job vacancies not contribute to a significantly better labour market situation?

3 Which types of unemployment apply in the following situations?

a. The construction industry sees major layoffs due to bad weather conditions in winter.
b. Unemployment has become a big problem among former mining workers in the Ruhr Area in Germany. So far it has not been possible to create enough jobs to absorb the job losses in the mining industry.
c. Not all trainees were able to find a job at the company they did their job training with. Now, they are searching for a job in the sector. In the meantime, they file for unemployment.
d. The problem of unemployment has been present for years, because GDP growth stagnates between 0.5 and 1 %.
e. Many language teachers are unemployed. Science and maths teachers, however, are in great demand.

4 In the graph you can see a depiction of the Beveridge Curve for the fictional country of Yamastan.

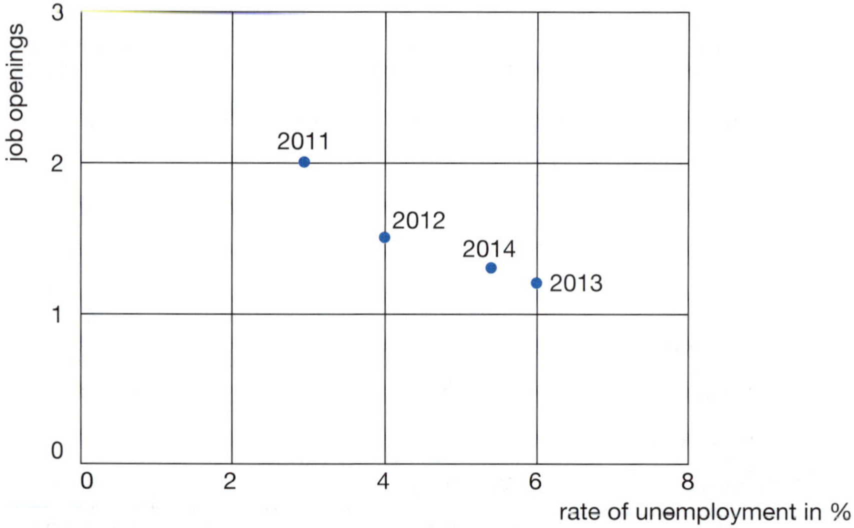

a. Identify and explain the changes that happened on Yamastan`s labour market in the time period from 2011 and 2014.
b. In 2015 the rate of unemployment rose from 5.5 to 6 percent. In this time period major structural problems occurred (e.g. shortage in skilled workers). Plot a point in the graph that depicts the described situation in 2015.
c. Some economists and politicians consider working hour flexibility as an effective policy to fight unemployment. Discuss this policy.

5 In order to solve the problem of unemployment in Germany, different politicians suggest different ways and measures. Discuss the following statements:

- Statement 1: “We need a particular set of measures to fight unemployment. Among other things, this set should include minimising non-wage labour costs.”
- Statement 2: “The government has to step in. Large-scale government spending can kick-start the economy which would create new jobs.”
- Statement 3: “Mainly, we have to cut red tape in order to fight unemployment. For instance, we need a relaxation of employment protection rules.”

Fachbegriffe und Vokabeln

English	**Explanation**	**German**
ancillary wage costs (also: non-wage labour costs)	e.g. social security contributions	Lohnnebenkosten
corporate tax		Unternehmenssteuer
cyclical unemployment	Unemployment that is caused or reduced by the ups and downs of the economy	zyklische/konjunkturelle Arbeitslosigkeit
dismissal protection	Set of rules which make it harder to lay off workers (e.g. shorter probation periods, long-term contracts, ...)	Kündigungsschutz
economic stimulus packages	Set of measures taken by the government to boost the economy	Konjunkturprogramme
economically active population		Erwerbspersonen
Federal Employment Agency		Bundesagentur für Arbeit
file for unemployment		sich arbeitslos melden
flexible working hours		flexible Arbeitszeiten
frictional unemployment	E.g. a woman quit her job because of new career chances with another company. However, her new contract starts not before the next two months. Hence, she is unemployed for this period of transition.	friktionelle Arbeitslosigkeit
hidden unemployment	Part of economically active population which is actually unemployed but not registered (e.g. people who have given up finding a job, participants in job creation schemes, etc.)	versteckte Arbeitslosigkeit

English	Explanation	German
income gap		Einkommensschere
job creation schemes		Arbeitsbeschaffungs-maßnahmen (ABM)
job openings/ job vacancies		offene Stellen/ unbesetzte Arbeitsplätze
labour force		Arbeiterschaft
labour market		Arbeitsmarkt
labour market policies		Arbeitsmarktpolitik
labour market reforms		Arbeitsmarktreformen
layoffs		Entlassungen, Stellenstreichungen
long-term unemployment		Langzeitarbeitslosigkeit
low-wage country		Billiglohnland
low-wage sector		Niedriglohnsektor
mobility of labour		Beweglichkeit der Arbeitskräfte (Bereitschaft von Arbeitskräften zum Wohnortwechsel)
reduce bureaucracy (also: cut red tape)		Bürokratie abbauen
registered unemployed		registrierte Arbeitslose
seasonal unemployment	Some economic sectors or some companies have an off-season (e.g. because of weather conditions, fixed events, etc.)	saisonale/saisonbedingte Arbeitslosigkeit
social security contributions		Sozialversicherungsbeiträge
social security system		Sozialversicherungssystem

English	Explanation	German
structural unemployment	Employment that occurs when workers can not fill a vacancy because of e.g. a mismatch in qualification, regional reasons, etc.	strukturelle Arbeitslosigkeit
tax cuts		Steuersenkungen
unemployment rate		Arbeitslosenquote
vocational training		Berufsausbildung